dtv

Wolfgang Seidel, bekannt für ebenso unterhaltsame wie informative Sprachkolumnen, hat diesmal Begriffe aus der Geschichte unter die Lupe genommen: Schlagwörter wie »Kirchturmpolitik« und »Jubelperser«, geflügelte Worte, Redewendungen und Begriffe, die mit historischen Ereignissen verknüpft sind. Woher kommt der »unsichere Kantonist«, was ist ein »Danaergeschenk«, wer musste nach Canossa gehen, was wurde in der Goldenen Bulle festgelegt? Wem war es egal, ob »nach uns die Sintflut« kommt, warum nannte man Jeanne d'Arc »Jungfrau von Orléans«, wer prägte den Begriff »Eiserner Vorhang« und was ist ein »Potemkin'sches Dorf«? Fest steht: Auch der neue Seidel ist wieder ein »Lesevergnügen mit Bildungseffekt« (die *Badischen Neuesten Nachrichten* über *Woher kommt das schwarze Schaf?*).

*Wolfgang Seidel*, geb. 1953, studierte Jura. Als Lektor arbeitete er in Stuttgarter und Frankfurter Verlagen. Seit 2001 lebt er als Übersetzer und Autor in München. Bei dtv sind von ihm erschienen: *Woher kommt das schwarze Schaf?*, *Die alte Schachtel ist nicht aus Pappe.* www.seidels-woerterbuch.de

Wolfgang Seidel

# Wo die Würfel fallen

## Worte, die Geschichte machten

Deutscher Taschenbuch Verlag

Von Wolfgang Seidel sind
im Deutschen Taschenbuch Verlag außerdem erschienen:

›Woher kommt das schwarze Schaf?‹ (34312)
›Die alte Schachtel ist nicht aus Pappe‹ (34449)

Originalausgabe
Dezember 2008
© Deutscher Taschenbuch Verlag GmbH & Co. KG,
München
www.dtv.de
Umschlagkonzept: Balk & Brumshagen
Umschlagbild: Tullio Pericoli / Margarethe Hubauer Illustration
Satz: Greiner & Reichel, Köln
Gesetzt aus der LinoLetter 7,5/11,75˙
Druck und Bindung: Druckerei C. H. Beck, Nördlingen
Gedruckt auf säurefreiem, chlorfrei gebleichtem Papier
Printed in Germany · ISBN 978-3-423-34524-8

# Inhalt

# Vorwort

»Canossagang«, »Pharisäer«, »Edle Einfalt, stille Größe« – Wörter und Redewendungen wie diese stammen aus konkreten geschichtlichen Zusammenhängen. Die meisten sind mit historischen Ereignissen verknüpft, wie in der jüngsten Geschichte »Watergate« oder »Tschernobyl«. Diese beiden Ortsnamen wurden zum Begriff: Watergate ist inzwischen ein Inbegriff für kriminelle politische Machenschaften, Tschernobyl ist zum Synonym für den atomaren Super-GAU geworden.

Den Ursprüngen solcher im weitesten Sinne historischen Begriffe nachzugehen, ist das Anliegen dieses Buches. Woher kommen sie, was passierte damals genau, wer prägte die Begriffe – all das sind interessante Wortgeschichten rund um »Worte, die Geschichte machten«.

Anders als in den beiden vorangegangenen Bänden *Woher kommt das schwarze Schaf?* und *Die alte Schachtel ist nicht aus Pappe* liegt der Schwerpunkt dieses Mal weniger auf der Wortgeschichte im engeren Sinne der Wortherleitung. Vielmehr geht es vorwiegend um die »Geschichtsgeschichte«, um eine kurze Darstellung des historischen Zusammenhangs: Was hat den Pharisäer, einen jüdischen religiösen Gelehrten, eigentlich zum »Pharisäer« gemacht? Was bedeutet ein so umständlich klingender Geschichtsbegriff wie »Reichsdeputationshauptschluss« konkret? Und wer hat erstmals vom »Eisernen Vorhang« gesprochen?

Ausschlaggebend für die Auswahl der Begriffe war in erster Linie, ob sie eine interessante Entstehungsgeschichte haben. »Worte, die Geschichte machten«, können alle möglichen Wortarten sein: Auf den ersten Blick eher »unauffällige« Alltagswörter, die eng mit einem historischen Vorgang oder mit einer bestimmten historischen Epoche verknüpft sind (etwa »spartanisch« oder »auf den Index setzen«), geflügelte Worte wie das von der »babylonischen Sprachverwirrung«, Geschichtsbegriffe wie »Wormser Konkordat« oder »Mau-

erbau«, Epochenbegriffe (»finsteres Mittelalter«), politische Schlagwörter (»Dolchstoßlegende«, »Republikflucht«) oder übertragene
Begriffe wie »Globales Dorf«. Dazu kommt eine Fülle von Redewendungen, die an konkrete historische Ereignisse anknüpfen wie etwa
»Nach uns die Sintflut« oder der »Tanz auf dem Vulkan«.

Eine solche Auswahl kann nie vollständig sein. Wie in meinen
beiden früheren Büchern sind die Stichworte wieder zu Themen zusammengefasst. Das macht die Zusammenhänge oftmals deutlicher
und noch interessanter. Die Begriffe sind in etwa gemäß der zeit-
lichen Reihenfolge ihres Entstehens angeordnet oder stehen in
einem Zusammenhang mit den historischen Ereignissen, denen sie
zugeordnet sind. Aufgrund der thematischen Überschneidungen
folgt dieses Ordnungsprinzip aber keiner strengen Chronologie. Dieses Buch ist ja auch kein Geschichtsbuch, sondern eines über »Worte, die Geschichte machten«.

Mein herzlicher Dank gilt an dieser Stelle den kritischen Begleitern des Manuskripts Ilse und Oliver Koch, Markus Bennemann und
Honke Rambow, die mir mit ihren anregenden Hinweisen geholfen
haben.

*WS*

# Vom Turmbau zu Babel bis zum Nabel der Welt

## Aus dem Alten Orient

### *Schriften, die Geschichte machten*

**Keilschrift**     Die Schreibgeräte der Keilschrift waren keine groben Meißel und Keile, wie der Name vielleicht vermuten lässt, sondern Schilfrohr- oder Holzgriffel, die in weichen Ton gedrückt wurden. Nur die Form dieser Griffel und damit deren Abdruck waren keilförmig. Der Ton trocknete aus und so blieb das Geschriebene erhalten: auf den berühmten Tontafeln.

Um 3500 v. Chr. erfanden die Sumerer, das älteste Kulturvolk des Alten Orients, das Staaten bildete und Steinbauten errichtete, eine Art Bilderschrift, die konkrete Dinge darstellte.

Man hat inzwischen auch eine Vorstellung davon, was auf den Tontafeln steht, die man zu Abertausenden in den Museen der Welt aufbewahrt: keine Gedichte, keine mythischen Urworte, keine Gebete, Märchen oder Legenden, von Romanen ganz zu schweigen. Die meisten enthalten Rechnungen, Verträge und Magazin- und Vorratslisten etwa für die Steuer- und Tempeladministration oder andere Verwaltungsbereiche. Mit anderen Worten: es handelt sich um Buchhaltung – die etwas andere Form von Literatur. Die älteste Bilderschrift-Tontafel aus Sumer datiert um 3300 v. Chr. Die Entwicklung der eigentlichen Keilschrift, bei der einzelne Silben in stark vereinfachten Keilzeichen wiedergegeben werden, beginnt um 3000 v. Chr.

**Hieroglyphen**     Das älteste bekannte Kulturdenkmal der Ägypter sind die Hieroglyphen. Diese Schrift entstand schon vor der ersten Dynastie. Der uns geläufige Begriff ist ein zusammengesetztes griechisches Wort mit der Bedeutung »heilige Zeichen« – *hierós* = heilig, *glýphein* = (in Stein) ritzen. Damit übersetzten die Griechen den pharaonischen Ausdruck »Schrift der Gottesworte«. Die Entzifferung der Hieroglyphen gelang 1822 dem Franzosen Jean-François Champollion nach mehr als zehnjähriger Arbeit dank des 1799 von napoleonischen Soldaten im Nildelta gefundenen »Steins von Rosette«. Auf dem Stein von Rosette steht ein Königsdekret in hieroglyphischer, demotischer und griechischer Schrift (die demotische Schrift tauchte etwa ab dem 7. Jahrhundert in Ägypten auf). Dank dieser bahnbrechenden Entdeckung konnte die ägyptische Kultur in einzigartiger Weise erschlossen werden.

**Alphabet**    Die Griechen übernahmen das Alphabet von den Phöniziern ca. 1100–1000 v. Chr. Dieses semitische Handelsvolk, das im heutigen Libanon und in Syrien ansässig war, hatte die Schriftzeichen, die jeweils nur einen Laut darstellen, in einem ungefähr fünfhundertjährigen Prozess aus verschiedenen umliegenden Schriftsystemen – auch aus der Keilschrift und der Hieroglyphenschrift – destilliert und radikal vereinfacht. So stellt das Zeichen »A« einen Rinderkopf dar. (Heute steht dieses Zeichen auf den »Hörnern«. Wenn man es nach rechts dreht, erkennt man leicht die schematische Darstellung eines Rinderkopfs.) Das entsprechende phönizische Wort bedeutet »Ochse«. Der Buchstabe »B« stellte ursprünglich ein Haus dar (semitisch *beth*). Das einfache Zeichen für *beth* wurde nun als Lautsymbol aufgefasst, als Symbol für den konsonantischen Laut »b«. Aus der Aneinanderreihung der ersten beiden »Buchstabennamen« entstand das Gattungswort für diese Schrift: »Alphabet«. Die Griechen übernahmen sogar die Buchstabennamen der Phönizier in ihre Sprache, aber nicht jeder Laut in der phönizischen Sprache entspricht einem Laut im Griechischen (so wie man im Deutschen kein englisches *th* oder keine französischen Nasale kennt). Die besondere alphabetische Leistung der Griechen lag darin, die Vokalzeichen »A, E, I, O, U« einzusetzen. Vermutlich durch die Vermittlung der Etrusker lernten die Römer zwei- bis dreihundert Jahre später dieses Alphabet kennen, das als lateinisches Alphabet weltweit das dominierende Schriftsystem ist.

## *Begriffe & Redewendungen aus Babylon*

**Der Turm zu Babel**     Der durch die Bibel legendär gewordene
»Turm zu Babel« weist auf die als *Zikkurat* bezeichneten Stufentem-
pel hin, die man in den sumerischen Metropolen archäologisch ab
ca. 3500 v. Chr. nachweisen kann. Die Tradition, solche Hochtempel
zu bauen, wurde von den Babyloniern übernommen. Akkadisch *Zikkurat* = aufgetürmt, Götterberg.

Vom Turm- und Stadtbau in Babel (und der damit zusammenhän-
genden Sprachverwirrung) ist im Alten Testament schon sehr früh
die Rede (1. Mose 11). Der biblischen Zeitrechnung zufolge kam es
nur einige Generationen nach der Sintflut dazu. Jahwe gefiel die
ganze zivilisatorische Betriebsamkeit und himmelstürmende Lehm-
ziegel- und Erdpechbrennerei offenbar gar nicht, denn er machte
dem Ganzen durch die Sprachverwirrung und Völkerzerstreuung
schnell ein Ende. Von einer Zerstörung des Turms ist nicht die Rede.
Der sprichwörtliche »Turm zu Babel« oder »Turmbau zu Babel« wird
aber allgemein als Zeichen und Symbol menschlichen Hoch- und
Übermuts interpretiert, der nicht gottgefällig ist.

**Babylon/Babel**     Keine andere Stadt ist jemals so sprichwörtlich
geworden wie Babylon, das biblische Babel. Allein der Name der
Stadt ist ein Sinnbegriff (»Sündenbabel«).

Der Stadtname stammt aus der alten babylonischen Sprache.
*Babili* bedeutet »Tor Gottes«. Darin steckt das semitische Wort *bab* =
Tor. So reimten sich schon die alten Babylonier ein Wort zusammen, das vielleicht *babbillum* lautete, aber nicht aus ihrer Sprache
stammte und dessen Bedeutung sie bereits nicht mehr kannten.
Die Schreibweise mit »y« ist die Form, wie sie im Griechischen ge-
bräuchlich war. Das biblische »Babel« steht auch heute noch sprichwörtlich für die überzivilisierte Weltmetropole, die Babylon sowohl
im altbabylonischen Reich unter Hammurapi (reg. 1696–1654 v. Chr.)
als auch rund tausend Jahre später im neubabylonischen Reich war.
Babylon lag strategisch günstig in der Nähe der schmalsten Stelle
von Euphrat und Tigris, etwa 90 Kilometer südlich von Bagdad.
Die Stadt wurde ab 1899 von dem deutschen Archäologen Robert

Koldewey ausgegraben, wobei auch die Zikkurat zum Vorschein kam (s. o.).

**Babylonische Sprachverwirrung**    *Babel* ist die hebräische Version von »Babylon«, die wir auch aus der Bibel kennen. Im Hebräischen gibt es außerdem das Wort *bâlal*, das »überfließen, vermischen, verwirren« bedeutet. So reimten sich wiederum die Hebräer den Wortsinn des Städtenamens zusammen. Für die an ein archaisches Landleben gewöhnten, teilweise noch nomadischen Juden war die »Multikulti-Metropole« Babel das sprichwörtliche Sündenbabel. In dieser internationalen Reichshauptstadt wurden mehr als ein oder zwei Sprachen gesprochen. Hier kreuzten sich die Wege vieler Völker, und sicher gab es, wie überall im Alten Orient bis ins alte Rom, eine Vielzahl von Kulten. Das war dem auf seinen einen Gott eingeschworenen jüdischen Nomadenvolk mit seinen rigorosen Moralvorstellungen natürlich zu viel.

Die Bibel stellt die historische Tatsache der Sprachvielfalt natürlich anders dar, ja sie behauptet glatt das Gegenteil (1. Mose 11,1): »Es hatte aber alle Welt einerlei Zunge und Sprache.« Genau an dieser Stelle wird auch die (falsche) hebräische Wortgeschichte von *Babel* in dem eben skizzierten Sinn erklärt: Jahwe fand es nämlich gar nicht gut, dass die Bewohner Babels den himmelstürmenden Turm gebaut hatten. Deshalb stieg er hinab und »zerstreute sie ... von dort in alle Länder, dass sie aufhören mussten, die Stadt zu bauen. Daher heißt ihr Name Babel, weil der Herr daselbst verwirrt hat aller Länder Sprache« (1. Mose 11,8 und 9).

**Hure Babylon**    Die Rede von der »großen Hure Babylon« geht zurück auf die Offenbarung (Apokalypse) des Evangelisten Johannes im Neuen Testament. Hier wird sehr fantasievoll und ausführlich ein aufgeputztes Weib beschrieben, das auf einem grauenhaften, siebenköpfigen Tier reitet. Diese Frau wird ausdrücklich mit Babylon gleichgesetzt, und Johannes hat auch ziemlich konkrete Vorstellungen davon, was den Reichtum von Babylon ausmacht, wenn er sagt: »Weh, weh, du große Stadt, von deren Überfluss alle reich geworden sind, die Schiffe auf dem Meere hatten« (Offenbarung 18,

19). Schon recht früh wurde die Rede von der »Hure Babylon« auf das heidnische römische Weltreich gemünzt und dann vor allem von den Reformatoren Martin Luther und dem Schotten John Knox ironischerweise auf das Papsttum bezogen. Es war in der Renaissancezeit in der Tat dermaßen verweltlicht und korrupt, dass der Vorwurf zumindest aus einer sittenstrengen Warte nicht ganz abwegig war.

**Ein großer Jäger vor dem Herrn**   »Ein großer Jäger vor dem Herrn« (oder je nach Bibelausgabe ein »gewaltiger«) und gleichzeitig »der Erste, der Macht gewann auf Erden«, war laut 1. Mose 10, 8 und 9 der legendäre König Nimrod. Er ist eine Gestalt aus der Zeit nach der Sintflut, die sowohl in der Bibel als auch im Koran vorkommt. Falls es ein historisches Vorbild für Nimrod gibt, könnte es der erste namentlich bekannte akkadische Großkönig Sargon oder dessen Enkel Naram-Sin (um 2200 v. Chr.) sein. Aus Darstellungen weiß man, dass Nimrod sich mit Hörnerkrone göttergleich verehren ließ. Er gilt als Begründer Ninives und Herrscher Babels. Man schrieb ihm die Erfindung der Magie, Astrologie und Pharmazie zu, weil man wusste, dass diese Praktiken aus dem mesopotamischen Osten kamen. Da er eine biblische Figur ist, wurde Nimrod auch in der christlichen Kunst dargestellt. Die biblische Namensversion Nimrod bedeutet in etwa »Rebell«.

**Auge um Auge**   Das »Auge-um-Auge-Prinzip« stammt aus dem sogenannten Codex Hammurapi. Dabei handelt es sich um die einzige vollständig erhaltene Gesetzessammlung der Alt-Antike, die der babylonische König Hammurapi im 18. Jahrhundert vor Christus zusammengestellt hatte. Sozusagen die »Erstausgabe« des Codex ist in eine Steinstele gemeißelt, die erst 1902 gefunden wurde und heute im Louvre zu besichtigen ist (eine Kopie befindet sich im Pergamon-Museum in Berlin).

Die Rechtssammlung gibt nicht nur Aufschluss über die damalige Gesellschaft, sie ist auch von literarischem Interesse, weil es sich teilweise um ein hymnisches Werk handelt. Sie enthält viele strenge Strafandrohungen. So stand auf bestimmte Eigentumsdelikte zum Beispiel die Todesstrafe. Das »Auge-um-Auge-Prinzip« ist eigentlich schon ein Rechtsfortschritt, da man vorher für ein zerstörtes Auge mindestens drei andere zerstörte.

# Mythische Orte in Griechenland & Kreta

**Zyklopenmauern**  Das berühmte Löwentor von Mykene ist Teil einer sogenannten Zyklopenmauer, die die mykenische Burg umgab. Deren riesige Steine sind bis zu drei Meter lang, einen Meter dick und ohne Mörtel präzise gefugt – eine erstaunliche Bauweise. Man stellte sich vor, dass sie nur von Riesen angefertigt worden sein konnten. Dafür kamen in der griechischen Mythologie am ehesten die Zyklopen infrage, die Riesen der Göttergenerationen vor Zeus. Auch an vielen anderen Plätzen im ägäischen Raum (zum Beispiel in Tiryns und Troja) und im etruskischen Italien findet man Zyklopenmauern.

Hauptort der mykenischen Kultur war Mykene (griechisch *mykes* = Pilz, wie heutige Benutzer einer antimykotischen [= pilztötenden] Salbe wissen). Der mythische Gründer von Mykene, Perseus, der der Medusa das Medusenhaupt abgeschlagen und die Andromeda von ihrem Felsen befreit hatte, erquickte sich an der Stelle, wo er dann die Stadt gründete. Hier nämlich trank er frisches Wasser, das sich in einem Pilzhut gesammelt hatte.

Im Mythos ist Mykene Sitz des Königs Agamemnon, des Führers der Griechen gegen Troja. Man vermutet, dass die Ereignisse im Zusammenhang mit dem Trojanischen Krieg in der Hochphase der mykenischen Kultur, um 1200 v. Chr., stattfanden. Über das Ende dieser Kultur gegen 1100 v. Chr. ist nichts Gesichertes bekannt.

**Troja**  Der Legende zufolge war Teukros der erste König im Gebiet von Troja, nach ihm soll Troja benannt sein. Allerdings ist das eine erst nach Homer gewobene Legende.

In Homers *Ilias* hat diese sagenhafte Stadt, gegen die die Griechen in einen zehnjährigen Krieg zogen, den griechischen Namen

*Ilion.* Und so hat auch die erste epische Dichtung des Abendlandes ihren Namen von dieser Bezeichnung für »Troja«. Nach dem sensationellen Fund und der Ausgrabung von Troja durch den deutschen Hobbyarchäologen Heinrich Schliemann um 1870 glaubte man, den Ort des Trojanischen Krieges gefunden zu haben. Aufgrund späterer Funde erwies sich diese Annahme jedoch als falsch und noch immer ist nicht abschließend geklärt, wo in den Siedlungsschichten sich das legendäre Troja tatsächlich befand.

Immer wieder war dieser Siedlungshügel in seiner langen Geschichte erobert, gebrandschatzt, durch Erdbeben zerstört und wieder neu aufgebaut worden. Trojas Geschichte reicht bis in die Zeit vor 3000 v. Chr. zurück, also bis in die Zeit der babylonischen Zikkurats (s. a. S. 11).

**Olymp**    Der meist in Wolken gehüllte, von Thessaloniki über das Meer hinweg sichtbare höchste Berg Griechenlands war der »Göttersitz«. Generell ist ein Olymp »das Höchste«.

Allerdings ist das Wort mitnichten griechisch. Wie viele andere Ortsnamen sowohl auf dem griechischen Festland wie auf den Inseln geht *Olympos* auf die sogenannte minoische Sprache der ägäisch-kretischen Kultur zurück, die nicht indoeuropäisch war.

Auch viele Bewohner des Olymp waren schon vor Zeus da: Apollon, Aphrodite, Artemis, Athene, Hephaistos und Hermes. Athene, Aphrodite und Artemis etwa sind orientalischen Ursprungs. Sie stammen von der babylonischen Astarte ab und wurden erst später in den griechischen Olymp integriert.

## *Aus dem Labyrinth*

**Labyrinth**    Inbegriff der kretischen Kultur ist das Labyrinth. Diese Bezeichnung leitet sich ab von dem im Griechischen als *labrys* überlieferten minoischen Wort für »Streitaxt«. Demnach bedeutete das Wort wohl »Haus der Streitaxt«. Gemeint ist eine Doppelaxt, die wenig praktischen Nutzen hat und daher wahrscheinlich als Kultsymbol diente. Solche Doppeläxte haben auch eine Bedeutung in der babylonischen Ischtarkultur und wurden überdies in Stone-henge gefunden. Möglicherweise handelt es sich um ein verbrei-tetes Symbol vorindoeuropäischer matriarchalischer Kulturen. Die kretische Zivilisation geht zurück bis in die sumerisch-akkadische Zeit. Sie ist nicht griechisch und kennt demzufolge die Zeus-Reli-gion nicht. Im Mittelpunkt des kultischen Lebens stand offenbar ein Stierkult. Die Minoer beendeten in ihrem Umfeld wohl das Piraten-wesen und ermöglichten so einen sicheren Handel im Ostmittel-meer. Der Einfluss der kretischen Kultur erstreckte sich bis in die Ägäis und bis nach Athen und Mykene im Norden. Darüber hinaus fand ein intensiver Austausch mit Ägypten im Süden statt.

Der britische Archäologe Sir Arthur Evans entdeckte die Paläste von Knossos (minoisch: *ku-nŭ-ša*) und grub sie ab 1900 aus. Er ver-band sie mit dem aus der Sage bekannten Königsnamen »Minos« und bezeichnete die kretische als »minoische Kultur«. Der Name von Zypern geht ebenfalls auf ein minoisches Wort zurück: *ku-pi-ri-jo*. Vom Namen der Insel, einem Hauptlieferanten dieses Metalls im Altertum, ist unser Wort »Kupfer« abgeleitet.

**Minos**     König Minos von Kreta ist der legendäre Erbauer des Labyrinths. Wenn man großzügig ist, kann man ihn als Zeitgenossen Hammurapis bezeichnen (s. a. »Auge um Auge«, S. 13). So wie »Mi-nos« aber vermutlich eher ein Königstitel ist und nicht der Name einer historischen Person, so steht dieses Wort denn auch eher als Epochen- und Kulturbezeichnung für die kretische Kultur, die eben-falls um 1600 v. Chr. ihre höchste Blüte erlebte.

**Minotaurus**     Im Labyrinth wurde der Minotaurus gehalten, ein Hybrid aus Mensch und Stier (= griechisch *tauros*). König Minos soll von dem Meeresgott Poseidon einen prächtigen weißen Stier als Opfertier erhalten haben. Daran sieht man schon, dass dies eine spät fabrizierte Legende ist, denn die griechischen Götter gehörten nicht zur kretischen Religion.

Minos fand den Stier aber als Opfertier zu schön und verschonte ihn. Minos' Gemahlin, die Königin Pasiphae, verliebte sich in den Stier. Daher wies sie den Bildhauer Daidalos an, ihr eine hohle hölzerne Kuh zu bauen und ließ sich darin von dem Stier begatten. Sie gebar den Minotaurus, das Monster mit Menschenleib und Stierkopf, der dann in dem von Daidalos erbauten Labyrinth hauste. Bekannt wurde der Minotaurus bald durch seinen unappetitlichen Appetit, fraß er doch allzu gerne Menschen, die in das Labyrinth gesperrt wurden.

**Der rote Faden**    Untrennbar verbunden mit dem Labyrinth ist die Sage von dem legendären griechischen Helden Theseus. Weil die Athener dem König Minos tributpflichtig waren, mussten sie alle neun Jahre sieben Jungfrauen und sieben junge Männer nach Kreta schicken, die zu dem Minotaurus ins Labyrinth gesteckt wurden. Theseus wollte diesem Treiben ein Ende machen und begleitete die bemitleidenswerte Delegation nach Kreta. Dort erhielt er von der in ihn verliebten Tochter des Minos, Ariadne, einen roten Wollfaden. Den spulte er im Labyrinth ab und fand so wieder den Weg nach draußen, nachdem er den Minotaurus erschlagen hatte. Dieser Teil der Theseus-Sage soll legendenhaft wiedergeben, dass sich die Athener in ihrer Frühzeit von der minoischen Vorherrschaft befreiten. Der Ariadnefaden ist der »rote Faden«, mit dessen Hilfe man sich in einem unübersichtlichen Durcheinander zurechtfindet.

**Ikarus**    Auf die Idee mit dem Ariadnefaden war der Erbauer des Labyrinths, der nach Kreta verbannte athenische Baumeister Daidalos, gekommen. Als das offenbar wurde, setzte Minos ihn und seinen Sohn Ikarus zur Strafe im Labyrinth gefangen. Um von der Insel Kreta zu entkommen, schmiedete Daidalos (griechisch *daidallein* = kunstvoll arbeiten) hauchdünne Gestänge, beklebte sie mit Wachs und Federn und fertigte so Schwingen für seinen Sohn Ikarus und sich an. Alles klappte. Vor dem Landeanflug auf Sizilien wurde Ikarus jedoch übermütig und schwang sich zur Sonne empor. Das Wachs schmolz aufgrund der Hitze und Ikarus stürzte vor den Augen seines untröstlichen Vaters ins Meer. Deshalb ist »Ikarus« ein Inbegriff für übermütige Überflieger mit einem Drang nach Höherem. Die Ikarus-Sage ist uns vor allem durch die *Metamorphosen* des römischen Dichters Ovid überliefert.

## Ägypten & Israel – Biblische Mythen

**Wie Sand am Meer** In etwa ein »Zeitgenosse« des babylonischen Königs Hammurapi war der legendäre biblische Urvater Abraham. Nach den Schilderungen der Bibel kann man sich diesen Herdenbesitzer als eine Art Nomadenfürsten oder Scheich vorstellen. Er stammte aus Ur, einer der ältesten Städte Alt-Babylons, und zog an der Seite seines Vaters nach Haran im heutigen Syrien. Als er schon betagt war, wies ihn sein Gott Jahwe an, mit seinem Nomadentross nach Kanaan zu ziehen. Dort gab es allerdings nicht genug zu essen, daher wanderte Abraham weiter nach Ägypten. Doch der Pharao schickte ihn durch die Wüste Negev wieder zurück. Der Bibel zufolge war Abraham zu diesem Zeitpunkt »sehr reich an Vieh, Silber und Gold«. In Wahrheit beutete er vielleicht die reichen Kupferminen im Negev aus und betrieb als erfahrener Schmied, also als führender Rüstungsproduzent, neben der Weidewirtschaft einen schwunghaften Waffenhandel. Dennoch gehorchte er seinem Gott und zog weiter nach Kanaan. Jahwe forderte ihn auf, das Land »in der Länge und Breite« zu durchziehen, und versprach ihm: »Und [ich] will deine Nachkommen machen wie den Staub auf Erden. Kann ein Mensch den Staub auf Erden zählen, der wird auch deine Nachkommen zählen.« (1. Mose 13,16–17) Auf dieser Verheißung beruht der Name »Abraham«: Das Wort bedeutet wörtlich »Vater der Vielen«, also »Vater der Völker«. Hebräisch *aham* ist ein sehr allgemeines Wort für eine Vielzahl und wird je nach Zusammenhang übersetzt.

Abraham war zu diesem Zeitpunkt allerdings schon 100 Jahre alt, und seine Frau Sara war bereits 90. Dennoch bekamen sie noch einen Sohn, den Isaak. Später war Abraham sogar bereit, Isaak zu opfern, aus reinem Gottesgehorsam. Das wurde bekanntlich dadurch verhindert, dass ein Engel ihn in letzter Sekunde davon abhielt und ihm stattdessen einen Widder schickte. Da versprach Jahwe zum zweiten Mal, Abraham werde so viele Nachkommen haben wie Sand am Meer: »Will ich dein Geschlecht segnen und mehren wie die Sterne des Himmels und wie den Sand am Ufer des Meeres« (1. Mose 22,17).

Isaak blieb der einzige Sohn von Abraham und Sara. Er hatte auch nur zwei Söhne: die Zwillinge Esau und Jakob. Erst sein Enkel Jakob, auch so ein »Nomadenscheich«, wurde durch seine Frau Rachel und zahlreiche Nebenfrauen der Vater von zwölf Söhnen, die ihrerseits wiederum die Stammväter der Stämme Israels werden.

**Für ein Linsengericht**    Ländernamen können auch von Personennamen abgeleitet sein. Amerika (nach Amerigo Vespucci) und Kolumbien (nach Christoph Kolumbus) sind Beispiele aus der neueren Geschichte. Israel ist eines aus der altorientalischen Geschichte.

Israel ist der Name, den Jahwe selbst dem Enkel Abrahams, Jakob, gab, nachdem sie auf Jakobs langem Rückweg aus seinem Exil nachts mal einen kleinen Ringkampf miteinander hatten. Jahwe bzw. sein Stellvertreter, ein Engel, konnte sich bis zum Morgengrauen nicht aus Jakobs Umklammerung lösen. Erst im Austausch gegen einen Segensspruch gab Jakob den Engel frei. Da befahl Jahwe, Jakob solle sich künftig Israel nennen (1. Mose 32,29). Das bedeutet: »Gott herrscht«.

In der Generationenabfolge des Volkes Israel ist Jakob der Enkel Abrahams. Jakobs Vater war Isaak. Jakob hatte einen Zwillingsbruder, den erstgeborenen Esau. Jakobs Mutter Rebekka war allerdings klar, dass Jakob viel begabter war, um die anspruchsvolle Gottesidee des Abraham weiterzutragen. Deshalb unterstützte sie Jakob, als er seinem Bruder den Erstgeburtssegen seines greisen, blinden Vaters »für ein Linsengericht abkaufte«, nachdem Esau einmal hungrig von der Jagd heimgekehrt war. In diesen Zeiten hatte der väterliche Segen weitreichende Folgen; er war so etwas wie eine Königslegitimation. Jakob bekam später zwölf Söhne, die ihrerseits zu Stammvätern des Volkes Israel wurden.

**Die fetten und die mageren Jahre**    Durch das bewegte Schicksal von Josef, dem zweitjüngsten, hochbegabten Sohn Jakobs, gelangte dessen Sippe nach Ägypten. Josef (arabisch *Jusuf* = Gott fügt hinzu) war dort zunächst Verwalter im Haus des Potiphar und dann Wesir des Pharaos, dem er die Träume von den sieben Kühen, die aus dem Nil steigen, als die sieben fetten Jahre, auf die sieben magere Jahre folgen, gedeutet hatte. Nach Jahren der Hungersnot in Kanaan siedelten die Israeliten (Jakob und seine Söhne mit ihren Familien, also ein ausgedehnter Clan) für mehrere Generationen mit Genehmigung des Pharaos im Lande Gosen unweit des Nildeltas. Man datiert die Josefs-Geschichte, falls sie denn so stattgefunden hat, etwa auf die Zeit um 1500 v. Chr., die auch die Epoche der größten Expansion Ägyptens ist.

Die Legende über Josef findet sich auch im Koran.

## Begriffe & Redewendungen rund um den Exodus

**Exodus**     Der Aufenthalt des Volkes Israel in Ägypten war die Voraussetzung für den *Exodus,* so der Titel des ereignisreichen zweiten Buchs Mose rund um seinen »Autor«. Moses ist der eigentliche Religionsstifter Israels.

Dem Geschichtsschreiber Flavius Josephus (ca. 37–100 n. Chr.) zufolge bedeutet der Name Moses »der aus dem Wasser Gezogene«. Möglicherweise stammt »Moses« aber auch aus derselben ägyptischen Wurzel wie »Thut-mosis« oder »Ra-mses« = Sohn. Bis in die Zeit der Aufklärung wurde nie angezweifelt, dass Moses tatsächlich gelebt und persönlich die »Fünf Bücher Mose« verfasst hat. Ob Moses Israelit oder Ägypter war, ob er gelebt hat oder nur eine Legendenfigur ist, darüber streiten sich heute die Gelehrten vieler Sparten.

Jahrhundertelang lasen gläubige Juden und Christen den Bericht vom Exodus, dem Auszug der Israeliten aus Ägypten, wie einen historischen Tatsachenbericht. Es klingt unheilvoll, wenn es darin am Anfang heißt: »Da kam ein neuer König auf in Ägypten, der wusste nichts von Josef.« Und prompt »zwangen die Ägypter die Israeliten unbarmherzig zum Dienst und machten ihnen ihr Leben sauer mit schwerer Arbeit in Ton und Ziegeln und mit mancherlei Frondienst auf dem Felde, mit all ihrer Arbeit, die sie ihnen auflegten ohne Erbarmen« (2. Mose 1,8 und 13–14). Mit anderen Worten, die Israeliten mussten Sklavenarbeit verrichten und waren einer ganzen Reihe weiterer Schikanen ausgesetzt, die sich der Pharao ausdachte.

Für die Geschichtsschreibung ergibt sich das Problem, dass man aus der ägyptischen Geschichte oder der ägyptischen Kunst selbst nie einen Hinweis, geschweige denn einen Nachweis über den Aufenthalt der Israeliten in Ägypten gefunden hat.

**Das Land, wo Milch und Honig fließen**   Jahwes Auftrag an Moses lautete, Israel aus Ägypten herauszuführen, »in ein gutes und weites Land, in ein Land, darin Milch und Honig fließt, in das Gebiet der Kanaaniter, Hetiter, Amoriter, Perisiter, Hewiter und Jebusiter« (2. Mose 3,8). Wenn man auf die Karte sieht, ist das ein ziemlich großes Gebiet und es war bereits von den genannten Völkern bewohnt. Die Umschreibung einer schönen, fruchtbaren Gegend als »Land, wo Milch und Honig fließen« findet sich schon in der Verheißung gegenüber Abraham und an anderen Stellen der Bibel.

**Ägyptische Plagen**   Ausführlich werden in der Bibel die Heimsuchungen behandelt, mit denen Jahwe Druck auf die Ägypter aufbaute, damit der Pharao die Israeliten ziehen ließ (2. Mose 7,14–11, 10). Es waren insgesamt zehn und mit ihrer Hilfe wurde so ziemlich alles lahmgelegt, was man in einem landwirtschaftlich genutzten Land bestreiken kann. Nacheinander kam es zu einer Trinkwasservergiftung und einem Fischsterben im Nil, zu einer Froschinvasion, einer Stechmücken- und Bremsenplage, zu einer Viehseuche, zum Ausbruch der Beulenpest, zu Hagel, dann zu einer Heuschreckenplage und schließlich zu einer dreitägigen Finsternis. Aber der Pharao wollte die Israeliten immer noch nicht ziehen lassen. Schließlich wollte Jahwe alle erstgeborenen Kinder und Tiere in Ägypten töten. Damit die Israeliten verschont blieben, sollten sie ihre Türpfosten mit Lammblut bestreichen. Das Schlachten und der Verzehr des Lamms wurden bei dieser Gelegenheit kultisch vorgeschrieben. Damit stiftete Jahwe den Juden das Passah-Fest (spanisch *Pascua*, italienisch *Pasqua*, französisch *Pâques*), zu dessen Feier Jesus später in Jerusalem einzog. Erst nach dieser Bluttat Jahwes erlaubte der Pharao den Israeliten den Auszug.

**Fleischtöpfe Ägyptens**   Als sich das Rote Meer geteilt hatte und die Israeliten glücklich aus Ägypten herausgezogen waren, fanden

sie sich in der Wüste wieder und murrten: »Wollte Gott, wir wären in
Ägypten gestorben durch des Herrn Hand, als wir bei den Fleischtöpfen saßen und hatten Brot die Fülle zu essen.« (2. Mose 16,3)

**Manna vom Himmel**    Jahwe verstand die Klagen der Israeliten,
die sich nach den Fleischtöpfen sehnten, und ließ über Nacht etwas
Feines, Körnerartiges, »klein wie Reif« vom Himmel auf die Erde fal-
len. Da sprach Moses zu den Israeliten: »Es ist das Brot, das euch der
Herr zu essen gegeben hat.« (2. Mose 16,14–15)

**Die Zehn Gebote**    Nachdem die Israeliten im Sinai angekommen waren, dauerte es nicht lange, bis Jahwe mit dem von ihm
auserwählten Volk einen Bund schloss: Er bürgte für den Schutz der
Israeliten, dafür verlangte er unbedingten Gehorsam von ihnen.
Auf dem Berg Sinai verkündete er Moses dann die Zehn Gebote, ein
Grundgesetz, dessen Bestimmungen den meisten Menschen der
jüdisch-christlichen Kultur auch heute noch besser vertraut sind als
alle anderen Gesetze. Erst beim zweiten Gang Moses' auf den Berg
übergab Jahwe ihm auch die Steintafeln, die er mit seinem Finger
beschrieben hatte (2. Mose 31,18).

**Das Allerheiligste**    Als Moses sich zum zweiten Mal auf den
Berg Sinai begab, instruierte Jahwe ihn auch bis ins kleinste Detail
über die Ausstattung der Stiftshütte, wo Jahwe zu wohnen gedachte.
Sie sollte nach dem Muster eines Beduinenzeltes errichtet werden.
In diesem Zelt trennte ein Vorhang das Heilige vom Allerheiligsten.
Und in diesem Allerheiligsten befand sich die reich verzierte Bun-
deslade, in der die Steintafeln mit den Zehn Geboten aufbewahrt
wurden (2. Mose 26,33).

**Tanz ums goldene Kalb**    Kaum war Moses nach 40 Tagen vom
Sinai herabgestiegen, musste er mitansehen, wie die Israeliten um
ein Götzenbild herumtanzten. Sie waren ungeduldig geworden, weil
Moses so lange auf dem Berg geblieben war, und hatten ein neues
Gottesbild von Moses' Bruder Aaron gefordert. Der hatte alle golde-
nen Ohrringe einsammeln lassen, sie in einer Form geschmolzen

und daraus ein goldenes Kalb gegossen (2. Mose 32,4). Am nächsten Tag brachten die Israeliten dem Kalbsgott Opfer dar und ließen sich anschließend zum Opferschmaus nieder: »Danach setzte sich das Volk, um zu essen und zu trinken, und sie standen auf, um ihre Lust zu treiben.« (2. Mose 32,6) Der Frevel bestand natürlich darin, dass um ein Götzenbild getanzt wurde. Weil es aus Gold war, assoziiert man ferner, dass das Gold = Geld wie ein Götze verehrt wird.

## *Namen, die Geschichte machten*

**David gegen Goliath**     Der halbwüchsige David sollte seinen älteren Brüdern im Kriegslager gegen die Philister Brot und Käse vorbeibringen. Da hörte er die herausfordernden Reden des riesigen, hochgerüsteten Goliath und nahm dessen Herausforderung an, obwohl die Israeliten sich bei dem Furcht einflößenden Anblick der philistischen Kampfmaschine verdrückten. David traf den Goliath mit einem gezielten Schuss aus seiner Steinschleuder an der Stirn. Anschließend hieb er ihm den Kopf ab. Daraufhin zogen die Philister ab.

Nach dieser Heldentat wurde David keineswegs gleich zum König gemacht. Vielmehr musste er sich angesichts der Eifersucht des in Juda herrschenden Königs Saul jahrelang verstecken und wurde eine Art Robin Hood. Erst nach Sauls Tod wurde David der König von Juda. Um das Jahr 1000 v. Chr. vereinigte er Juda (im Süden) mit Israel (im Norden) und machte Jerusalem erstmals zur gemeinsamen Hauptstadt.

**Philister**     Die Philister waren indoarische Einwanderer, die in den ein bis zwei Jahrhunderten vor David (ca. 1200–1000 v. Chr.) über das Mittelmeer ins Land gekommen waren. Höchstwahrscheinlich stammten sie aus dem Ostseeraum und hatten bei ihrem Zug über die Alpen die damals neu entwickelte Eisenverarbeitung kennengelernt. Dadurch waren sie den bronzezeitlichen ortsansässigen Nomadenvölkern wie den Israeliten, die in der Geschichte von David gegen Goliath als arme kleine Hirten mit Steinschleudern zusätzlich verniedlicht wurden, rüstungstechnisch überlegen. Der Name Palästina (= Philistea) leitet sich direkt von den indoarischen Philistern ab.

Seit dem 18. und 19. Jahrhundert wurde unter Studenten an deutschen Universitäten das Spannungsverhältnis zwischen Israeliten und Philistern noch auf ganz andere Weise interpretiert und dadurch erhielt das Wort »Philister« teilweise einen neuen Wortsinn: Machten die Studenten nachts Rabatz, was nicht so selten vorkam, so zogen die Stadtwachen auf, um für Ruhe und Ordnung zu sorgen. Sie waren die Ersten, die von den übermütigen Studenten als Philister beschimpft wurden; die Studenten selbst sahen sich natürlich in der Rolle des kecken David. Später bezeichnete der Begriff alle kleinkarierten Bürger, die für die Lebensfreude der Studenten kein Verständnis hatten, schließlich den langweiligen Spießer schlechthin. Schopenhauer und Nietzsche fügten dann noch die Steigerungsform »Bildungsphilister« hinzu – für all diejenigen Spießbürger, die gescheit und gelehrt daherreden, aber kein echtes Verständnis für Kunst und Kultur haben.

### Salomonische Weisheit

Salomo war der Sohn König Davids und der Erbauer des ersten Tempels in Jerusalem. Sein Name ist direkt verknüpft mit dem hebräischen Wort *schalom* = Frieden. Arabische Varianten lauten: Soliman bzw. Süleyman. Falls die biblischen Berichte historisch zutreffend und nicht bloß legendär sind, hat Salomo das Großreich seines Vaters ca. 960 v. Chr. übernommen und zusammengehalten und während seiner Regierungszeit unter anderem die »Königin von Saba« empfangen.

Salomo gilt als Inbegriff eines weisen Friedensfürsten. Die Bibel schildert es konkret: »Denn der König hatte Tarsisschiffe, die auf dem Meer … fuhren. Diese kamen in drei Jahren einmal und brachten Gold, Silber, Elfenbein, Affen und Pfauen. So war der König Salomo größer an Reichtum und Weisheit als alle Könige auf Erden. Und alle Welt begehrte, Salomo zu sehen, damit sie die Weisheit hörten, die ihm Gott in sein Herz gegeben hatte.« (1 Könige 10,22–24) Und an einer anderen Stelle heißt es: »Er dichtete von den Bäumen, von der Zeder auf dem Libanon bis zum Ysop, der an der Wand wächst. Auch dichtete er von den Tieren des Landes, von Vögeln, vom Gewürm und von Fischen.« (1 Könige 5,13)

**Salomonisches Urteil**    Salomos Weisheit zeigte sich am deutlichsten anhand eines Falls zweier junger Mütter, den er als Richter zu entscheiden hatte. Beide Nachbarinnen hatten gerade ein Kind geboren, das eine war aber kurz nach der Geburt gestorben. Nun klagte die eine Mutter die andere an, sie habe ihr das Kind weggenommen. Nichts ließ sich beweisen. Salomo ordnete an, das Baby mit einem Schwert zu teilen und jeder Frau die Hälfte zu geben. Da bat die eine, das Kind zu schonen und es der anderen zu überlassen. Salomo erkannte hierin die wahre Mutterliebe und sprach ihr das Baby zu.

# Das antike Griechenland

**Olympische Spiele**    Olympia war eine dem Gott Zeus geweihte Kult- und Orakelstätte. Es gab dort einen großen heiligen Bezirk mit allem, was dazugehörte: Tempel, Schatzhäuser für die Weihegeschenke, Wandelhallen, Thermen, ein Gymnasium und ein Stadion. Der in klassischer Zeit errichtete Zeus-Tempel beherbergte mit der riesigen Zeus-Statue des Phidias aus Elfenbein und Gold (Fertigstellung um 430 v. Chr.) eines der sieben Weltwunder der Antike. Das Orakel war das bedeutendste Zeus-Orakel Griechenlands. Mit Sicherheit gab es schon Weihespiele vor 776 v. Chr., aber für jenes Jahr ist erstmals ein Olympiasieger im Stadionlauf belegt, ein gewisser Koroibos aus Elis. Im Laufe der folgenden 150 Jahre wurden nach und nach weitere Disziplinen eingeführt, bis hin zum Pferderennen. Möglicherweise beruhen die Weihespiele in Olympia und andernorts (in Delphi zu Ehren von Apollon, in Korinth zu Ehren von Poseidon) auf Vorbildern der minoischen Kultur. Wir sehen den Wettkampf heute vor allem als »sportliches« Ereignis und können uns kaum mehr vorstellen, welche religiöse Bedeutung die Wettkämpfe als Weihespiele hatten, die sie vor allen Dingen waren.

**Homerische Dichtung**    Homer hat man sich eigentlich immer als reale historische Person vorgestellt, als den blinden rhapsodischen Sänger aus Kleinasien, der die Verse seiner umfangreichen Werke auswendig rezitieren konnte. Erste Zweifel an diesem Bild ergeben sich dadurch, dass *Ilias* und *Odyssee* stilistisch sehr verschieden sind. Wirklich gesicherte Daten oder Hinweise auf seine Herkunft gibt es nicht.

Seit Neuestem siedelt der Sprachforscher und Übersetzer der *Ilias* Raoul Schrott Homer nicht mehr um 750 v. Chr. an der kleinasiatischen Küste der Ägäis an, sondern in Kilikien, einer Landschaft an der Südküste der heutigen Türkei. Er hält »Homer« für einen Schreiber im Dienst der neuassyrischen Könige, die jenes Gebiet um 650 v. Chr. beherrschten. In diese Zeit datiert Schrott auch die Entstehung der *Ilias*. Aus wortgeschichtlichen Gründen sowie aufgrund topografischer Vergleiche identifiziert Schrott einen Ort namens Karatepe als das »Troja« der *Ilias*.

**In medias res**    Der Dichter Horaz (65 v. Chr. – 8 n. Chr.) lobte an Homer, dass er bei seinen Erzählungen nicht umständlich mit Erklärungen anfängt, sondern ohne Umschweife zur Sache kommt: *Semper ad eventum festinat et in medias res … =* Er eilt immer dem Ende entgegen und mitten in die Dinge (also gleich in die Handlung) hinein, wodurch die Zuhörer laut Horaz mitgerissen werden.

## *Begriffe & Redewendungen aus* Ilias & Odyssee

**Achillesferse**    Achilles, Held der trojanischen Sage, war als Säugling im Fluss Styx gebadet worden und dadurch unverwundbar. Nur seine Ferse, an der seine Mutter Thetis ihn festgehalten hatte, war vom Wasser nicht benetzt worden. Deshalb war Achilles dort verwundbar.

**Danaergeschenk**    Mit diesem Begriff war das Trojanische Pferd gemeint. »Danaer« ist ein Stammesname, den Homer, der nie von den »Griechen« sprach, öfter ganz allgemein für diese verwandte. Die von Zeus mit Goldregen geschwängerte Danae galt vielen als Stammmutter der »Griechen«. Der prophetische trojanische Priester Laokoon warnte die Trojaner vor dem Danaergeschenk. So lässt Vergil ihn in der *Aeneis* den sehr bekannt gewordenen Satz sagen: »*Quidquid id est, timeo Danaos et dona ferentes*« (= Was es auch ist, ich fürchte die Danaer, auch wenn sie Geschenke bringen). Wegen seiner Warnung wurden Laokoon und seine Söhne von Schlangen erwürgt, die die Göttin Athene geschickt hatte. Athene stand auf der Seite der Griechen. Heute bezeichnet man ein Geschenk, das seinem Empfänger Unheil bringt, als »Danaergeschenk«.

**Kassandraruf**    Auch die Warnungen der trojanischen Prinzessin und Priesterin Kassandra wurden nicht beachtet. Apollon, der göttliche Schutzherr Trojas, hatte sich in sie verliebt, aber sie wollte nichts von ihm wissen. Daraufhin verlieh er ihr zwar die Gabe der Weissagung, aber nicht der Überzeugung. Kassandrarufe verhallen daher ungehört.

**Trojanisches Pferd**    Das Trojanische Pferd war ein harmlos wirkendes hölzernes Pferd, das die Griechen nach ihrem scheinbaren Abzug am Strand von Troja als »Abschiedsgeschenk« hinterlassen hatten. Allen Warnungen zum Trotz zogen es die Trojaner in ihre uneinnehmbare Stadt. Im Bauch des Pferdes waren griechische Krieger versteckt, die in der Nacht hinausschlüpften und die Tore der Stadt öffneten.

Als »Bundestrojaner« ist der Begriff in der Internetsprache neuerdings wieder ganz aktuell. Der Bundestrojaner war geplant als Software, die die Strafverfolgungsbehörden als harmlos wirkende Nachricht per E-Mail versenden, um damit die Festplatten verdächtiger Empfänger auszuforschen oder zu zerstören. Am 27. Februar 2008 hat das Bundesverfassungsgericht allerdings entschieden, dass solch ein Bundestrojaner nur unter sehr eingeschränkten Voraussetzungen eingesetzt werden darf.

**Odyssee**   Odysseus, der »listenreiche« (= einfallsreiche) Klein-
könig der Insel Ithaka, ist der Held des zweiten »homerischen« Epos.
Odysseus hatte durch seinen Einfall, mithilfe des Trojanischen
Pferdes griechische Krieger in die uneinnehmbare Stadt Troja ein-
zuschleusen, die kriegsentscheidende Idee. Sein Gegner, der Meeresgott Poseidon, verhinderte und verzögerte immer wieder die
Heimreise des Odysseus auf dem Mittelmeer. Deswegen nennt man
solch eine Irrfahrt nach dem Werktitel auch »Odyssee« – übrigens in
allen europäischen Sprachen. Die bekannteste künstlerische An-
knüpfung der Gegenwart an dieses Wort findet sich in dem Filmtitel
*2001 – Odyssee im Weltraum* von Stanley Kubrick.

**bezirzen**   Als Odysseus mit seinen Gefährten zur Insel Aiaia
kam, wurden diese von der Zauberin Kirke in Schweine verwandelt.
Kirke hielt nämlich eigentlich nicht viel von Männern. Odysseus
konnte dem Zauber entgehen und die beiden verliebten sich. Odysseus wollte gleichwohl lieber nach Hause, doch Kirke versuchte immer wieder ihn mit »weichen schmeichelnden Wörtchen«, wie es an
dieser Stelle heißt, zum Bleiben zu bewegen. Das versteht man auch
heute noch unter »bezirzen«.

**Zwischen Skylla und Charybdis**   Diese Redewendung bezieht
sich auf zwei Ungeheuer, die eine Meerenge beherrschten, durch die
Odysseus mit seinem Schiff hindurch musste. Skylla, eine junge
Frau mit einem Unterleib aus sechs Hundeköpfen, verschlang alles
in ihrer Reichweite, und Charybdis war ein gestaltloser Sog oder
Strudel, in dem ganze Schiffe verschwanden. Odysseus segelte in
möglichst großem Abstand zur Charybdis durch die Meerenge, kam
dabei aber der Skylla zu nah, der sechs seiner Gefährten zum Opfer
fielen. Wie Odysseus befindet man sich zwischen zwei Gefahren
oder muss sich zwischen zwei Übeln entscheiden, wenn man nur die
Wahl »zwischen Skylla und Charybdis« hat.

**Mentor**   Die Abenteuer des Odysseus sind der eine Erzählstrang
der *Odyssee*. Der andere ist die Geschichte seines Sohnes Telemach,
der sich auf die Suche nach seinem vermissten Vater machte. Er

wendete sich hilfesuchend an Mentor, einen Freund von Odysseus, der Telemach mit väterlichem Rat beistand. Die Göttin Athene nahm oft die Gestalt von Mentor an, um den jungen Mann zu beraten und ihn in ihrem Sinne lenken zu können.

## *Sätze, die Geschichte machten*

**Satz von Thales**    »In einem Halbkreisbogen entsteht immer ein rechtwinkliges Dreieck« – der Satz des Thales besagt, dass der Peripheriewinkel im Halbkreis ein rechter ist, also 90° beträgt. Der griechische Naturphilosoph Thales (um 650–560 v. Chr.) soll auch die Sonnenfinsternis von 585 v. Chr. vorausgesagt und Pyramiden vermessen haben. Thales lebte in Milet, einer lebhaften Handelsstadt an der ionischen (heute türkischen) Ägäisküste. Er war ein sehr vielseitiger, gelehrter »Naturforscher«, einer von jenen Denkern, die in Griechenland damit begannen, die Natur genau zu beobachten, und vom überlieferten Wissen aus dem Alten Orient profitierten.

**Satz des Pythagoras**    $a^2 + b^2 = c^2$: Bei einem rechtwinkligen Dreieck ist die Fläche der Quadrate über den am rechten Winkel anliegenden Seiten zusammen genauso groß wie das Quadrat über der Hypotenuse. Der griechische Philosoph Pythagoras (ca. 570–497 v. Chr.) lebte in Metapont, im griechisch besiedelten Unteritalien. Er gilt als sehr vielseitiger, aber auch rätselhafter Gelehrter, manche halten ihn sogar für einen Schamanen. Es gibt keine schriftlichen Zeugnisse von ihm, dafür aber zahllose Legenden. Die Aussage des ihm in der Antike zugeschriebenen Lehrsatzes war schon vor Pythagoras bekannt. Im Mittelalter galt Pythagoras als der Entdecker der mathematischen Verhältnisse von Saitenlängen auf Musikinstrumenten sowie der »Sphärenmusik« zwischen den Planeten.

**Alles fließt**    *Pánta rhei* – die Kurzformel für die Philosophie von Heraklit (550–480 v. Chr.) ist bereits eine Interpretation Platons, der mit Bezug auf die Äußerungen Heraklits sagte: »*Pánta chorei kaì oudèn ménei*« (= Alles bewegt sich fort und nichts bleibt). Daraus wurde dann die Kurzformel *Pánta rhei*. Von den nur bruchstückhaft bekannten Aussagen des »vorsokratischen« Denkers aus Ephesus sind immerhin ein paar bekannt.

Eine weitere lautet in sprachlich leicht abgewandelter Form: »Man kann nicht zweimal in denselben Fluss steigen.« Heraklit hielt das Werden und Vergehen für eine Grundkonstante der Natur und damit die permanente Veränderung für eine Grundkonstante des Seins überhaupt. Das zeigte sich für ihn auch in Gegensätzen wie Tag und Nacht oder Eintracht und Zwietracht. In diesem Zusammenhang ist auch der folgende berühmte von ihm überlieferte Satz zu sehen: »Der Krieg (bzw. der Streit) ist der Vater aller Dinge.« »Bewegung« entsteht Heraklit zufolge durch Spannung und Gegensätze. Hinter dieser Welt erkannte dieser große Denker, der sehr anregend auf viele Philosophen von Platon bis Heidegger wirkte, aber die große Einheit des eigentlichen Seins. Diese nannte er *logos*.

**Geh mir aus der Sonne**    Das Wort »zynisch« geht zurück auf die Philosophenschule der *Kyniker*, deren bedeutendster Vertreter Diogenes war (ca. 399–323 v. Chr.). Von ihm wird immer erzählt, er habe wie ein Hund (griechisch *kýon*) in einer Tonne gelebt. In Wirklichkeit führte er wohl ein einfaches Bettlerleben, verkündete Bedürfnislosigkeit und verachtete weitergehende Ambitionen und Ansprüche. Von diesem Bettlerleben, das man auch mit einem Hundeleben gleichsetzte, leitet sich die Bezeichnung der Philosophenschule ab. Als Alexander der Große, der spätere Welteroberer, Diogenes besuchte, stellte er ihm einen Wunsch frei. Diogenes antwortete: »Geh mir ein wenig aus der Sonne.«

**Nichts im Übermaß**    Dieser Satz galt bei den zum Extrem neigenden Griechen als die »apollinische Weisheit« schlechthin. Apollon war insofern auch der Gott der Mäßigung und des rechten Maßes – etwas trivialethisch gesprochen, des »goldenen Mittelwegs«. Das Wahren der *mesotes*, der »rechten Mitte«, stand auch im Zentrum der aristotelischen Ethik: »Wer alles flieht und fürchtet und nirgends standhält, wird feige, wer aber nichts fürchtet und auf alles losgeht, wird tollkühn. Ebenso wird, wer jede Lust genießt und sich keiner Lust enthält, unmäßig, wer aber jede Lust meidet wie ein ungehobelter Bauer, wird unempfindlich.«

## *Begriffe & Redewendungen aus Delphi*

**Delphi**    Delphi ist ein Apollon-Heiligtum und Apollon ist eine vorindogermanische Gottheit, »zuständig« unter anderem für Weissagung, dichterische Inspiration und die Künste. Also war Delphi mit Sicherheit bereits ein zentraler Kultort, bevor die hellenischen Stämme dort ankamen. Der Name »Delphi« leitet sich ab von dem griechischen Wort *delphos* (= Gebärmutter), was auf sehr alte Kulte aus mutterrechtlicher Zeit deutet. Die Verbindung zu diesen alten Kulten wird durch den Apollon-Mythos hergestellt. Danach hat Apollon den Drachen Python getötet, der hier in einer Erdspalte hauste. Der Python war eine Ausgeburt der Urmutter Gaia aus ihrer Vereinigung mit dem Schlamm. Und bereits er verfügte über hellseherische Fähigkeiten. Schlangen und Drachen sind in der Mythen- und Märchenwelt immer Symbole der Erde und der damit verbundenen »Mutterkulte«. Durch Apollons Tat war die Macht der Gaia über den Ort gebrochen und Apollon nun sein Schutzherr. Delphi war sozusagen die kultische Hauptstadt Griechenlands. Alle Stadtstaaten und umgebenden Königreiche bis nach Kleinasien hinein hatten hier ihre Schatzhäuser und spendeten reichlich.

**Pythia**    Im Tempel selbst orakelte die Seherin Pythia, eine Priesterin, die auf ihrem berühmten Dreifuß über der Erdspalte hockte, aus der Dämpfe aufstiegen. Wie in Trance stammelte sie Sprüche oder Worte, deren Sinn von den Orakelpriestern gedeutet wurde. Auch heute noch verwendet man das Wort Pythia, wenn von Prophezeiungen und der Auslegung von Orakelsprüchen die Rede ist. So ist beispielsweise auch im Zusammenhang mit dem bekannten Meinungsforschungsinstitut von der »Pythia von Allensbach« die Rede.

**Orakel**    Orakel waren für die griechische und die römische Religion von so überragender Bedeutung, weil diese keine göttlichen Offenbarungen, keine »heiligen Schriften«, also kein »Wort Gottes« kannten. Orakel waren für die Menschen die unmittelbarste Möglichkeit, mit den Göttern in Kontakt zu treten. Der heute geläufige Begriff kommt aus dem Lateinischen: *orare* = reden, sprechen. »Orakel« bedeutet also Schicksalsspruch, Weissagung, aber auch »Sprechstätte«.

**Der Nabel der Welt**    In Delphi befindet sich auch der Omphalos, ein Stein, der bei Ausgrabungen wiedergefunden wurde und heute noch zu besichtigen ist. Er galt als »Nabel der Welt«. Der Omphalos wurde im Orakelschrein aufbewahrt und für die Griechen und die Römer war diese Stelle in der Tat der Mittelpunkt der Welt.

**Musen & Parnass**    Delphi liegt unmittelbar am Fuße des Parnass-Gebirges. Der Parnass galt in der Antike als Sitz der Musen, vereinfacht gesagt: der Künste. Die Wörter »Museum« und »Musik« leiten sich von Musen ab. Natürlich war Apollon ihr Schutzherr und hielt sich gerne in ihrem Kreis auf.

## *Moderne Alltagsbegriffe aus der Antike*

**akademisch**    Der Hain, in dem Platon seine Philosophenschule begründete, ist nach dem mythischen attischen Heros Akademos bzw. Hekademus benannt.

Dieser bewahrte Athen vor der Zerstörung durch die Zwillingsbrüder Kastor und Polydeukes (lateinisch Pollux), als sie auf der Suche nach ihrer entführten Schwester Helena waren. Akademos verriet ihnen Helenas Versteck. Diese Friedenstat war den Athenern einen heiligen Hain im Nordwesten der Stadt wert.

**arkadisch**    Arkadien ist eine bevölkerungsarme Verwaltungspräfektur auf der Peloponnes und darüber hinaus ein Mythos. Weil die schöne Landschaft immer schon recht abgelegen war, wurde sie bereits in der Antike als Idylle schlechthin betrachtet. Ackerbau wurde dort kaum betrieben, der karge Boden reichte nur für die archaischste Wirtschaftsform überhaupt – die nomadische Weidewirtschaft. Dazu gehören vor allem Hirten und Schafe und diese sind seit jeher die Hauptdarsteller in der von zivilisationsmüden Europäern aller Länder verherrlichten Traumlandschaft.

**drakonisch**   Schon in der klassischen Zeit galten die Strafgesetze, die der Aristokrat Drakon um 620 v. Chr. aufzeichnete, als sehr streng. Er kodifizierte jedoch lediglich die bestehenden Bestimmungen – in einer Zeit, in der zum Beispiel die Blutrache noch zum Alltag gehörte. Aber gerade Drakon setzte sich dafür ein, solche Auseinandersetzungen ausschließlich vor Gericht zu führen. Ein für die Rechtsgeschichte reformerischer Meilenstein ist die von Drakon eingeführte Unterscheidung zwischen Mord und Totschlag. Im drakonischen Gesetz wird damit zwischen absichtlicher und unabsichtlicher Tötung unterschieden. Im modernen Strafrecht ist Mord die Tötung in einem besonders schweren Fall.

**platonisch**   Etwas vereinfacht gesagt, betrachtete der griechische Philosoph Platon (427–347 v. Chr.) nur die begriffliche Vorstellung (die »Idee«) einer Sache als wahres Sein, nicht die Sache selbst (seine Philosophie bezeichnet man auch als »idealistisch«). Ähnlich ist es mit den Dingen, die man als platonisch bezeichnet. In der Wirklichkeit gibt es sie nicht, sie existieren nur in der Vorstellung. Dementsprechend sah Platons Begriff von der Liebe aus. Auf deren sinnliche Wahrnehmung gab er nicht viel. Er interessierte sich vielmehr für die geistige Form der Liebe, die enge innere Seelenverwandtschaft zweier Menschen. Den Begriff der »platonischen Liebe« hat der bedeutendste »platonische« Philosoph der Renaissance, Marsilio Ficino (1433–1499), geprägt.

**spartanisch**   Nach allem, was man über den homosexuell geprägten Militärstaat Sparta weiß, spiegelt sich hier noch am ehesten die Mentalität der dorischen Griechen der Frühzeit. Das Leben war sehr rituell organisiert, die zivilisatorischen Ausdrucksformen asketisch.

Das ganze Gemeinwesen war auf Körperertüchtigung und die damit einhergehende militärische Kampfbereitschaft ausgerichtet. Tapferkeit galt als höchste Tugend, die Individualität wurde nicht gefördert. Philosophische Werke, dichterische Ergüsse, künstlerische Leistungen sind aus Sparta nicht überliefert. Wie die organisierte und ritualisierte Homosexualität im Einzelnen aussah, können wir heute kaum mehr nachvollziehen. Im heutigen Sprachgebrauch bedeutet »spartanisch« streng, hart, genügsam und einfach und bezeichnet eben genau die Eigenschaften, die in Sparta eine wichtige Rolle spielten.

**stoisch** Dieser Begriff ist im alltäglichen Sprachgebrauch des Deutschen das, was der Engländer noch allgemeiner als »philosophisch« bezeichnet. Es geht dabei um eine gewisse Abgeklärtheit, Gelassenheit und Distanz sowie die Nicht-Zurschaustellung von Gefühlen (auf Englisch: *stiff upper lip*). In der Tat sah die philosophische Lehre der Stoa in den Affekten, den Trieben, Leidenschaften und Gefühlsausbrüchen ein Hindernis auf dem Weg zur Vernunft- und Tugenderkenntnis. Höchstes Ziel der Stoiker war die Leidenschaftslosigkeit (*apatheia*). Der Begründer dieser philosophischen Schule war Zenon von Kition (um 354–262 v. Chr.), der in der *Stoa poikile*, der »bunten Säulenhalle«, lehrte – einem mit Wandgemälden geschmückten Wandelgang in Athen. Die Lehre der Stoa mit ihrer anspruchsvollen Ethik hatte in der späteren Antike großen Einfluss auf »Intellektuelle«, vor allem in Rom, sowie auf das Christentum. Die bekanntesten römischen Stoiker sind Seneca und der »Philosophenkaiser« Marc Aurel.

# Die Juden in der Antike

**Prophet** Die Prophetie, das Zungenreden, Zukunftsdeuten, Hellsehen und Wahrsagen war im Alten Orient und bis zum Ende der Antike, als auch die letzten Orakelstätten geschlossen und Mysterienkulte abgeschafft wurden, eine weit verbreitete kultische Praxis mit vielen verschiedenen Schattierungen. Das griechische Wort *prophánai* bedeutet »vorhersagen, verkünden«. Für die Griechen und Römer, deren Kulte auf Naturreligionen aufgebaut waren und die keine »Offenbarung« kannten, stellten die Orakelsprüche von Propheten und Prophetinnen einen direkten Kontakt mit ihren Göttern dar. Deshalb waren sie ihnen auch wichtiger, als man das heute manchmal wahrhaben möchte.

Die Propheten in der Bibel sorgten sich vor allem um den religiösen Zusammenhalt des Volkes, das immer wieder geneigt war, sich anderen Kulten anzuschließen, andere Götter außer Jahwe zu verehren – so wie es bei allen anderen Völkern ringsum seit Jahrtausenden üblich war. Dies ist das Hauptthema in den zahlreichen Prophetenbüchern der Bibel von Jeremias über Elias bis Zacharias. Ein Mittel, die Leute bei der Stange zu halten, war die systematische Verteufelung der fremden Kulte. Daher werden deren Götternamen zu Teufelsnamen, zum Beispiel Beelzebub, Moloch oder Mammon.

**Schwerter zu Pflugscharen**    Die Sehnsucht nach einem ewigen Frieden unter dem Schutz Jahwes drückt der Prophet Jesaja mit den folgenden Worten aus: »Da werden sie ihre Schwerter zu Pflugscharen und ihre Spieße zu Sicheln machen. Denn es wird kein Volk wider das andere das Schwert erheben, und sie werden hinfort nicht mehr lernen, Krieg zu führen.« (Jesaja 2,4; auch der Prophet Micha greift diesen Satz später nahezu wortgleich auf: Micha 4,3) Jesaja geißelte damit um 730 v. Chr. die Zustände unter den Nachfolgern der Könige David und Salomo in Jerusalem: »Deine Fürsten sind Abtrünnige und Diebsgesellen, sie nehmen alle gern Geschenke an und trachten nach Gaben. Den Waisen schaffen sie nicht Recht, und der Witwen Sache kommt nicht vor sie.« (Jesaja 1,23) Auch »Assur« (= Babylon) wird bereits als reale Bedrohung empfunden und die Möglichkeit einer Eroberung als »Strafe Gottes« gesehen (Jesaja 5, 25–29). Im 6. Jahrhundert kam es dann tatsächlich zur »babylonischen Gefangenschaft« (s. u.).

Mit dem Bild von den »Schwertern zu Pflugscharen« drückt Jesaja seine Hoffnung auf Gerechtigkeit und Frieden aus. Es wurde auch zu einem Motto der Friedensbewegung in der DDR.

**Babylonische Gefangenschaft** In der Prophetenzeit geriet das politisch schwache Israel unter die Herrschaft des Neubabylonischen Reiches. Babylon verdankte seinen Wiederaufstieg um 600 v. Chr. dem Vater von König Nebukadnezar II. Nach der Festigung der Macht begann man sogleich mit dem Wiederaufbau und Ausbau der Hauptstadt Babylon, vor allem errichtete man gigantische Festungswälle. Nebukadnezar II. (babylonisch *Nabu-kudurri-usur* = Gott Nabu schütze meinen ersten Sohn) war der bedeutendste Feldherr und Staatsmann seiner Epoche (übrigens der »Nabucco« der bekannten Verdi-Oper). Sein Reich umfasste den gesamten Nahen Osten von der Euphrat-Mündung bis zum Mittelmeer. 587 v. Chr. eroberte Nebukadnezar Jerusalem, zerstörte den Tempel Salomos und raubte die Tempelschätze. Außerdem nahm er viele Angehörige der jüdischen Oberschicht als Geiseln, eine damals gängige politische Praxis. Von ihrer »babylonischen Gefangenschaft« berichtet die Bibel ausführlich im »Buch Daniel«.

**Menetekel – Die Zeichen an der Wand** Die berühmteste, ebenfalls sprichwörtliche Episode aus der babylonischen Gefangenschaft handelt vom Gastmahl des Belsazar. Dabei war der Sohn Nebukadnezars schon so vom Wein »umnebelt« (Daniel 5,1), dass er befahl, jüdische Kultgegenstände aus der Tempelbeute herbeizuschaffen, da er daraus trinken wollte. Bei diesem Frevel erschienen die berühmten geisterhaften Zeichen an der Wand, das »Menetekel«. Folgende Worte waren erkennbar: »Meneh, meneh tekel u pharsin.« Keiner der babylonischen Magier und Zauberer konnte die Worte deuten. Also holte man den jüdischen Propheten Daniel. Ihm zufolge bedeuten sie Folgendes: »Gezählt, gewogen und geteilt.« Das wird üblicherweise wiedergegeben mit »Gezählt, gewogen und zu leicht befunden«. Es sind aramäische Worte, die so stark wirken, dass sie in den Bibelübersetzungen unübersetzt bleiben und nur wie folgt erklärt werden: »Die Tage des Königs sind gezählt. Er wurde gewogen und zu leicht befunden. Belsazars Reich wird ge-

teilt zwischen den Medern und den Persern.« Und in der Tat war es
der Perserkönig Kyros II., der Belsazars Babylon eroberte und den
Juden die Rückkehr in die Heimat gestattete (etwa ab 540 v. Chr.).
Mit diesen Persern mussten sich dann 150 Jahre später die Griechen
bei Marathon und Salamis auseinandersetzen.

**Pharisäer**    »Pharisäer« (hebräisch *peruschim*) bedeutet wörtlich
»die Abgesonderten«, weil sich diese priesterlichen Schriftgelehrten
durch eine besonders aufmerksame Einhaltung der Ritualvorschriften absonderten. Im Neuen Testament prägen sie das Erscheinungs-
bild der jüdischen Religion. Das rein äußerliche Befolgen von Ritua-
len wurde den Pharisäern als Heuchelei und Selbstgerechtigkeit
ausgelegt. Jesus von Nazareth prangerte das wiederholt an. Die Pharisäer sind für ihn geradezu das Feindbild Nummer eins einer ober-
flächlichen Religiosität, die nicht von Herzen kommt. Deswegen gilt
»pharisäerhaft« regelrecht als Schimpfwort.

Für die Juden hatte sich durch die Verschleppung nach Babylon
die Frage gestellt, wie die Religion ohne Tempel und somit ohne
Gottesdienst überhaupt weiterexistieren konnte. Die zweite Frage
war, wie man sich im Umfeld des Hellenismus mit seiner Vielzahl
von Göttern, Kulten und philosophischen Strömungen behaupten
konnte. Die Antwort der Pharisäer lautete: Durch Gehorsam gegenüber Jahwe. Das bedeutete konkret die Einhaltung der zahlreichen
biblischen Ritualvorschriften, die den jüdischen Alltag außerhalb
des Tempeldienstes regelten (zum Beispiel die Sabbatruhe oder
Essensvorschriften). Diese Form von Gottesgehorsam konnte jeder
Einzelne leisten, sie war nicht an den Tempeldienst gebunden. Außerdem befassten sich die Pharisäer intensiver als andere mit den
Schriften der jüdischen Überlieferung. Daher sind sie die »Schriftgelehrten«, die sich dann zu Rabbis (= Lehrern) entwickelten, in den
Jahrtausenden der Diaspora die Träger der jüdischen Religiosität.

# Das alte Rom

**Ab urbe condita**    *Ab urbe condita* = seit der Gründung der Stadt (753 v. Chr.) ist eine Zeitrechnung der Römer, die der bedeutende Gelehrte und Staatsmann der ganz frühen römischen Kaiserzeit, Marcus Terentius Varro (116–27 v. Chr.), eingeführt hat. Varro war eng befreundet mit Cicero und galt als der »gelehrteste aller Römer« (laut Quintilian). Von Cäsar wurde er zum Leiter der römischen Reichsbibliothek ernannt. Varros Werke umfassen alle nur denkbaren Themen von der Philosophie über die Medizin bis zur Gutsverwaltung oder zur Herkunft der lateinischen Sprache (er ging davon aus, sie stamme von der griechischen ab, so wie die Römer von den Trojanern). Auf dieser Vorstellung beruht auch die römische Zeitrechnung *ab urbe condita*: Wie die meisten Römer seiner Zeit hielt Varro das Jahr 1193 v. Chr. für das Jahr der Eroberung Trojas durch die Griechen.

Die Römer dachten, dass die überlebenden Trojaner unter Führung des Äneas ausgewandert waren und sich am Tiber neu angesiedelt hatten. In Rom waren auch die Astrologie und der Glaube an die Wiedergeburt sehr verbreitet. Gemäß der astrologischen Vorstellung in Varros Zeit betrug die Zeitspanne bis zu einer Wiedergeburt 440 Jahre. Varro zählte also zum Jahr der Eroberung Trojas 440 Jahre dazu (1193 v. Chr. + 440 = 753 v. Chr.) und legte den Zeitpunkt der Gründung Roms auf 753 v. Chr. fest, da er Rom als Wiedergeburt von Troja sah. Diese Zahl war also rein symbolisch.

Die historisch einigermaßen zuverlässige und tatsächlich praktizierte römische Zeitrechnung ist die Konsularliste, also die Liste der jährlich wechselnden Konsuln seit 510 v. Chr.

**Republik**    Könige hatte Rom nur in der Zeit von etwa 750–510 v. Chr., nachdem die Etrusker die Sumpfsenke am Forum entwässert (*Cloaca maxima*) und die umliegenden Hügeldörfer zu einer Stadtgemeinde organisiert hatten. Aus dieser Zeit sind sieben legendäre Königsnamen überliefert – wie genau die Herrschaft in jener Zeit organisiert war, ist nicht bekannt.

Um 510 v. Chr. nahmen die Römer ihre Verwaltung selbst in die

Hand. Sie vertrieben den letzten Etruskerkönig und kümmerten sich fortan selbst um die »öffentlichen Angelegenheiten«, die *res publica*. Die amerikanische und die Französische Revolution knüpften bewusst an diesen Begriff und das damit verbundene Vorbild für eine rationale Herrschaftsform ohne Monarchen und Dynastien an. Der Begriff »Republik« kennzeichnet heute die am weitesten verbreitete Grundordnung moderner Staaten.

**Imperium**    »Imperium« ist die Amtsgewalt – ursprünglich war es die Befugnis, ein Heer zu führen. Das Wort kommt von lateinisch *imperare* = befehlen. Es bezieht sich also auf die Macht und das Recht, Nachgeordneten Befehle zu erteilen. Die wichtigsten Inhaber dieser Amtsgewalt waren die Konsuln. Jeder Amtsträger strebte danach, seinen Entschluss, den er kraft eigener Amtsgewalt traf, durch *auspicia* (s. u.) bestätigen zu lassen. Dieses abergläubisch anmutende Element wird in der gängigen Geschichtsschreibung völlig übergangen, weil es nicht ins Bild der rational und machtbewusst handelnden Römer passt. Aber es war eine übliche und den Römern wichtige Staatspraxis bis ans Ende des Reiches. Die Auguren waren hoch angesehene und hoch bezahlte Staatsbeamte.

**Auguren & Auspizien**    Die Auguren waren die Orakelpraktiker der Römer, die aus Vogelflug, Tiereingeweiden und Ähnlichem das Schicksal und die Zukunft zu prophezeien suchten. »Augur« kommt vermutlich von lateinisch *augere* = vermehren. Möglicherweise war damit ein Ernte- oder Fruchtbarkeitsritual gemeint, das ursprünglich aus der etruskischen Staats- und Religionspraxis stammte. Der Augur verfügte über einen Krummstab, den *lituus*, der genauso aussah wie ein Bischofsstab. Damit markierte er unter freiem Himmel einen viereckigen Bezirk, das sogenannte *templum*. Der Begriff »templum« bedeutet »das Eingeschnittene, das Abgesonderte«, womit auch der »heilige Bezirk« gemeint ist. Später bezog sich das Wort dann auf die darauf errichteten Gebäude.

Was auf dem *templum* vor sich ging, deutete der Augur als günstiges oder ungünstiges Vorzeichen. Von besonderer Bedeutung war dabei der Vogelflug. Das lateinische Wort für »Vogel« wurde *auis* (später *avis*) geschrieben; *auis spectare* war also die Vogelschau bzw. das Deuten von Vorzeichen (= Auspizien) aus dem Vogelflug.

Die Italiener sagen noch heute »Auguri«, wenn sie sich Glück wünschen.

**Tribut, Volkstribun, Tribunal & Tribüne**    Die römische Bürgerschaft war seit alters in Stämme (lateinisch *tribus* = Stamm) und später in (Wohn-)Bezirke eingeteilt, die vor allem die Grundlage für die Besteuerung und die Truppenaushebung bildeten. Dieser »Tribut« der Römer war aber keine monatlich oder jährlich zu entrichtende Einkommens- oder Umsatzsteuer, sondern eine Vermögenssteuer, die nur im Kriegsfalle erhoben wurde.

Ein *tribunus* war ursprünglich ein mit verschiedenen Aspekten der Verwaltung beauftragter Beamter. Als Folge von Auseinandersetzungen zwischen Plebejern und Patriziern setzten die Plebejer sogenannte Volkstribunen (*tribuni plebis*) durch, die die Interessen des Volkes im Senat vertreten sollten. Dies ist der Hintergrund des heute noch geläufigen Verständnisses des Begriffs »Volkstribun«.

Das Tribunenamt wurde im Laufe der Entwicklung in die übliche römische Ämterlaufbahn miteinbezogen. Zum Schluss übernahmen die Kaiser selbst die Befugnisse der Tribunen. »Tribunal« bezieht sich auf den erhöhten Amtssitz der Tribunen. Später wurde das Wort auf die ähnlich erhöhten richterlichen Amtssitze und schließlich auf Gerichtsverfahren übertragen. Auch in diesem Sinne, aber noch allgemeiner verwendet man den Begriff »Tribüne«.

**Veto**    Mit dem Einspruch *intercessio* konnte in Rom ein Tribun jede Amtshandlung eines anderen Magistrats, eines anderen Tribuns sowie jeden Volksversammlungs- oder Senatsbeschluss blockieren. Der Begriff »Vetorecht« (von lateinisch *veto* = ich verbiete) stammt aus der polnischen Verfassung von 1791, der ersten modernen Verfassung Europas.

## Begriffe & Redewendungen aus der
## römischen Geschichte

**Pyrrhussieg**    Seit etwa 350 v. Chr. hatten die Römer in schweren
Kämpfen die umliegenden Stämme unterworfen und somit die Vorherrschaft in Mittelitalien errungen. Um 283 v. Chr. wurden sie von
einigen unteritalischen Dörfern – wieder einmal – »zu Hilfe gerufen«. Die Dörfer lagen im Einflussbereich der wohlhabenden griechischen Stadt Tarent, die am »Stiefelabsatz« liegt. 282 v. Chr. über-
fielen die Römer mit einer Flotte den Hafen von Tarent. Die Tarenter
riefen nun ihrerseits den König Pyrrhus von Epirus zu Hilfe. Epirus
lag auf der anderen Seite der Adria und entsprach in etwa dem heutigen Albanien. Auf dem Westbalkan war Pyrrhus bereits ein mäch-
tiger Mann. Er folgte dem Hilferuf Tarents und brachte mit seinen
Truppen auch zwei Dutzend Kriegselefanten mit. In der ersten
Schlacht mit den Römern (280 v. Chr.) versetzte ein verwundeter
Elefant die anderen in Panik. Der fast schon sichere Sieg war verloren. Nach der zweiten Schlacht (279 v. Chr.), in der Pyrrhus siegte,
waren seine Verluste so hoch, dass er die besiegten Römer um Frieden bat. Er soll gesagt haben: »Noch so ein Sieg, und ich bin verloren.« Die Römer lehnten sein Friedensgesuch allerdings ab. Letztlich konnte Pyrrhus sich in Unteritalien nicht halten. Damit war für
die Römer der Weg nach Süditalien frei und somit begann ihr Aufstieg zur Großmacht in Italien. Heute spricht man von einem »Pyrrhussieg«, wenn man sich einen Erfolg zu teuer erkaufen muss.

**Hannibal ante portas!**    Dies war der Schreckensruf der Römer
schlechthin. Kaum waren sie mit Pyrrhus fertig geworden, begannen
die Punischen Kriege. »Punier« war das römische Wort für »Phönizier«. Das phönizisch-semitische Karthago (phönizisch = Neustadt)
war damals die Großmacht im Mittelmeer, nicht etwa die politisch
längst bedeutungslos gewordenen Griechen. Karthago wurde 814
v. Chr. von dem semitischen Handelsvolk der Phönizier gegründet,
die vom Libanon aus nun die neue Seemacht im Mittelmeer bildeten, vor allem entlang der Küste Nordafrikas und bis nach Spanien.
Etwa 600 Jahre später kam es in den Punischen Kriegen zur ent-

scheidenden Auseinandersetzung zwischen Rom und Karthago um die Vorherrschaft im Mittelmeer.

In der Auseinandersetzung mit Pyrrhus waren Römer und Karthager noch Verbündete gewesen. Wieder kam ein »Hilferuf« – diesmal aus Messina. Als Ergebnis des Ersten Punischen Krieges (264–241 v. Chr.) musste Hamilkar Barkas, der Vater von Hannibal, die Inseln Sizilien, Sardinien und Korsika an Rom abtreten.

Im Zweiten Punischen Krieg (218–201 v. Chr.) gelang Hannibal von Spanien her die legendäre Überquerung der Alpen mit den Elefanten, und in der Schlacht von Cannae (216 v. Chr.) vernichtete er ein doppelt so starkes römisches Heer in einer klassischen Umfassungsschlacht. Er wandte sich aber noch nicht gegen Rom selbst, sondern suchte Verbündete in Unteritalien. Als es 212 v. Chr. darum ging, das verbündete Capua zu retten, unternahm Hannibal einen Scheinangriff auf Rom, um die Römer zu erschrecken.

Darauf bezieht sich der Ausspruch *Hannibal ante portas* (= Hannibal vor den Toren). Er entstand aber keineswegs in dieser Zeit. Denn er stammt aus dem Munde Ciceros (106–43 v. Chr.), der kurz vor seinem Tod in mehreren Senatsreden den Verbündeten Cäsars, Marc Anton, massiv angreift. Cicero hatte erkannt, dass Cäsar und Marc Anton darauf aus waren, die Republik abzuschaffen. Deshalb verglich er in einigen berühmten Reden Marc Anton mit dem römischen Erzfeind Hannibal.

**Philippika**    Cicero hat seine berühmten 14 Senatsreden gegen Marc Anton selbst als *philippicae* bezeichnet, in Erinnerung an die Reden des Demosthenes (384–322 v. Chr.), eines führenden athenischen Staatsmanns. Demosthenes hatte in den Jahren 351–341 die Athener mehrfach vor den Machtgelüsten des Königs Philipp II. von Makedonien gewarnt. Philipp war der Vater von Alexander dem Großen und legte mit seiner Eroberung ganz Griechenlands die Grundlage für die spätere Welteroberung seines Sohnes.

**Ceterum censeo**    Der Konsul und Senator Cato (234–149 v. Chr.) gilt in der Geschichte als Inbegriff eines Konservativen. Er pries die guten alten Sitten der Römer und verteidigte die altrömische Art gegen den von ihm als neumodisch und dekadent empfundenen griechischen Bildungseinfluss. (Gleichzeitig lernte er heimlich Griechisch, um trotzdem *up to date* zu sein.) Er war einer der einflussreichsten Senatoren seiner Zeit. Außerdem war er ein erbitterter Gegner Karthagos. Egal über welches Thema er im Senat sprach, er beendete jede Rede mit dem Satz: »*Ceterum censeo Carthaginem esse delendam*« – »Im Übrigen bin ich der Meinung, dass Karthago zerstört werden muss.« So kam es dann auch. 149 v. Chr. begannen die Römer unter dem jüngeren Scipio eine dreijährige Belagerung Karthagos, die schließlich mit der Eroberung endete. Von rund 500 000 Einwohnern überlebten 50 000. Sie wurden sämtlich in die Sklaverei verkauft. Die Stadt wurde dem Erdboden gleichgemacht, und angeblich streute man auf dem Gelände Salz aus, damit nie wieder auch nur ein Grashalm dort wachsen konnte.

**Furor teutonicus**     Vermutlich nach einer verheerenden Sturmflut oder wegen einer Klimaverschlechterung zogen die germanischen Teutonen aus ihrer Heimat an der Nordspitze Dänemarks (der heutigen Landschaft Thy) um 120 v. Chr. nach Süden. Zeitweilig taten sie sich mit den Kimbern zusammen, einem germanischen Stamm aus Nord-Jütland. Die Römer waren den Kimbern und Teutonen in einer Schlacht im Jahre 105 v. Chr. zunächst unterlegen, konnten die Teutonen aber 102 v. Chr. beim heutigen Aix-en-Provence endgültig stoppen, wo dieser Stamm praktisch aufgerieben wurde. Die Kampfeswut (lateinisch *furor*) der Germanen war für die Römer erschreckend. Den Begriff *furor teutonicus* prägte der römische Schriftsteller Lukan (39–65 n. Chr.), ein Zeitgenosse und »Hofdichter« Neros, in seinem Buch *Bellum civile* (= Bürgerkrieg).

Als feststehende Wendung für die deutsche Angriffslust – in Italien – kam der Begriff aber erst im Mittelalter auf. Auch die Verwechslung von »teutonisch« mit »deutsch« (wie zum Beispiel beim Ausdruck »Teutonengrill«) hat hier ihren Ursprung.

**Triumvirat**     Seit dem gewaltsamen Ende von Tiberius Sempronius und Gaius Sempronius Gracchus (133 und 121 v. Chr.), die als Volkstribunen versucht hatten, das Los der ärmeren Bevölkerung zu verbessern und nach der erst im zweiten Anlauf geglückten Abwehr der Kimbern und Teutonen (102 und 101 v. Chr.) herrschte in Rom praktisch ständig Bürgerkrieg – im Wesentlichen zwischen der Adelspartei und der Volkspartei. Mal hatte die eine, dann die andere Seite die Oberhand und jedes Mal wurden die Rädelsführer der Gegenpartei geächtet, verfolgt und getötet. Um dem irgendwie ein Ende zu bereiten, bildeten drei Männer (lateinisch *tris* = drei; *vir* = Mann) ein Bündnis, nämlich Pompeius, Cäsar und Crassus. Es war im Grunde gegen den Senat gerichtet. Pompeius (106–48 v. Chr.) war zunächst der einflussreichste von den dreien. Der herausragende junge General und Aristokrat hatte bereits im Auftrag des Senats den ganzen Nahen Osten erobert und unter eine effiziente römische Verwaltung gestellt. Er kehrte triumphal zurück, aber der Senat hielt seine Zusagen an Pompeius bezüglich der Veteranenversorgung nicht ein. Als Konsul unterstützte Cäsar (100–44 v. Chr.) Pompeius zunächst. Dafür hatte Cäsar anschließend freie Hand für die siebenjährige Eroberung Galliens. Das brachte ihm den Befehl (s. o. »Imperium«) über eine riesige Armee und machte ihn enorm reich. Crassus, der reichste Mann Roms, fiel 53 v. Chr. im Krieg gegen die Parther. Da Cäsar nun über die Legionen und sehr viel Geld verfügte, näherte sich Pompeius wieder dem Senat an. Nun setzte Cäsar alles auf eine Karte und überschritt den Rubikon.

**Den Rubikon überschreiten**    Der Rubicone ist ein kleiner Fluss, der im Appenin zwischen Florenz und Bologna entspringt, in nordöstlicher Richtung auf die Adria zufließt und südlich von Ravenna mündet. Ob das wirklich der historische Rubikon ist, der die Grenze zwischen *Italia*, dem Herzland des Römischen Reiches, und der ersten Provinz *Gallia cisalpina* markierte, ist nicht eindeutig geklärt. Ein Senatsgesetz schrieb vor, dass kein römischer Feldherr mit seinen Truppen den Rubikon überschreiten durfte. Damit wollte man die Hauptstadt Rom schützen.

Anfang Januar 49 v. Chr. war Cäsar mit einer Legion von 5000 Mann von Gallien her im Anmarsch, um die Situation in Rom sowie zwischen sich und Pompeius zu klären. Er wollte Pompeius ausschalten, bevor dieser ihn mit Unterstützung des Senats militärisch unter Druck setzen konnte. Am 7. Januar verlangte der Senat von Cäsar, seine Soldaten unverzüglich zu entlassen. Am 11. Januar überschritt Cäsar den Rubikon. Dabei soll er geäußert haben:

**Die Würfel sind gefallen**    Auf Lateinisch lautet der Satz *alea iacta est* (wörtlich: Der Würfel ist geworfen). Cäsar wollte damit ausdrücken, dass die Entscheidung gefallen war und die Dinge nun ihren Lauf nahmen. In den Kaiserbiografien des römischen Schriftstellers Sueton (ca. 70–130 n. Chr.) wird die Szene so überliefert, dass Cäsar zunächst noch unschlüssig am Rubikon stand (»Noch können wir zurück«). Da nahm ein Hirte einem Soldaten die Trompete ab und blies das Signal zum Überschreiten des Flusses. Das kommentierte Cäsar mit dem berühmten Satz. Wenn die Würfel gefallen sind, gibt es kein Zurück mehr.

**Truppen aus dem Boden stampfen**    Pompeius hatte behauptet, er brauche »nur auf den Boden zu stampfen, um Truppen auszuheben«. Das ging dann aber doch nicht so schnell und er musste erst mal in Richtung Griechenland ausweichen. Im August 48 v. Chr. stellte und besiegte ihn Cäsar bei Pharsalos. Pompeius entkam mit knapper Not nach Ägypten. Cäsar folgte ihm, eroberte nebenbei Ägypten und lernte in Alexandria die junge Ptolemäer-Pharaonin Kleopatra kennen. Sie bekam später einen Sohn von Cäsar. Ihr perfider Bruder und Mitregent, der Pharao, wollte sich bei Cäsar einschmeicheln, ließ Pompeius ermorden und Cäsar dessen Haupt auf einem Teller präsentieren. Cäsar war tief bestürzt (Pompeius war sein Schwager). Aber nun war Cäsar Alleinherrscher im Römischen Reich.

**Veni, vidi, vici**    Auf dem Rückweg von Ägypten nach Rom führte Cäsar noch schnell eine Polizeiaktion gegen den rebellischen König Pharnakes II. von Pontus am Bosporus in Kleinasien durch. Der Feldzug dauerte fünf Tage, dann war Pharnakes erledigt. Nach dieser Schlacht bei Zela (47 v. Chr.) schickte Cäsar einen Brief nach Rom an seinen Freund Amintius und beschrieb seinen Sieg mit den kargen Worten: »Ich kam, ich sah, ich siegte.«

**Pontifex maximus** Cäsar erwarb diesen sehr angesehenen Titel des obersten Priesters von Rom (wörtlich: Oberster Brückenbauer) als Baustein seiner Karriere schon vor dem Jahr 60 v. Chr. »Erwarb« ist hier wörtlich gemeint: Er zahlte dafür. Die Bezeichnung *Pontifex maximus* wurde später auch Teil der römischen Kaisertitulatur. Leo der Große war der erste Papst (reg. 440–461 n. Chr.), der diesen Titel annahm. So wird völlig klar, in welcher Tradition sich die römischen Päpste sehen – als Nachfolger der Cäsaren und Herrscher über die »Stadt und den Erdkreis« (= *urbi et orbi*).

**Julianischer Kalender** Nach seiner Rückkehr aus Ägypten erließ Cäsar eine Fülle von Reformgesetzen. Darüber hinaus führte er eine sorgfältig vorbereitete Kalenderreform durch: Der altrömische Mondkalender wurde mithilfe von ägyptischen Astronomen durch den Kalender, der sich am Sonnenjahr orientiert, abgelöst. Der nach Julius Cäsar benannte »Julianische Kalender« hat bis heute Gültigkeit; durch die kulturelle Dominanz der westlichen Welt mittlerweile weltweit. Er wurde nur einmal geringfügig reformiert. Die Gregorianische Reform durch Papst Gregor XIII. von 1582 verbesserte die Regelung der Schalttage und Schaltjahre.

Noch im Jahr seines Todes wurde der Monat Quintilis auf Beschluss des Senats nach Cäsar »Julius« benannt.

**Auch du, mein Sohn Brutus** Seit seiner Rückkehr aus Ägypten 46 v. Chr. strebte Cäsar auch formell die Bestätigung seiner Alleinherrschaft an und erreichte zunächst, dass der Senat ihn für zehn Jahre zum Diktator ernannte. Im Februar 44 v. Chr. wurden ihm schließlich die Diktatur auf Lebenszeit und die Königsinsignien verliehen. Die Annahme des Königstitels *rex* lehnte er jedoch ab. Doch auch so war klar, dass Caesar ein monarchisches Regime anstrebte. Aber viele Senatoren wollten das nicht hinnehmen. Damit hätten sie sich selbst aller politischen Einflussmöglichkeiten beraubt. Der Senat wäre faktisch abgeschafft gewesen.

An den Iden des März 44 v. Chr. (= 15. März 44) wurde Cäsar von mehreren Senatoren bei einer Sitzung mit 23 Dolchstichen ermordet. Zu der Gruppe, die ihn attackierte (beteiligt waren 50 bis 60 Per-

sonen), gehörte auch der junge Marcus Iunius Brutus. Brutus hatte
als überzeugter Republikaner auf Seiten des Pompeius gegen Cäsar
gekämpft und diesen dafür später um Verzeihung gebeten. Cäsar
hatte ihm die Verzeihung sofort gewährt und Brutus gehörte seitdem
zum engeren Beraterkreis um Cäsar. Nach der Überlieferung lauteten Cäsars letzte Worte – auf Griechisch: »*Kaì sy téknon*« – »Auch
du, mein Sohn.«

**Gib mir die Legionen wieder! – Legiones redde!**    Waren die
Römer sicher? Nein, es gab da einen von unbeugsamen Germanen
bewohnten Landstrich jenseits des Rheins …

Rom hatte eine ungeheure Ausdehnung erreicht. Im Norden bildeten Rhein und Donau eine natürliche Grenze, die nicht weiter be-
festigt war. Spätestens seit 15 v. Chr. gab es in Rom Pläne, Germanien
zwischen Rhein und Elbe unter römische Oberhoheit zu bringen.
Seit 7 n. Chr. war Varus (um 46 v. Chr. – 9 n. Chr.) Statthalter am Rhein
und beauftragt, bei den bereits verbündeten Germanen jenseits des
Rheins römische Verhältnisse herzustellen (zum Beispiel, was die
Verwaltung oder die Tribute betraf). Daher hielten sich schon seit
Jahren römische Truppen an befestigten Plätzen und bei Verbündeten weit jenseits des Rheins auf. Einer dieser Verbündeten war
der Cheruskerfürst Arminius (ca. 16 v. Chr. – 21 n. Chr.). Er war schon
als Junge als Geisel nach Rom gekommen, hatte eine römische Erziehung genossen, war römischer Offizier geworden und galt als
verlässlicher Bundesgenosse.

Doch er wandte sich gegen die Römer und lockte drei Legionen in
einen Hinterhalt, die unter Varus' Oberbefehl standen und von Germanien in ein Winterlager am Rhein unterwegs waren. In einer
mehrtägigen Schlacht im Jahre 9 n. Chr. wurden sie von den Cherus-
kern und ihren germanischen Verbündeten vernichtet. Der Ort dieser früher als »Schlacht im Teutoburger Wald« bezeichneten Varus-
schlacht ist bis heute nicht eindeutig identifiziert. Man vermutet ihn
aber bei Kalkriese nahe Osnabrück.

Als die Schlacht verloren war, begingen Varus und seine Offi-
ziere Selbstmord. Dem Bericht des römischen Schriftstellers Sueton
in seinen Kaiserbiografien zufolge soll Augustus beim Eintreffen

der Nachricht ausgerufen haben: »*Quinctili Vare, legiones redde*!« – »Quinctilius Varus, gib mir die (meine) Legionen wieder!« Eine Konsequenz aus dieser katastrophalen Niederlage war der spätere Bau des Limes, eines Grenzwalls zur Sicherung der Rhein-Donau-Grenze, mit der sich die Römer künftig begnügten. Eine Romanisierung Germaniens analog zu der Galliens fand also nicht statt.

**Roma aeterna – Die ewige Stadt** Das Wort von der »ewigen Stadt« geht auf die eher beiläufige Formulierung *urbs aeterna* (= ewige Stadt) des lateinischen Dichters Tibull (um 50–19 v. Chr.) zurück, also einem Zeitgenossen von Varro und Vergil. Darin kommt der auch von Vergil in seiner »Rom-Gründungslegende« *Aeneis* ausgesprochene Gedanke zum Ausdruck, dass den Römern die Weltherrschaft auf ewige Dauer verliehen sei. Das gehörte zur Reichspropaganda unter Augustus (63 v. Chr. – 14 n. Chr.) und zeigt, welches Selbstverständnis die antike Supermacht Rom hatte.

**Mäzen** Ein enger Vertrauter und Ratgeber von Augustus (63 v. Chr. – 14 n. Chr.) war der reiche Gaius Maecenas (um 70–8 v. Chr.), von dem sich der Begriff »Mäzen« ableitet. Er war ein Förderer der Künste und scharte einen bedeutenden Dichterkreis um sich. Dazu gehörten der Odendichter Horaz, dem er ein Landgut schenkte, Vergil sowie der Elegiendichter Properz. Die Literatur wurde zu propagandistischen Zwecken eingesetzt, um das Prinzipat des Augustus zu verherrlichen und akzeptabel zu machen. Das bedeutendste Werk in diesem Zusammenhang ist die *Aeneis* von Vergil. Zum Maecenas-Kreis zählte auch der Geschichtsschreiber Livius, der – als Pendant zur mythologisch-literarischen *Aeneis* – unter dem Titel *Ab urbe condita* ein Sachbuch zur Historie Roms verfasste. Vitruv widmete Augustus seine zehn Bücher über die Architektur *(De architectura)* als Dank für dessen Förderung. Ferner gehört in jene Zeit der Dichter Ovid, der allerdings einen anderen »Mäzen« hatte. Ovid wurde zu seinem großen Kummer aus nie geklärten Gründen von Augustus ins Exil ans Schwarze Meer verbannt, wo er auch starb.

**Kaiser**    Cäsars Name ist zum Begriff geworden, weil er nach seinem Tod als erster Römer vergöttlicht wurde. Sein Großneffe und Nachfolger Augustus nannte sich dementsprechend auch »Sohn Gottes«. *Caesar*, althochdeutsch »Keiser«, gilt als das älteste aus dem Lateinischen ins Deutsche entlehnte Wort – möglicherweise kam es noch vor der Zeitenwende dazu, eventuell auch schon zu Lebzeiten Cäsars. Die Aussprache und Schreibung mit »K« deutet nämlich auf die ältere lateinische Aussprache des »C« als »K«. Außerdem wurde der Name mit rollendem »R« gesprochen: *käsárr*.

**Die Todgeweihten grüßen dich – Morituri te salutant**    Die Gladiatorenkämpfe haben sich aus einem römischen Totenkult entwickelt. Offenbar veranstaltete man schon in der Frühzeit Roms Kampfspiele zwischen kriegsgefangenen Sklaven zu Ehren verstorbener adliger Kämpfer und nahm dabei, zumindest anfangs, den Tod des Unterlegenen in Kauf. Das Wort »Gladiator« kommt von *gladius*, der Bezeichnung des römischen Kurzschwertes. Ab dem 3. Jahrhundert gab es Gladiatorenkämpfe auch auf Marktplätzen, ebenfalls im Rahmen von Totenfeiern. Erst in der Zeit der späteren Republik entwickelten sie sich zusammen mit Wagenrennen, Tierhatzen und Theaterspielen zur Volksbelustigung und die Kaiser betrieben damit eine regelrechte Propagandapolitik. Der »Gruß der Todgeweihten« fiel bei einer nachgestellten Seeschlacht auf dem Fuciner See. Dabei handelte es sich um einen überaus aufwendig inszenierten Gladiatorenkampf. Der Veranstalter war Kaiser Claudius (10 v. Chr. – 54 n. Chr.). Insgesamt kämpften 40 000 Sklaven auf 100 Schiffen. Für kleinere »Seeschlachten« flutete man auch schon mal das Kolosseum.

**Brot und Spiele – Panem et circenses**    Mit *circenses* waren ursprünglich die Wagenrennen gemeint, weil sie »im Kreis« (= *circulus*) im Circus Maximus durchgeführt wurden – wie heute noch die Autorennen. Der römische Satiriker Juvenal (ca. 60–140 n. Chr.) prangerte mit dem Ausdruck »Brot und Spiele« schon damals genau das an, was heute auch noch damit gemeint ist: Die verlorene Selbstachtung eines einst stolzen Volkes, hier der Römer, das mit günstiger oder kostenloser Verpflegung (lateinisch *panis* = Brot) und billigem Vergnügen (*circenses*) politisch in jede gewünschte Richtung gelenkt werden kann.

## *Bauwerke, die Geschichte machten*

**Kolosseum**   Kaiser Titus (39–81 n. Chr.) schlug schon als junger Kaisersohn den judäischen Aufstand nieder, eroberte im Jahre 70 das rebellische Jerusalem und zerstörte den Tempel des Herodes. Nur dessen Unterkonstruktion, die heutige Klagemauer, ist erhalten geblieben. Damals begann die Vertreibung und Zerstreuung der Juden über die ganze antike Welt, die jüdische Diaspora. Zum Andenken an diesen Sieg wurde auf dem Forum Romanum der Titusbogen errichtet, auf dem auch der Abtransport der »Menora«, des siebenarmigen Leuchters, dargestellt ist. Außerdem gab Titus den Bau einer riesigen Arena in Auftrag, das damals so genannte »Flavische Theater«. Titus stammte nämlich aus der Familie der Flavier. Das Gelände, auf dem das Flavische Theater errichtet wurde, gehörte zu den weitläufigen Parkanlagen, die sich Kaiser Nero im Jahrzehnt zuvor rund um seinen Sommerpalast *Domus Aurea* (= Goldenes Haus) hatte anlegen lassen. In diesen Gärten befand sich auch eine angeblich 35 Meter hohe Kolossalstatue Neros, die nach dem Vorbild des Kolosses von Rhodos gestaltet war. Nach diesem Koloss wurde das Flavische Theater »Kolosseum« benannt. Titus weihte es 80 n. Chr. ein.

**Limes**   Etwa seit dem Jahr 80 wurde zum Schutz der Rheingrenze in Germanien der Limeswall errichtet. Limes bedeutet »Grenze«.
Neueste archäologische Funde deuten darauf hin, dass es florierende römische Gutshöfe (*villae rusticae*) auch jenseits der Limeslinie gab. Hier kam es schon vor der Völkerwanderung zur Übernahme lateinischer Zivilisationsbegriffe ins Deutsche: Mauer (*murus*), Keller (*cellarium*), Mühle (*mola*, spätlateinisch *molina*), Pflanze (*planta*) etc. Der Limes wurde um 260 im Zusammenhang mit dem Vorrücken der Alemannen aufgegeben.

# Wissenschaft & Kultur im Hellenismus

**Hellenismus**   Als Zeitalter des Hellenismus bezeichnet man die Epoche von Alexander dem Großen bis Kleopatra. Der Begriff stammt von dem deutschen Historiker Johann Gustav Droysen (1808–1884). Das griechische Wort gab es schon in der Antike: *hellenismos* (= in der Art der Griechen). Das bedeutet, dass die Kultur des Mittelmeerraums griechisch geprägt war – dank Alexander bis weit in den Osten. Weltkultursprache war Griechisch, die sogenannte *Koine*. Der spätere Welterfolg der biblischen Evangelien war nur möglich, weil sie von Anfang an in dieser einheitlichen Verkehrssprache der Antike abgefasst waren, die jeder Gebildete verstand – und nicht etwa in einem semitischen Dialekt. Durch Pompeius, Marc Anton und Cäsar kam der Nahe Osten unter römische Herrschaft. Rom war die Reichshauptstadt, Alexandria mit seiner berühmten Bibliothek und dem Museion aber die Kulturhauptstadt.

**Diadochenkämpfe**   Nach dem Tod Alexanders des Großen 323 v. Chr. kämpften einige seiner Generäle in den sogenannten Diadochenkriegen um seine Nachfolge und die Alleinherrschaft. Der Begriff »Diadochen« stammt aus dem Griechischen und bedeutet »Nachfolger«. Im Ergebnis konnten sich die Ptolemäer in Ägypten, die Seleukiden in Syrien, Mesopotamien, Iran und die Antigoniden in Makedonien behaupten. In der heutigen Westtürkei war später noch das Reich von Pergamon von Bedeutung. Hier soll das »Pergament« entwickelt worden sein und hier entstanden bedeutende Kunstwerke wie der Pergamonaltar (jetzt in Berlin), die Laokoon-Gruppe (jetzt im Vatikan) und der Barberinische Faun (jetzt in München). Pergamon besaß nach Alexandria die zweitgrößte Bibliothek.

**Quod erat demonstrandum**   Euklid (ca. 365–300 v. Chr.) wirkte und lehrte am Museion in Alexandria, dem »Harvard« der antiken Welt. Von ihm stammt das grundlegende Lehrbuch der Mathematik, *Elemente* (griechisch *Stoicheia*), und er bewies, dass es unendlich viele Primzahlen gibt. Wie Ptolemäus das geografische Wissen, so sammelte Euklid das mathematische Wissen seiner Zeit und stellte es verständlich dar. Seine *Elemente* wurden noch zu Anfang des 20. Jahrhunderts im Geometrieunterricht verwendet.

Der oft als »q. e. d.« abgekürzte Satz von Euklid »quod erat demonstrandum« (= Was zu beweisen war) wird in dieser lateinischen Übersetzung verwendet, wobei er ursprünglich natürlich in der Bildungssprache der hellenistischen Welt, auf Griechisch, verfasst war. Er bezieht sich auf die am Anfang gestellte mathematische Aufgabe oder Behauptung.

**Heureka!**     *Heureka!* (= Ich hab's gefunden!) lautete der erfreute Ausruf des Archimedes (um 285–212 v. Chr.), als das Badewasser über den Wannenrand lief, nachdem er sich hineingesetzt hatte. Der Überlieferung nach sprang er vor Freude wieder hinaus und lief nackt auf die Straße. Denn er hatte durch diesen Zufall entdeckt, dass sein Körpervolumen das Wasser verdrängt hatte. Daher bezeichnet man das »systematische Probieren« bei Untersuchungen naturwissenschaftlicher Phänomene als »heuristisches Prinzip«. Mithilfe des bei der Gelegenheit ebenfalls entdeckten Auftriebsprinzips konnte Archimedes feststellen, ob die Krone des syrakusischen Herrschers Hieron II. aus purem Gold war oder nicht. (Sie war es nicht.) Das Auftriebsprinzip heißt auch »archimedisches Prinzip«.

**Die Welt aus den Angeln heben**     Archimedes lebte in der griechischen Stadt Syrakus auf Sizilien, so einer Art »Manhattan« der Antike. In dieser Kulturmetropole hatten schon Aischylos, Pindar und Platon ihre Visitenkarte abgegeben. Archimedes entwickelte dort mit den Hebelgesetzen die Grundlagen der Mechanik. Nach ihm ist der »archimedische Punkt« benannt, der Hebelpunkt. In Zusammenhang mit dem archimedischen Punkt steht auch sein berühmter Spruch »Gib mir einen Punkt, wo ich hintreten kann, und ich bewege die Erde«, der meist wie folgt zitiert wird: »Ich werde die Welt aus ihren Angeln heben« (die Erde galt damals als unverrückbar im Weltzentrum ruhend). Archimedes erfand außerdem die »archimedische Schraube«, mit deren Schneckengewinde sich Wasser von einem niedrigen zu einem höher gelegenen Ort transportieren lässt.

**Störe meine Kreise nicht!**     Noch zu Lebzeiten von Archimedes belagerten die Römer im Zweiten Punischen Krieg Syrakus und nahmen es schließlich ein (s. o. »Hannibal ante portas«). An der Verteidigung der Stadt soll sich Archimedes durch die Konstruktion effizienter Katapulte und Ähnlichem beteiligt haben.

Nach der Eroberung war Archimedes gerade in die Lösung eines geometrischen Problems vertieft und hatte dafür Kreise in den Sand gezeichnet. Einem römischen Soldaten, der hinzutrat, befahl er unwirsch: *»Noli perturbare circulos meos!«* Der Soldat wusste nicht, wen er vor sich hatte, sondern war nur wütend, so zurechtgewiesen zu werden, und erschlug den großen Mathematiker.

## *Bauwerke, die Geschichte machten*

**Die sieben Weltwunder**     Der Begriff entstammt der Reiseliteratur des Hellenismus. Gemeint sind damit »sieben Sehenswürdigkeiten«. Auf den Gedanken, eine Hitliste von besonders bemerkenswerten Bauwerken und Kunstwerken aufzustellen, war schon der »Vater der Geschichtsschreibung«, Herodot (um 490–425 v. Chr.), gekommen. Die erste Liste mit »sieben Sehenswürdigkeiten« findet sich bei dem hellenistischen Schriftsteller Antipatros von Sidon im 2. Jahrhundert v. Chr. Der Katalog wechselte und der heute gültige Kanon entstand langsam. Er umfasst nur Bauwerke und Kunstwerke der damals bekannten Mittelmeerwelt. Es sind: die Pyramiden von Giseh, die hängenden Gärten Babylons, der Artemis-Tempel in Ephesos, der Leuchtturm auf der Insel Pharos bei Alexandria, der Koloss von Rhodos und die Zeus-Statue in Olympia. Seinerseits zum Begriff geworden ist das siebte Weltwunder, das

**Mausoleum**     in Halikarnassos. Noch im Mittelalter stand das Mausoleum am ursprünglichen Ort (im heutigen Bodrum) an der westtürkischen Küste, wenngleich es bereits durch Erdbeben beschädigt war. Erst im 16. Jahrhundert wurde das fast fünfzig Meter hohe Bauwerk bis auf die Fundamente abgetragen. Diese kann man heute noch in Bodrum besichtigen. Die dazugehörigen Kolossalstatuen befinden sich im Britischen Museum in London. Das gewaltige, auch durch seine Kunstwerke (Statuen und Reliefplatten) berühmte Grabmal wurde für den karischen König Mausolos II. (Regierungszeit von 377–353 v. Chr.) errichtet, einem persischen Satrapen. Der Ruhm des Bauwerks war so groß, dass Mausolos' Name zum Begriff für ein großes Grabmal wurde.

# Von den Nibelungen bis zum Hexensabbat

## Völker & Mythen

**Die Nibelungen (Burgunden)**     Als Weinbegriff, Hauptdarsteller im deutschen Nationalepos *Nibelungenlied* und als französischer Landschaftsname (*Bourgogne*) ist »Burgund« nach wie vor sehr gegenwärtig, auch wenn die Burgunden als Volk untergegangen sind. Die Burgunden werden zu den Ostgermanen gezählt. Ursprünglich siedelten sie im Mündungsgebiet der Weichsel an der Ostsee. Sie wanderten über die Lausitz und Mark Brandenburg bis an den oberen Main und drangen schließlich bis an den Rhein vor, den sie um 400 zwischen Main- und Neckarmündung überschritten. In der Gegend von Worms gründeten sie ein kurzlebiges Reich, das von dem römischen Feldherrn Aëtius gemeinsam mit den Hunnen 436/437 zerschlagen wurde. Dies bildet wohl den Hintergrund für einen Teil der Nibelungensage: den Untergang des Burgundenreiches von »Worms«. Aëtius ist übrigens derjenige, der die Hunnen später (451) in der Schlacht auf den Katalaunischen Feldern in Nordfrankreich endgültig zurückschlug, als Attila nach Gallien vorzudringen versuchte. Aëtius siedelte dann die Überreste der Burgunden am Genfer See an. Von dort dehnten sie ihre Siedlungsgebiete aus, vor allem rhôneabwärts bis in die Weingegend, die heute noch ihren Namen trägt. Schon im frühen Mittelalter vermischten sie sich mit der eingesessenen galloromanischen Bevölkerung. 534 wurde das Königreich der Burgunden Teil des Fränkischen Reiches. Dieses Burgund stand stets in hoher wirtschaftlicher Blüte und entwickelte eine enorme kulturelle Ausstrahlung.

**Taufe in Reims**    Dem Frankenkönig Chlodewech oder Chlodwig I. (um 466–511) aus der Dynastie der Merowinger gelang mit einer klugen, auf Expansion und Konsolidierung gerichteten Politik die Eroberung des späteren Frankreich (allerdings ohne die Mittelmeerküste). Der Merowinger besiegte den letzten römischen Herrscher in Gallien und stoppte die Expansion der Alemannen rheinabwärts. Die Schlacht gegen die Alemannen bei Zülpich in der Eifel (496) wurde für Chlodwig zum Schlüsselerlebnis. Er, dessen Frau bereits Christin war, gelobte vor der Schlacht, dem Christengott zu vertrauen – statt den germanischen Göttern. Da er den Sieg errang, ließ er sich anschließend mitsamt seinem Kriegeradel, angeblich 3000 Männern, in einer in den Chroniken bewegend geschilderten Zeremonie in Reims taufen: Eine Taube flog in letzter Sekunde mit der Salböl-Ampulle, dem *charisma*, im Schnabel in die Kathedrale ein.

Das für die gesamte weitere Geschichte des Abendlandes Entscheidende war die Taufe nach katholischem Ritus. Auch andere Germanenvölker waren bereits christlich, vor allem die mächtigen Goten, aber sie waren Arianer. Weil Chlodwig Katholik wurde, erhielt der von den Goten bedrängte schwache Papst einen neuen Schutzherrn. Als Gegenleistung salbte und krönte der Papst Chlodwig zum König. Bei dieser Ausrichtung aller westeuropäischen Königreiche auf Rom blieb es. Man kann die Taufe in Reims ohne Übertreibung als Geburtsstunde des mittelalterlichen Abendlandes bezeichnen; die Franzosen sehen in dieser Zeremonie den Beginn ihrer Nationalgeschichte – was allerdings ein bisschen verfrüht ist.

Bis zu seinem Tod brachte Chlodwig auch noch das inzwischen von den stammesverwandten ripuarischen Franken besiedelte Gebiet rhein- und mainaufwärts unter seine Herrschaft. Es wurde später ein Kerngebiet des karolingischen und deutschen Kaisertums. Orts- und Landschaftsnamen wie »Frankfurt« und »Franken« legen dafür beredtes Zeugnis ab.

**Rabenschlacht**    Die Geschichte um »Dietrich von Bern« ist eine der bekanntesten mittelhochdeutschen Heldendichtungen. Auch sie hat einen gewissen historischen Hintergrund.

Im Jahr 476 hatte der römische Offizier Odoaker den letzten west-
römischen Kaiser Romulus Augustulus abgesetzt. Man vermutet,
dass Odoaker germanischer Herkunft war. Jedenfalls erklärte er sich
selbst zum »König von Italien« und beherrschte die Halbinsel. Das
konnte sich der oströmische Kaiser in Konstantinopel nicht gefallen
lassen. So beauftragte man den jungen Ostgoten-Prinzen Theoderich (um 453–526), der zehn Jahre lang am byzantinischen Hof erzo-
gen worden war, mit einer Streitmacht Richtung Italien zu ziehen.
493 kam es zur Schlacht um Ravenna (= gotisch *Raben*), wo Odoaker
sich verschanzt hatte. Theoderichs Ostgoten belagerten die Stadt
zweieinhalb Jahre lang. Dann musste der ausgehungerte und aus-
geblutete Odoaker aufgeben.

Es wurde eine Friedensvereinbarung geschlossen, aber beim Ver-
söhnungsmahl ermordete Theoderich eigenhändig den Odoaker
und war nun Alleinherrscher in Italien. Die Gleichsetzung von
Theoderich mit Dietrich von Bern (mit »Bern« ist Verona gemeint)
nahmen mittelalterliche Chronisten und Schriftsteller vor, die die
komplexen Motive der Dietrich-Sage »historisch« verorten wollten.
Die tatsächlichen Ereignisse waren ihnen aber durch die Distanz
von Jahrhunderten und mangels zuverlässiger Überlieferung kaum
richtig bekannt. So vermischten sich Realität und Sage.

**Sie haben gehaust wie die Wandalen**     Seit ca. 400 marschierten die Wandalen aus ihren Stammsitzen im Quellgebiet von Oder
und Weichsel über Donau und Rhône quer durch Spanien und gründeten 429 in Nordafrika im Gebiet des ehemaligen Karthago (heute
Tunesien) ein Reich, das sogar von Rom anerkannt wurde. Immerhin erfolgte die Gründung formell noch auf weströmischem Reichsgebiet. Der heilige Augustinus, damals Bischof der in dieser Region
gelegenen Stadt Hippo, kam bei der Belagerung ums Leben. Ihren
schlechten Ruf verdanken die Wandalen etwas zu Unrecht ihrer
Eroberung Roms, die 455 von Nordafrika aus erfolgte. Aber es gab
keine systematische Zerstörung von Kunstschätzen, wie oft behauptet worden ist, denn die Wandalen hatten gehörigen Respekt vor
Papst Leo dem Großen.

Das böse Wort vom Vandalismus kam erst in der Zeit der Französischen Revolution auf. Es wurde von Henri Grégoire (1750–1831), Bischof von Blois, geprägt, der sich dabei auf die blindwütige Zerstörung von Kunstwerken durch den französischen Mob und französische Revolutionsgardisten bezog und dies mit dem Verhalten der Wandalen bei der Plünderung Roms verglich.

**Die Ritter der Tafelrunde**     Den historischen Hintergrund für die Artussagen bildet der Abwehrkampf der keltischen Briten gegen die Invasion der germanischen Angeln und Sachsen. Der Sage nach war Artus ein keltisch-britischer König, der gegen die Sachsen kämpfte und, da er den Kampf nicht gewinnen konnte, in das mystische Inselreich Avalon entrückt wurde. Von dort erhoffte man seine Wiederkehr, um dem wahren Britentum wieder zu seinem Recht zu verhelfen. Das hat strukturelle Parallelen zur Kyffhäusersage (s. u.).

Artus versammelte seine Ritter bewusst um einen runden Tisch, um Rangstreitigkeiten zu vermeiden. Bei den stets sehr auf ihre Ehre bedachten Rittern waren solche Rangstreitigkeiten an der Tagesordnung und boten ständig Anlass zu Unfrieden. Artus wurde zu einem Idealbild der Ritterzeit. Die Artussage war »der« europaweit mündlich tradierte Bestseller des Mittelalters, die Tafelrunde »die« Idealvorstellung des höfischen Rittertums.

**Gral**     Artus' mythische Gestalt wirkte äußerst beflügelnd auf die spätere hochmittelalterliche Literatur. Viele andere Sagenstoffe wurden mit »Artus« verknüpft und die Geschichten um Merlin, Tristan, Parzival oder das Schwert Excalibur reich ausgeschmückt. Eines der Symbole, die bis heute vielfach die Fantasie anregen, ist der Gral, der bei den Zusammenkünften der Tafelrunde auf dem Tisch gestanden haben soll. Über sein Aussehen gibt es unterschiedliche Angaben, doch wer ihn besitzt, dem ist irdisches und himmlisches Glück beschieden. Finden kann ihn allerdings nur derjenige, der dafür ausersehen ist. Wäre die Geschichte der Herkunft des Grals und die Bedeutung seines Namens eindeutig bekannt, dann hätte er wohl seinen Zauber verloren.

**Völkerwanderung**    Diese Bezeichnung ist wie so viele historische Epochenbegriffe ein Wort aus der Neuzeit. In der Gelehrten-
welt des deutschen Sprachraums taucht das Wort um 1780/90 auf. In
Frankreich spricht man von der *invasion barbare*. Dies zeigt, wie
schon in Begriffen eine Wertung stecken kann.

Als Gründe für die große Wanderungsbewegung (2.–4. Jahrhundert) werden Bevölkerungszunahme und klimatische Faktoren, aber
auch der Druck durch das Vordringen der Hunnen nach Ost- und
Südosteuropa (ab 375) angenommen. Man darf sich nicht vorstellen,
dass hier »Völker« im Sinne eines modernen Nationalvolks unterwegs waren. Vielmehr handelte es sich um einzelne Stämme oder
Clans von allenfalls einigen hundert Personen. Von den antiken
Autoren wird eine Vielzahl solcher Stammesnamen genannt: Sem-
nonen, Heruler, Sugambrer, Brukterer, Chatten etc. Einige von ihnen
schlossen sich erst auf den Wanderungen oder an den späteren
Siedlungsorten zusammen und bildeten dann unter einem besonders angesehenen Stammesnamen die Gruppen, unter denen sie
heute etwas pauschal zusammengefasst werden. So war es etwa bei
den Burgunden (s. u.).

# Römisches & germanisches Recht

**Corpus iuris civilis**    Dem byzantinischen Kaiser Justinian (482–
565) war es dank tüchtiger Generäle gelungen, in der Völkerwan-
derungszeit verloren gegangene Teile des Oströmischen Reiches
zurückzugewinnen. Seine Vision war es, das Römische Reich wie-
derherzustellen. Dies war einer der Gründe, warum er eine Sammlung des gesamten römischen Rechts in Auftrag gab, die um 530 innerhalb weniger Jahre zusammengetragen wurde, das *Corpus iuris
civilis*. Bis dahin war das ausgefeilte römische Recht, eine der großen zivilisatorischen Leistungen der Römer, ein reines Fallrecht mit
jahrhundertealter Tradition, wie das englische *Common Law*. Das
*CIC* wurde im Hochmittelalter durch Gelehrte vor allem der Univer-

sität von Bologna wiederentdeckt und erhielt auch erst damals seinen Namen. Antike Rechtsgrundsätze, die heute noch Gültigkeit haben, finden sich hier in Fülle in lateinischer Sprache.

**In dubio pro reo** »Im Zweifel für den Angeklagten« ist einer der berühmtesten Rechtsgrundsätze und geht in dieser prägnanten Formulierung zurück auf einen Mailänder Rechtsgelehrten aus der Renaissancezeit. Der Rechtsgedanke findet sich gleichwohl am Anfang des *CIC*, wo es an einer Stelle heißt, bei Stimmengleichheit solle im Richterkollegium *pro reo* entschieden werden. An anderer Stelle heißt es: »Es ist besser, wenn das Verbrechen eines Schuldigen unbestraft bleibt, als wenn ein Unschuldiger verurteilt wird.«

**Suum cuique** »Jedem das Seine«, jedem seinen Anteil am Recht und an der Gerechtigkeit zukommen zu lassen ist eine der ältesten Gerechtigkeitsdefinitionen der Antike. Im *CIC* lautet sie: *Iustitia est ius suum cuique tribuendi* (= Gerechtigkeit bedeutet, jedem das Seine zukommen zu lassen).

**Audiatur et altera pars** »Der Richter muss beide Seiten (wörtlich: auch die andere Seite) anhören« ist im *CIC* unter anderem so formuliert: *Neque enim inaudita causa quemquam damnari:* »Niemand ist zu verurteilen, ohne seine Rechtsgründe gehört zu haben.«

**Nulla poena sine lege** »Keine Strafe ohne Gesetz.« Diese Formulierung stammt von dem bedeutenden Strafrechtsreformer Paul Johann Anselm Ritter von Feuerbach (1775–1833). Im *CIC* heißt es dazu etwas länger: *Poena non irrogatur, nisi quae quaque lege ... specialiter huic delicto imposita est* – »Eine Strafe wird nur dann verhängt, wenn sie durch irgendein Gesetz ... speziell für dieses Vergehen vorgesehen ist.«

**Pacta sunt servanda** »Verträge müssen eingehalten werden.« Grundsatz der Vertragstreue, der noch heute gültig ist. Im *CIC* wird ein Prätor, ein Richter, zitiert: *Pacta, conventa ... servabo*: »Verträgen und Vereinbarungen werde ich gehorchen.«

**Salisches Gesetz**    Auch bei den germanischen Völkern finden sich in jener Zeit zahlreiche Gesetzeskodifizierungen ihres Gewohnheitsrechts, kaum dass sich ihre Reiche etabliert hatten. Es gibt die *Lex Burgundionum* aus der Zeit um 500 sowie den *Codex Euricianus* des Westgotenkönigs Eurich. Am bekanntesten ist die auf Veranlassung des Frankenkönigs Chlodwig (ca. 466–511) ebenfalls um 500 niedergeschriebene *Lex Salica*, das salische Gesetz. Die Salfranken waren eine Untergruppe der Franken, zu der auch der Merowinger Chlodwig gehörte. Neben vielen Regelungen des Alltags finden sich in der *Lex Salica* auch historisch bedeutsame Erbrechtsregelungen, die teilweise heute noch für monarchische Dynastien und Adelshäuser Gültigkeit haben. Eine bekannte Bestimmung ist, dass Söhne zu gleichen Teilen erben. Dies war ein typisch germanischer Rechtsgrundsatz. Er führte zu den vielen Reichsteilungen der Merowinger. Auch das Reich Karls des Großen wurde gemäß dem salischen Gesetz unter seinen drei Söhnen aufgeteilt und später unter deren Söhnen weiter geteilt. Eine der ersten Maßnahmen der ottonischen Könige im 10. Jahrhundert war, das Erbrecht der Krone nur auf den ältesten Sohn übergehen zu lassen (Primogenitur).

# In Gottes Namen

**Säulenheiliger**    Säulenheilige oder sogenannte Styliten (von griechisch *stylos* = Säule) praktizierten eine besondere Form des einsiedlerischen Mönchslebens, vor allem in Syrien. Der berühmteste war Symeon Stylites (ca. 390–460), der 47 Jahre unter asketischen Bedingungen auf einer Säule zubrachte und viele Nachahmer fand. Säulenheiliger zu sein war in jener Zeit eine Art Dauer-Event. Die Volksmassen waren von solchen »heiligen Männern« fasziniert, erwarteten Wunder, (göttlichen) Rat und Heilung. Man nahm an, dass sie eine besondere Nähe, wenn nicht gar Gegenwart des Göttlichen besaßen und deshalb ein spürbares spirituelles Erlebnis vermitteln konnten; danach bestand in jener Zeit ein großes inneres Bedürfnis. So kletterte sogar der byzantinische Kaiser Theodosius II. auf einer Leiter zu der drei Meter hoch gelegenen Plattform des Symeon Stylites hinauf.

Das gleiche Phänomen zeigte sich schon bei den Eremiten. So wandte sich der heilige Antonius (ca. 250–356) von der Zivilisation ab und brachte sein langes Leben in asketischer Hinwendung zu Gott an verschiedenen Plätzen am Rande der Wüste zu. »Eremit« bedeutet so viel wie »Wüstenbewohner« (altgriechisch *eremos* = Wüste).

**Papst**    Der Papst ist nicht vom Himmel gefallen. Das Christentum war 313 durch das Toleranzedikt Kaiser Konstantins anerkannt worden und keinen Verfolgungen mehr ausgesetzt. 392 war es durch Kaiser Theodosius schließlich Staatsreligion geworden.

Papst Damasus (reg. 366–384) beauftragte nicht nur den Kirchen- vater Hieronymus mit der kompletten Bibelübersetzung ins Lateini- sche (die sogenannte *Vulgata*), sondern er begann auch mit dem Bau des Apostolischen Palastes bei der Lateranskirche in Rom. Im ge- samten Mittelalter war S. Giovanni in Laterano die Hauptkirche der Päpste. Sie lag, anders als St. Peter im Vatikan, innerhalb der Stadt- mauern. Wer sich einen Palast baut, verfügt über eine gesicherte Macht und hat einen hohen herrscherlichen Anspruch.

Damasus' unmittelbarer Nachfolger Siricius (reg. 384–399) war der Erste, der die Bezeichnung Papst (von lateinisch *papa* = Vater) im Titel führte. Damit betonte Siricius die Vorrangstellung des »Erz- vaters«, also des Patriarchen von Rom gegenüber den anderen Patri- archen. Ihren Primat gründeten die Päpste immer auf die Verfügung über die Apostelgräber, vor allem das des heiligen Petrus auf dem Vatikanhügel.

Den Primat des Papsttums gegenüber Ostrom betonte nachdrück- lich der aus dem Senatorenadel stammende Papst Gregor der Große (reg. 590–604), der Schöpfer des straff verwalteten Kirchenstaates, der festlegte, dass nur der römische Bischof den Titel »Papst« führen darf.

**apostolisch**    Siricius war auch der erste Papst, der den Begriff »apostolisch« verwendete; gemeint ist damit die einzig legitime Nachfolge der Apostel. Um seinen Machtanspruch zu unterstreichen, übernahm Siricius den Schreibstil der kaiserlichen Hofkanzleien – einen Befehlston, der sich nicht lange mit Begründungen aufhält. Bis dahin hatten sich die römischen Patriarchen eher an einen bittenden und mahnenden Briefstil gehalten.

**Die Schlüssel des Himmelreichs**    Papst Leo der Große (reg. 440–461) verkündete die Lehre vom Stuhl Petri, also die Lehre der apostolischen Sukzession (= Nachfolge): »Weide meine Schafe« lautete nach Johannes 21,17 der Auftrag Jesu an den Apostel Petrus, dem er somit die »Schlüssel des Himmelreichs« übergeben hatte (Matthäus 16,19). Deshalb sind auch die beiden Schlüssel seit jeher die wesentlichen Bestandteile des Papstwappens. Wegen der apostolischen Sukzession waren nach Auffassung der katholischen Kirche natürlich nur die Bischöfe von Rom in der Lage, diese Nachfolge ununterbrochen weiterzugeben, denn nur sie saßen auf dem »Stuhl Petri« (*cathedra Petri*), dem »Heiligen Stuhl«. (Deswegen verkündet der Papst übrigens seine Dogmen *ex cathedra*.)

**Bete und arbeite – ora et labora**    Enttäuscht von dem Lotterleben im alten Rom zog sich der junge Gutsbesitzersohn und Student Benedikt (ca. 480–547) aus der umbrischen Kleinstadt Nursia mit einigen Gefährten für drei Jahre in eine Felshöhle in einem schmalen Tal bei Subiaco im Apennin zurück. Im Jahr 529 zog er mit einigen Getreuen auf den Monte Cassino in Kampanien und gründete das Kloster, das zum Mutterhaus des Benediktinerordens und damit zum Ausgangspunkt des westlichen abendländischen Klosterwesens werden sollte. Mit diesen Mönchsgemeinschaften tauchte eine völlig neue Form des kontemplativen, weltabgeschiedenen Lebens in Europa auf. Das kommt bereits in den lateinischen Zentralbegriffen dieser neuen Lebensform zum Ausdruck: »Kloster« und »Klause« kommen von *clausum,* das heißt abgeschlossen, und »Mönch« ist eigentlich der »Einsiedler« (von lateinisch *mono* = einer, allein).

Für die Klostergemeinschaft in Monte Cassino schrieb Benedikt Regeln des Zusammenlebens auf, die *Regula Benedicti*. Ihr Inhalt wird meist in der schlagwortartigen lateinischen Formel *Ora et labora* (= Bete und arbeite) völlig zutreffend zusammengefasst, obwohl sie nicht wörtlich in der *Regula* steht. Was damit gemeint ist, wird klar in dem Sinnspruch *Ora et labora / Deus adest sine mora* (= Gott hilft ohne Verzug): Beim Beten und Arbeiten ist Gott wirklich gegenwärtig.

Die Forderung an die Brüder zu arbeiten war damals vollkommen neu und ohne Beispiel. In der spätantiken und mittelalterlichen Gesellschaft war körperliche Arbeit ausschließlich eine Angelegenheit der Unterschichten und bei der Oberschicht verpönt. Im Mittelalter stammten fast alle Mönche aus der Oberschicht.

**Apostel der Deutschen**   Der bekannteste Wandermönch und Missionar in Deutschland war ein Angelsachse aus Wessex: Bonifatius (ca. 672/675–754), der »Apostel der Deutschen« genannt wird. Irland und England waren im frühen Mittelalter Hochburgen der Gelehrsamkeit; hier hatten das Christentum und vor allem die Kenntnis der lateinischen Sprache die Stürme der Völkerwanderung einigermaßen unbeschadet überdauert. Seit ihrem Übertritt zum Katholizismus riefen die fränkischen Könige immer wieder Wandermönche aus diesem »Fernen Westen« zur Missionierung in ihr Reich.

Bonifatius' angelsächsischer Name lautete Wynfreth (Winfrid). Ab 716 predigte er zunächst vergeblich in Friesland. Als Feinde der benachbarten, mächtigen Franken, deren Oberschicht bereits christianisiert war, wollten die Friesen nichts vom Christentum wissen. 719 erhielt Wynfreth vom Papst in Rom persönlich seinen neuen Ehrennamen Bonifatius (= Wohltäter) zusammen mit dem Auftrag, bei den christlich noch etwas ungefestigten Mainfranken, Thüringern und Baiern zu missionieren. Berühmt ist die Episode, wie Bonifatius bei den von den Franken unterworfenen Chatten in der Nähe des heutigen Geismar in deren Waldheiligtum eine als heilig verehrte Eiche fällte (»Donar-Eiche«). Als der Missionar nach diesem »Frevel« nicht sogleich vom Blitz des Donnergottes erschlagen wurde, glaubten auch die Chatten an den mächtigeren Zauber der Christen. 722 ging Bonifatius nach Rom, wurde zum Bischof geweiht und stellte die Kirche im damaligen Westfrankenreich organisatorisch auf die Beine. So stiftete er die Bistümer Regensburg, Freising, Passau, Salzburg, Würzburg, Eichstätt und Erfurt sowie die Klöster Fritzlar und Fulda. Vor allem hierin liegt seine große historische Bedeutung. Noch im hohen Alter brach er zu einer letzten Mission bei den Friesen auf, wo er erschlagen wurde.

**... seit Christi Geburt**    Die Zeitrechnung nach der »christlichen Ära« verbreitete sich ab dem 6. Jahrhundert in Westeuropa. Der römische Mönch Dionysius Exiguus (ca. 500–550) führte sie in seiner 525 hergestellten Ostertafel ein. Seit 532 gilt das dabei errechnete Geburtsjahr Christi als Anfang der christlichen Zeitrechnung. Gegen Ende des 7. Jahrhunderts übernahmen auch die britannischen und irischen Mönche, die in Deutschland missionierten, diese Zeitrechnung. Bis dahin war meist nach Herrschaftsjahren von Kaisern oder Päpsten datiert worden. (Etwa auf Urkunden: »Gegeben im zehnten Jahr der Herrschaft des Kaisers Augustus.«) Dadurch gab es eine Vielzahl regional oder lokal verschiedener Zeitrechnungen (die auch weiterhin in Gebrauch blieben). Aber gelehrte Männer wie der Friesen-Apostel Willibrord oder Beda Venerabilis (in seiner *Kirchengeschichte*) ließen nur eine Ära und eine Zeit gelten, weil sie nur einen Weltenherrscher anerkannten – Christus, den Herrn. Dessen Herrschaft über die Menschheit hatte im Jahr seiner Geburt begonnen und würde bis zum Jüngsten Tag dauern.

**Von Gottes Gnaden**    Lateinisch *gratia Dei* gehört seit dem Erwerb der langobardischen Königskrone durch Karl den Großen (774) zur Titulatur europäischer Herrscher; in Europa sahen sich alle Herrscher als »von Gottes Gnaden« eingesetzt, jedoch nicht als »Stellvertreter Gottes« wie in Byzanz.

Seit den Karolingern wurden die europäischen Könige gesalbt, was dem Ritual einer Bischofsweihe entspricht. Im Vergleich dazu stand in Byzanz die Krönung im Vordergrund. Das »Auszeichnen« mit einem (Lorbeer-)Kranz oder Diadem (griechisch = das [um die

Stirn] Gebundene) entsprang römisch-antiker Tradition. Auch die Bibel kennt keine Königskrönungen. David zum Beispiel wird bei der alttestamentlichen Königsweihe gesalbt. Für einen christlichen König war nicht unwichtig, dass das Wort *Christos* im Griechischen, genauso wie *Messias* im Hebräischen, »der Gesalbte« bedeutet. Aus dieser Tradition kommt die Vorstellung vom Gottesgnadentum. Karl der Große legte sich bei der Salbung in Aachen den Titel »von Gottes Gnaden« zu, der sonst nur vom Papst verliehen wurde, und ließ sich am Hof mit »König David« anreden. Die Salbung spielte auch deswegen eine so große Rolle, weil sie neben der biblischen Tradition an die altgermanischen Vorstellungen von der besonderen, von den Göttern begnadeten Auserwähltheit der Königssippe anknüpfte.

# Geistliche & weltliche Macht

**Schisma**     1054 »spaltete« sich die bis dahin noch einheitliche Christenheit auf. Die Westkirche (in Rom) und die Ostkirche (in Konstantinopel) »trennten« sich. Genau diese Wortbedeutung steckt in dem griechischen Wort *Schisma*. (Griechisch *schizein* = spalten steckt auch in dem medizinischen Begriff für Bewusstseinsspaltung, Schizophrenie.)

Der Anlass für die Spaltung war vergleichsweise banal, allerdings war ihm ein jahrhundertelanger Prozess der Entfremdung vorausgegangen. Wegen einer eher tagespolitischen Streitfrage um theologische Gepflogenheiten im von den Normannen eroberten, ehemals byzantinischen Unteritalien wurde eine päpstliche Gesandtschaft nach Konstantinopel geschickt. Nachdem keine Einigung erzielt werden konnte, legte der jähzornige Kardinal Humbert, der die Verhandlungen auf eine sehr provokante Weise führte, auf dem Altar der Hagia Sophia eine vom Papst unterzeichnete Urkunde nieder. In dieser exkommunizierte der Papst den Patriarchen Kerullarios. Der Patriarch exkommunizierte daraufhin seinerseits den Kardinal. Damit war der Bruch zwischen Rom und Byzanz, die Spaltung in das

römisch-katholische und das griechisch-orthodoxe Christentum
vollzogen.

**Dictatus Papae**    Das berühmte Dokument aus dem Jahr 1075 besteht aus einem einzigen Blatt Papier mit genau 27 Sätzen. Es heißt
»Diktat des Papstes«, weil Papst Gregor VII. (reg. 1073–1085) es vermutlich höchstpersönlich formulierte und einem Schreiber diktierte. In aller Deutlichkeit wurde hier der universale Herrschaftsanspruch des Papstes zum Ausdruck gebracht: »Dass alle Fürsten
nur des Papstes Füße küssen« durften, dass nur er Bischöfe und
Äbte einsetzen durfte, dass es ihm erlaubt war, Kaiser abzusetzen,
dass nur er kanonisches Recht setzte, er von niemandem gerichtet
werden konnte und einiges mehr.

Politische Sprengkraft enthielt der *Dictatus*, weil er den weltlichen Herrschern das Recht abstritt, Bischöfe und Äbte in ihr Amt
einzusetzen, was bis dahin gang und gäbe war. Das wurde zum Auslöser für den

**Investiturstreit**    Anlässlich der Neubesetzung des Erzbischofs-
sitzes von Mailand 1075 entbrannte der Streit zwischen dem deutschen Kaiser, dem Salier Heinrich IV., und Papst Gregor VII. Beide
hatten einen eigenen Kandidaten für das Amt und beide wurden
eingesetzt. Der Streit wogte eine Weile hin und her. Jeder europäische Fürst musste den päpstlichen Rechtsstandpunkt des *Dictatus
Papae* als Kampfansage betrachten. Heinrich IV. reagierte mit einem
Brief an Gregor, in dem er ihn »nicht mehr Papst, sondern falscher
Mönch« nannte und im Befehlston aufforderte, sein Papstamt auf-
zugeben: »Verlasse den apostolischen Stuhl.« Am Schluss wiederholte er zweimal: »Steige herab, steige herab!«

Darauf antwortete Gregor umgehend. Er erklärte den Kaiser für
abgesetzt, belegte ihn mit dem Kirchenbann und exkommunizierte
ihn. Die Exkommunikation galt im Mittelalter als härteste Strafe.
Ein aus der Kirche Verbannter war ein Paria. Die deutschen Fürsten
gerieten ins Wanken und drohten Heinrich nun ebenfalls mit der
Absetzung, sollte er sich nicht mit dem Papst aussöhnen. Heinrich
blieb nichts anderes übrig, als den Papst auf der Burg Canossa in der

Emilia Romagna aufzusuchen und um die Befreiung vom Kirchenbann zu bitten.

**Canossagang**    Das moderne Schlagwort vom Canossagang prägte Otto von Bismarck im Zusammenhang mit *seiner* Auseinandersetzung mit der katholischen Kirche. Im Rahmen dieses »Kulturkampfes« wurden verschiedene Gesetze gegen die katholische Kirche in Deutschland beschlossen, die ihre Rechte und Machtposition einschränkten. In einer Reichstagsrede am 14. Mai 1872 sagte Bismarck: »Nach Canossa gehen wir nicht.« Heute wird die Redewendung gelegentlich noch für einen erniedrigenden Bittgang oder ein demütigendes Ereignis verwendet. Sie geht zurück auf den Bußgang Kaiser Heinrichs IV. im Zusammenhang mit dem Investiturstreit.

Mitten im Winter zu Beginn des Jahres 1076 überquerte der 26-jährige Kaiser zwar nicht im wortwörtlichen Alleingang, aber nur mit einer Handvoll Begleiter die Alpen. Da seine Gegner die deutschen Gebirgspässe besetzt hatten, wanderte er das französische Isèretal hinauf und über die schneebedeckten, vereisten Hänge des Mont Cenis. Dann stand er im Januar barfuß und im Büßergewand drei Tage lang ohne Schwert und Krone im Schnee vor der Burg Canossa, bevor er eingelassen wurde und die Versöhnungsgespräche mit Papst Gregor begannen. Dieser Ablauf war in vorausgegangenen Verhandlungen festgelegt worden und entsprach einem streng ritualisierten Bußvorgang. Mit ausgebreiteten Armen warf sich Heinrich schließlich dem Papst zu Füßen, schwor einen Eid, sich dessen Urteil zu unterwerfen und wurde dafür vom Kirchenbann befreit. Durch seinen Gang nach Canossa konnte Heinrich zwar seinen Thron retten, aber die demütigenden Umstände schädigten das Ansehen des deutschen Kaisertums in Italien nachhaltig.

**Wormser Konkordat**    Beigelegt wurde der Investiturstreit erst 34 Jahre später durch das Wormser Konkordat von 1122 zwischen dem Sohn von Heinrich IV., Kaiser Heinrich V., und Papst Calixtus II. Darin verzichtete der Kaiser nach weiteren langen Machtkämpfen und harten Verhandlungen – vor allem auf Druck der deutschen Fürsten – auf das Recht der Investitur mit Stab und Ring und behielt nur das Recht, die Bischöfe und Äbte mit ihren weltlichen Rechten zu belehnen. Somit hatte die Kirche praktisch das alleinige Recht zur Besetzung dieser Ämter im Reich. Unter Konkordaten versteht man Verträge zwischen dem Heiligen Stuhl und anderen Staaten. Es war der deutsche Universalgelehrte Gottfried Wilhelm Leibniz (1646–1716), der erstmals den Begriff »Wormser Konkordat« verwendete. Im Original hieß das Vertragswerk »Pactum«.

## Kreuzzüge & Pilgerzüge

**Reconquista**    Das spanische Wort bedeutet Wiedereroberung. Gemeint ist die Rückeroberung Spaniens, das seit 711 größtenteils von den Arabern (Mauren) beherrscht wurde. Das christliche Königreich Asturien (später León) und dann auch Navarra, Aragón und Kastilien bekämpften ab 800 von Norden her jahrhundertelang das Reich der Mauren. Eine bedeutende Etappe war die Eroberung von Toledo 1085 durch König Alfons VI. (1040–1109) von Kastilien und León. Toledo war vor der maurischen Eroberung fast zweihundert Jahre lang Hauptstadt des christlichen Reiches der Westgoten gewesen. Alfons machte es umgehend zu seiner Residenz. Durch die Eroberung Toledos erwarb er sich den Beinamen »Spaniens Schild«.

Endgültig abgeschlossen wurde die Reconquista erst mit der Einnahme Granadas 1492 durch König Ferdinand von Aragón und Kastilien.

**Kreuzzüge**    Die allmähliche Wiedereroberung Spaniens durch die christlichen Könige hatte schon einen Vorgeschmack auf das Geschehen gegeben, von dem das Abendland rund dreihundert Jahre lang in Atem gehalten werden sollte. Bereits Papst Gregor VII. hatte 1074 einen Kriegszug zur Befreiung des Heiligen Grabes in Jerusalem geplant, war aber dann durch den Investiturstreit zu sehr in Anspruch genommen.

Der erste Papst, der zu einem Kreuzzug aufrief, war Urban II. Auslöser war ein Hilfeersuchen des byzantinischen Kaisers, der seinen Herrschaftsbereich durch die Seldschuken bedroht sah. Diese hatten Syrien sowie das Heilige Land mit Jerusalem erobert, 1071 in der Schlacht von Mantzikert das byzantinische Heer vernichtend geschlagen und große Gebiete in Kleinasien eingenommen. Byzanz hoffte nun auf die Hilfe der »Franken«, wie in der Kreuzzugszeit alle abendländischen Ritter pauschal genannt wurden.

Papst Urban hielt seine Kreuzzugspredigt am 27. November 1095 vor den Toren der Stadt Clermont-Ferrand, weil der Platz vor der Kathedrale nicht ausreichte. Alles war sorgfältig vorbereitet: Urban schilderte dramatisch die Leiden der Christen in dem von Muslimen besetzten Jerusalem sowie die Zerstörung der Grabeskirche und rief auf Altfranzösisch mit dem flammenden Appell »Deus lo vult« (Gott will es) zur Heerfahrt ins Heilige Land auf. Der Wille, »das Kreuz zu nehmen«, um Jerusalem zu befreien, erfasste die Volksmassen und die europäische Ritterschaft bis hinauf zu Kaisern und Königen. Der erste Kreuzzug begann unmittelbar nach dem Aufruf Urbans, und die ersten Kreuzfahrerheere standen schon 1096 sehr zur Überraschung des byzantinischen Kaisers vor den Toren Konstantinopels. Der letzte Kreuzzug endete mit dem Fall der einzigen noch verbliebenen Kreuzfahrerfestung Akkon im Jahr 1291.

**Das Kreuz nehmen**    Diese Metapher entstammt dem Pilgerwesen. Die Kreuzzüge waren stark von dem Pilgergedanken motiviert, sicher auch von persönlicher Frömmigkeit. Ein Sündenablass wurde in Aussicht gestellt, aber manchen verlockte auch die Aussicht auf reiche Beute oder auf einen Märtyrertod im Heiligen Land, der alle Sünden tilgte. Einige moderne Forscher sehen in den Kreuzzügen auch eine Maßnahme, um dem vagabundierenden Jungadel in Europa, also nicht erbberechtigten Rittersöhnen, die überall die Gegend unsicher machten, eine sinnvolle Aufgabe zu geben.

**Malteser & Templer**    Im Jahr 1099 wurde auf dem ersten Kreuzzug Jerusalem erobert. In einem dortigen Pilgerspital, das dem heiligen Johannes dem Täufer geweiht war, wurde im gleichen Jahr der erste Kreuzfahrer-Ritterorden im Heiligen Land gegründet. Seine Aufgaben waren die Krankenpflege und der Waffendienst. Im Lauf der Zeit entwickelten die Hospitaliter oder Johanniter wie auch spätere Ritterorden Aktivitäten in ganz Europa. 1291 mussten sie ihre Zentrale aus dem Heiligen Land zuerst nach Zypern, dann nach Rhodos und 1530 schließlich nach Malta verlegen. Damit wurde der Johanniterorden zum »Malteserorden«, der bis heute in der Krankenpflege tätig ist.

Anders erging es dem sagenumwobenen Templerorden, dem zweiten in Jerusalem gegründeten Ritterorden. Er hat seinen Namen (vollständig: »Arme Ritterschaft Christi vom salomonischen Tempel«) vom Tempelberg in Jerusalem, wo König Balduin den Rittern um 1120 einen Flügel seines Palastes anwies. An dieser Stelle befindet sich heute die al-Aqsa-Moschee. Aufgabe der Templer war anfangs der Schutz des Heiligen Grabes und der Pilger. Seit 1291 hatten die Templer ihren Hauptsitz auf Zypern und ein weit gespanntes Netz von Stützpunkten in ganz Europa. Ortsbezeichnungen wie *Temple* in Paris oder *Tempelhof* in Berlin erinnern daran. Der Orden wurde sehr reich und mächtig. Aus nie ganz geklärten Gründen, wahrscheinlich aber aus Habgier bezichtigte der französische König Philipp IV. im Zusammenwirken mit Papst Clemens V., auf den er erheblichen Druck ausübte, die französischen Templer der Ketzerei und unsittlicher Bräuche und ließ sie 1307 verhaften. Jahrelang wurde ihnen der Prozess gemacht. Der letzte Großmeister des Templerordens, Jacques de Molay, starb 1313 auf dem Scheiterhaufen in Paris.

**Der wahre Jakob**    Die Stadt – damals eher ein Städtchen – Santiago de Compostela erhielt ihren Namen 1095 durch Papst Urban II., also im Jahr seiner großen Kreuzzugspredigt (s. o.). *Sant Jago* = Sanctus Iacobus = der heilige Jakob. »Compostela« soll der Legende nach auf lateinisch *campus stellae* (= Feld der Sterne) zurückgehen, eine Lichterscheinung bei der Auffindung des Jakobsgrabes. Richtiger dürfte sein, dass sich der Name auf einen schon in römischer Zeit an dieser Stelle angelegten Friedhof bezieht.

Der heilige Jakob ist der Apostel Jakob, einer der erstberufenen Jünger. Am See Genezareth sagte Jesus zu Petrus, Andreas, Jakob und dessen Bruder Johannes: »Folgt mir nach, ich will euch zu Menschenfischern machen« (Matthäus 4,18–22). Nach der Apostelgeschichte wurde Jakob unter Herodes Agrippa um 44 hingerichtet.

Wie Jakob bzw. seine Gebeine an diesen entlegenen nordwestlichen Zipfel Spaniens kamen, berichtet die Legende: Nach Christi Tod sei er nach Spanien gegangen, um dort zu missionieren. Nach seiner Rückkehr ins Heilige Land habe er den Märtyrertod erlitten. Seine Gefährten sollen seinen Leichnam in einem Boot auf dem Meer ausgesetzt haben. Von Engeln geleitet sei das Boot dann an die Nordwestküste Spaniens getrieben, damit der Heilige in seinem Missionsland begraben werden konnte.

## Kirche & Ketzer

**Ketzer**    In den mit großer Grausamkeit geführten Katharerkriegen oder auch »Albigenserkreuzzügen« (1209–1229) wurden vor allem die Katharer (griechisch *katharos* = die Reinen) mithilfe der französischen Könige in Südfrankreich nachhaltig verfolgt. In katharischen Orten wie Béziers wurde die gesamte Bevölkerung massakriert (1209). Zentrum der Kathararbewegung war die südfranzösische Stadt Albi, deswegen spricht man auch von Albigensern. Sprachgeschichtlich kann man die Katharer als den Inbegriff aller Ketzer sehen, denn das Wort »Ketzer« selbst ist aus »Katharer« hervorgegangen.

Der Katharerglaube war ein asketisches, ethisch strenges, an den Puritanismus erinnerndes Christentum. Eines seiner Hauptcharakteristika war die Aufnahme in die katharische Kirche durch Handauflegen, die sogenannte Geisttaufe. Im Anschluss oder in Abwandlung von gnostischen Vorstellungen wollten die Katharer in einer vom Teufel verführten »bösen« Welt durch Reinheit und gutes Verhalten das Gottesreich gewinnen.

**Inquisition**    Mit der Bestrafung der Ketzer beschäftigte sich die Inquisition – was Historienfilme und -romane heute gerne thematisieren und gruselig ins Bild setzen.

Bei der Inquisition ging es um die *inquisitio haereticorum*, die

»Untersuchung der Häretiker«, das heißt der Abweichler. 1199 hatte Papst Innozenz III. die bischöflichen Inquisitionsgerichte erneuert, deren Prozessordnung dann auf dem 4. Laterankonzil 1215 festgelegt wurde. Die Beschuldigten hatten durchaus Rechte in dem Verfahren, das vor allem auf Verhör und Zeugenbefragungen beruhte. Es gab auch »Freisprüche«, falls die häretische Gesinnung des Beschuldigten nicht erwiesen werden konnte, und viele Strafen bestanden in Bußübungen oder Kerkerhaft. Man war nicht darauf aus, die Ketzer unbedingt auf den Scheiterhaufen zu bringen.

Die Inquisitionsprozesse waren sogar insofern »fortschrittlich«, als es sich um rechtsförmliche Verfahren handelte, über die Protokolle erstellt wurden. Außerdem ermittelte die Inquisition »von Amts wegen«, also nicht auf Privatklage hin. Insofern ist auch der heutige Strafprozess ein Inquisitionsprozess, wie überhaupt das moderne Strafrechtsverfahren dem Inquisitionsverfahren viel verdankt. Unterschiede bestehen natürlich darin, dass heute Glaubensfragen kein Gegenstand von Strafprozessen mehr sind, die Verfahren öffentlich und nicht geheim sind und keine Folter angewendet wird. Aber auch im Inquisitionsprozess wurde die Folter erst 1352 durch Papst Innozenz VI. genehmigt, war also nicht von Anfang an Teil des Verfahrens.

**Auf dem Scheiterhaufen verbrennen**   Die Mitwirkung des »weltlichen Arms« bei der Ketzerverfolgung hatte der junge Kaiser Friedrich II. schon 1220 genehmigt und 1224 die Verbrennung als Todesstrafe für hartnäckige Ketzer verfügt. Die Kirche übernahm dies in die Ketzerdekrete von 1231. Begründet wurde diese Form der Todesstrafe damit, dass auf diese Weise wenigstens die Seele des Verurteilten durch die Fürbitten der Kirche gerettet werden könne (nach 1 Korinther 5,5). Die besonders krassen Autodafés in Spanien wurden erst um 1480 eingeführt. Die Scheiterhaufenverbrennungen waren eine Mischung aus Schauprozess und Volksfest.

**Jeanne d'Arc, die »Jungfrau von Orléans«**   Wie das schlichte, des Lesens und Schreibens unkundige Bauernmädchen aus Lothringen in der extrem standesbewussten, machohaften Männerwelt des Spätmittelalters zu einer quasi militärischen Anführerin und zur Retterin Frankreichs werden konnte, bleibt ein Rätsel, aber es ist eine historische Wahrheit.

Das um 1412 geborene Mädchen war die Tochter des Bauern Jacques Darc. Etwa mit 13 Jahren will sie Engels- und Heiligenvisionen gehabt haben, die ihr befahlen, Frankreich von den Engländern zu befreien und den Dauphin, den französischen Thronfolger, nach Reims zu führen. Im März 1429 sprach sie bei ihm vor. Wie sie Karl VII. von ihrer Mission überzeugen konnte, ist nicht bekannt. Nach einer ausführlichen Prüfung ihrer Glaubwürdigkeit unter anderem durch Geistliche sowie ihrer Jungfräulichkeit durch Hofdamen erhielt sie eine Rüstung. Unter ihrer Leitung gelang es einem kleinen Versorgungstrupp, in das eingeschlossene Orléans vorzudringen. Dies motivierte die französischen Truppen erheblich, sodass sie, angeführt von Jeanne d'Arc, im Mai die Engländer angriffen. Diese traten rasch den Rückzug an. Die Befreiung von Orléans brachte für die Franzosen, die sich in einer scheinbar aussichtslosen Lage befanden, die entscheidende Wende in der Schlussphase des Hundertjährigen Krieges gegen die Engländer. Im Juli geleitete Jeanne (damals »Jehanne«) den Dauphin nach Reims. Am 17. Juli stand sie neben dem Altar, als Karl VII. in der Kathedrale gekrönt wurde. Gegen den Willen des Königs gelang ihr anschließend noch die Befreiung von Paris. Im Mai 1430 wurde sie von den Burgundern, den Verbündeten der Engländer, festgenommen und schließlich an diese ausgeliefert. In einem Kirchenprozess wurde sie als Ketzerin verurteilt und im Mai 1431 auf dem Scheiterhaufen verbrannt. Die Prozessakten sind zum größten Teil erhalten und zeigen Johanna als eine von ihrer Mission felsenfest überzeugte und erstaunlich selbstbewusste Frau.

# Sagen & Sänger

**Kyffhäuser**  Im Jahr 1189 versammelte Kaiser Friedrich Barbarossa in Regensburg das größte Ritterheer, das jemals zu einem Kreuzzug aufbrach. Es waren zu Anfang 25 000 Kreuzfahrer. Auf dem Weg über den Balkan schwoll ihre Zahl auf rund 100 000 an. Anlass für diesen dritten Kreuzzug (1189–1199) war die Eroberung Jerusalems durch Saladin 1171. Der kurdischstämmige *Salah ad-Din* (1138–1193) war Sultan von Ägypten und herrschte auch über Syrien und den gesamten Nahen Osten. Er gilt als größter Held der islamischen Welt und ist wegen seiner Ritterlichkeit auch in Europa der bekannteste muslimische Herrscher.

Auf dem Weg ins Heilige Land ertrank Friedrich Barbarossa beim Bad in dem Fluss Saleph in der heutigen Türkei. Zunächst auf seinen überragenden Enkel, Kaiser Friedrich II., gemünzt, wurde die Kyffhäusersage bereits im späteren Mittelalter und insbesondere dann im 19. Jahrhundert mit Barbarossa in Verbindung gebracht. Sie ist eine der populärsten deutschen Sagen.

Wegen seines rätselhaften Todes auf dem Höhepunkt seines Lebens und seiner Macht – nicht einmal der Leichnam des Kaisers wurde im Saleph gefunden –, fantasierte man gerne, er sei entrückt worden. Er sei also nicht wirklich tot. Damit verbunden war natürlich die Vorstellung, er könne eines Tages wiederkommen, vorzugsweise als »Erlöser« in Zeiten der Not. Inhalt der Sage ist kurz gesagt, dass der Kaiser Rotbart in einer Höhle im Kyffhäuser, einem Bergrücken in Thüringen, auf einer Bank sitzt und dort seit Jahrhunderten schläft, während sein Bart längst durch den steinernen Tisch gewachsen ist, auf den er die Arme stützt. Der weiterwachsende Bart ist natürlich das Zeichen, dass er »noch lebt«.

**Nibelungenlied**  Anders als bei der Nibelungensage lässt sich zur Entstehung des Nibelungenlieds immerhin feststellen, dass es als schriftliche Aufzeichnung um 1200 im Gebiet südlich von Passau donauabwärts entstanden sein muss. Der Dichter ist namentlich nicht bekannt. Von der Dichtung existieren drei Handschriften leicht unterschiedlichen Inhalts. Lange Zeit war das *Nibelungenlied* weitgehend in Vergessenheit geraten. Es kam erst durch den Zufallsfund des Lindauer Arztes und Bücherliebhabers Jacob Hermann Obereit wieder zum Vorschein, der 1755 in der Bibliothek des vorarlbergischen Schlosses Hohenems die »Handschrift C« entdeckte. 1779 fand sich dort auch die »Handschrift A«. Im Zeitalter der Aufklärung konnte man mit dieser Art von Literatur nichts anfangen; Friedrich der Große fand das *Nibelungenlied* 1784 »keinen Schuss Pulver wert«. Zum »deutschen Nationalepos« wurde es erst im 19. Jahrhundert durch die Mittelalterbegeisterung der Romantiker.

**Minnesang**    In die Epoche der staufischen Kaiser (12./13. Jahrhundert) fällt die Blütezeit des Minnesangs, Ausdruck einer verfeinerten höfischen Kultur, in deren Mittelpunkt das Idealbild des edlen Ritters stand. Der kulturelle Aufschwung zu einer ersten Dichtung in deutscher Sprache war für das literaturlastige 19. Jahrhundert mit ein Grund, die staufische Epoche als »Glanzzeit des deutschen Mittelalters« zu sehen, da man sich vorstellte, die Staufer hätten über so etwas wie einen Nationalstaat geherrscht.

Die Dichtungen wurden durch fahrende Sänger, oft die Dichter selbst, vorgetragen. In der »hohen Minne« wurde in Gedichten und Epen die adelige Dame, die »hohe Frau« angehimmelt, die ansonsten »unerreichbar« blieb, sei es auch aus dem einfachen Grund, dass sie in der Regel bereits verheiratet war. Das Wort »Minne« ist verwandt mit lateinisch *mens* und englisch *mind* und bedeutet eigentlich »Gedenken, Erinnerung« im Sinne einer freundlichen inneren Zuwendung. Das Wort »Liebe« war damals nicht in Gebrauch. »Minnen« wurde aber im Laufe der Zeit immer stärker mit der »niederen Minne«, der konkreten, durchaus körperlich ausgelebten Leidenschaft, in Verbindung gebracht und etwa ab der Renaissancezeit nur noch als anstößig empfunden. Von da an sprach man eher von »lieben«, das mit »loben« zusammenhängt und somit eine der »hohen Minne« ganz ähnliche Art des »Frauenlobs« ausdrückt.

**Troubadour**    Der Minnesang hat sich aus der Troubadour-Lyrik entwickelt, die um 1100 in Südfrankreich, dem Gebiet der Langue

d'Oc, der okzitanischen Sprache, entstand. Der Troubadour (okzita-
nisch *trobador*) ist der »Liederfinder« – von altfranzösisch *trobar* =
finden. Der aquitanische Herzog Wilhelm IX. (1071–1127) gilt als
»der erste Troubadour«.

# Russland & der Osten

**Goldene Horde**    »Horde« ist das einzige mongolische Wort, das
sich in unserer Sprache eingebürgert hat, nimmt aber erst sehr spät,
in der Landsknechtszeit, den abwertenden Sinn von »ungeordneter
(Soldaten-)Haufen« an. Bei den Mongolen bezeichnete es den Herr-
scherpalast des Khans. Da die Mongolen und benachbarte turk-
sprachliche Völker, die das Wort übernahmen, nomadische Reiter-
völker waren, muss man sich diesen »Palast« aber eher wie ein
üppiges Feldlager vorstellen. »Goldene Horde« bezog sich ganz konkret auf das Hauptlager Batu Khans im Mündungsgebiet der Wolga.
Batu Khan war ein Enkel Dschingis Khans (ca. 1160–1227), durch
den die Mongolen weltgeschichtliche Bedeutung erlangten. Er begründete das flächenmäßig größte Reich, das es je gab; es reichte
von China über ganz Innerasien bis nach Moskau und Kiew und
bestand nach dem Tod von Dschingis Khan (= Ozeangleicher Herrscher) aus mehreren Teilreichen.

Die Bezeichnung »Goldene Horde« als Synonym für die Mongolen allgemein breitete sich über das Russische in allen europäischen
Sprachen aus. Es gab auch weitere Teilreiche oder Nachfolgereiche,
die u. a. »Blaue Horde« oder »Weiße Horde« hießen. Die Goldene
Horde stand 1241/42 auch vor Breslau, Krakau und Wien.

**Tatarenjoch**    Die Herrschaft der Mongolen in Russland (Eroberung 1237–1240) ist später gleichbedeutend mit »Schreckensherr-
schaft« geworden. Tatar ist der Name eines mongolischen Stammes;
*Ta-ta* wurde ein chinesisches Wort für die Mongolen generell und
deswegen ist die korrekte Rechtschreibung auch Tataren und nicht

»Tartaren«. Diese Verballhornung entstand erst im Mittelalter durch die volksetymologische Herleitung des Wortes von lateinisch *tartaros* = Unterwelt, Hölle. Die Russen empfanden die annähernd zwei Jahrhunderte der mongolischen Oberhoheit als bittere Fremdherrschaft, eben als »Tatarenjoch«. Die Mongolen verlangten von den russischen Fürsten das Übliche: Steuern, Tribute, Truppen. Die russischen Fürstentümer wurden von den Mongolen in kleine Herrschaften zerspalten. Parierten sie nicht, wurden sie von kriegerischen Horden gezüchtigt. In jener Zeit verlor Russland den kulturellen Anschluss an den Westen. Der mühsame Rückeroberungsprozess verschiedener russischer Fürstentümer von 1380 bis 1480 etablierte erstmals Moskau als Zentrum Russlands.

**Das Dritte Rom**    Der Moskowiter Großfürst Iwan III. heiratete 1472 Zoë, eine Nichte des letzten byzantinischen Kaisers. Konstantinopel war bereits 1453 von den Osmanen erobert worden und damit war das byzantinisch-oströmische Reich untergegangen. Iwan sah sich bewusst als dessen Rechtsnachfolger und übernahm die autokratische Herrschaftsform. Die orthodoxe Kirche begrüßte ihn als Stellvertreter Gottes auf Erden (wie früher die byzantinischen Kaiser). Daher ist in diesem Zusammenhang von Moskau die Rede als dem »Dritten Rom«.

**Tatarennachricht**    Die Redewendung von der »Tatarennachricht« stammt aus dem 19. Jahrhundert. Sie bezieht sich auf eine sich rasch verbreitende Falschmeldung über den angeblichen Fall der osmanischen Festung Sewastopol im Jahre 1853 während des Krimkrieges (1853–1856) zwischen dem Osmanischen Reich, Russland und den mit ihm verbündeten europäischen Großmächten. Die Nachricht war von einem berittenen Boten, einem Tataren, überbracht worden. Nach der Zurückdrängung der Goldenen Horde hatten sich tatarische Bevölkerungsgruppen in Russland unter anderem auf der Krim behauptet.

# Städte & Hanse

**Hanse**   Im mittelalterlichen Handelsverkehr bezog sich das althochdeutsche Wort *hansa* (= Bund, Schar) auf einen Zusammenschluss von Kaufleuten im Ausland, also etwa der kölnischen Kaufleute in London, der lübischen oder hamburgischen in Brügge. Kaufmännische Hansebünde sind seit ca. 1160 institutionell fassbar. Aus den anfänglichen Fahrgemeinschaften, zu denen man sich für die Handelsreise zusammentat, wurden dann Schutzgemeinschaften vor Ort.

Als Beginn der Kaufmannshanse wird der Erwerb des später sogenannten Stalhofes in London am Nordufer der Themse als Stapelplatz, Versammlungsort und Gildehaus (*Guildhall*) genannt, der den reisenden Kaufleuten auch als »Hotel«, also als Unterkunft diente. Hauptexportgut der Kölner nach London war zunächst Wein. Während der Blütezeit der Hanse im 14. und 15. Jahrhundert gehörten ihr mehr als 100 Städte an. Hamburg, Lübeck und Bremen führen bis heute den offiziellen Namen »Hansestadt«.

**zünftig**   Den anschaulichsten Begriff von der mittelalterlichen Zunftherrlichkeit kann man sich beim jährlichen Sechseläuten-Umzug in Zürich, einem Frühlingsfest, machen sowie im dritten Akt der Oper *Die Meistersinger von Nürnberg* von Richard Wagner. Neben den Kaufleuten organisierten sich auch die Handwerker in Vereinigungen oder »Verschwörungen«, die den Schutz ihres jeweiligen Berufsstandes zum Ziel hatten. Alles wurde geregelt: Ausbildung (Lehrling, Geselle, Meister), Arbeitszeiten und Produktion – etwa wie schwer die Brötchen sein mussten und was sie kosten durften. Dies ist auch die Bedeutung des Wortes »Zunft« und »zünftig«. Es ist verwandt mit »ziemen« = alles, was sich ziemt, was den Regeln entspricht. Dementsprechend ist heute noch in Bayern eine »zünftige Maß« ein nach allen Regeln der Kunst eingeschenkter Krug Bier.

**Gilde**   Die Zünfte, auch »Gilden« (in Köln »Gaffel«) genannt, hatten in den Städten, zu deren Aufstieg sie wesentlich beitrugen, oft-

mals beträchtlichen politischen Einfluss. Eine liberale Wirtschafts-
ordnung beförderten sie mit all ihrem Regelwerk aber nicht. Vor allem beschränkten die Zunftregeln den Zugang zu dem jeweiligen
Gewerbe oder Handwerk und damit die Berufsfreiheit. Deshalb
wurden die Zünfte oder Gilden im 19. Jahrhundert durch die Einführung der Gewerbefreiheit abgeschafft.

**Das erste Bauwerk der Gotik: St. Denis**    Nur ganz selten
kommt es in der Architektur vor, dass wie hier mit dem Aufstreben in
die Vertikale und der Durchfensterung der Wände etwas vollkommen Neues entsteht. Das Wort »Gotik«, das heute jedem dazu einfällt,
stammt aber erst aus dem 19. Jahrhundert: Die Romantiker hatten
die charakteristische mittelalterliche Bauweise mit hochstrebenden
Pfeilern und spitzbogigen Fenstern auf die Goten zurückgeführt.

Abt Suger (um 1081–1151) verwirklichte den neuen Stil zuerst im
Chorneubau der Klosterkirche von St. Denis nördlich von Paris.
St. Denis ist die Grablege fast aller französischen Könige. Baubeginn
war 1137, Chorweihe am 11. Juni 1144. Diese Architektur konnte nur
möglich werden, weil Suger genaue mathematische Berechnungen
durchgeführt hatte. In der Folgezeit entbrannte in den Städten geradezu ein Wettstreit um den höchsten oder größten Kirchenbau.
Die gotischen Kathedralbauten sind der sichtbare Ausdruck des
Aufblühens der Städte im Hochmittelalter.

# Universitäten & Gelehrte

**Stipendium**    Seitdem die Dom- und Kathedralschulen in den
Städten die höhere Bildung von den Klosterschulen übernommen
hatten, strömten die Scholaren scharenweise aus ganz Europa vor
allem an die führenden Ausbildungsstätten Italiens und Frankreichs. Hier gab es eine Vielzahl berühmter Lehrer, die von den Studenten bezahlt wurden. Ursprünglich meinte das Wort »Stipendium«
diese Zahlungen der Studenten an die Professoren. Heute hat sich

die Bedeutung des Begriffs umgekehrt in die finanzielle Unterstützung für Studenten. Da viel mehr Studenten ausgebildet wurden, als
man für Forschung und Lehre benötigte, kam es zu einer regelrechten Wissensexplosion in Europa.

**Die sieben freien Künste**   Latein musste man schon können,
wenn man im Mittelalter und bis weit in die Neuzeit hinein an einer
Universität studieren wollte, denn Latein war die Unterrichts- und
Gelehrtensprache. Die *septem artes liberales* (= die sieben freien
Künste) machten sozusagen das »Grundstudium« aus: Grammatik,
Rhetorik, Dialektik, Arithmetik, Geometrie, Musik und Astronomie.
Wer es absolviert und die Prüfungen bestanden hatte, war ein *Bac-
calaureus*. Dieses Wort kehrt über das angelsächsische Bildungssystem als *Bachelor* gegenwärtig wieder in das deutsche Hochschulwesen zurück. Darauf aufbauend wurden Theologie, Medizin und
Jurisprudenz gelehrt. Der Abschluss der höheren Studien war der
*Magister Artium*. Das lateinische Wort *artes* hat eine weite Bedeutung, heute würde man in diesem Zusammenhang eher von Wis-
sensfächern sprechen. Der mittelalterliche Fächerkanon hatte sich
in der römischen Spätantike gebildet. Von *artes* »*liberales*« sprach
man, da die Beschäftigung mit ihnen eines freien Mannes *(homo
liber)* würdig war.

**Universität**   Die Bezeichnung (von lateinisch *universitas* = Gesamtheit) kam erst im Spätmittelalter auf, aber zunächst nicht mit
Bezug auf die Lehranstalten. Eine *universitas* konnten alle möglichen Vereinigungen von Leuten mit gleichen Interessen sein, etwa
eine Handwerkergilde oder eine Kommune. Die Verwendung von
»Universität« im heutigen Sinn verbreitete sich erst um 1400 mit der
großen Gründungswelle der Universitäten vor allem in Mittel-
europa.

Die ältesten Universitäten sind Bologna (1088), Paris (1150/1170),
Oxford (1167), Cambridge (1209), Valencia (1208/1209), Montpellier
(1220), Padua (1222), Neapel (1224), Salamanca (1254). Die ältesten
Universitäten in Deutschland sind Heidelberg (1386), Köln (1388)
und Erfurt (1392).

**Scholastik**   Die im Mittelalter herausgebildete Philosophie und Denkmethode hat ihren Namen von dem lateinischen Wort *scholasticus* (= zur Schule gehörig, schulmeisterlich). Wie der Name zum Ausdruck bringt, ist die Scholastik ein Kind der neuartigen Universitätsbildung. Als Scholastik bezeichnet man – unabhängig von den Inhalten – eine Methode des Denkens, bei der zunächst einmal die Fragestellungen möglichst klar herausgearbeitet wurden, um dann in einem förmlichen Verfahren des Austausches von Argumenten und Gegenargumenten erörtert zu werden, der sogenannten *disputatio*.

# Recht & Gesetz

**Landfriede**   Landfrieden und Gottesfrieden (= *Treuga Dei*) gingen aus dem Bestreben hervor, die ständigen Fehden, vor allem die private Rachejustiz zwischen den Rittern, zu unterbinden. Die Verkündung eines Gottesfriedens war der Versuch, wenigstens an Sonntagen, Feiertagen und kirchlichen Festen eine Waffenruhe zu erzwingen. Im Landfrieden versuchte man daraus eine allgemeine Friedenspflicht zu machen. Der erste allgemeine Reichslandfriede wurde 1103 von Kaiser Heinrich IV. verfügt. Landfriedensverordnungen waren schwer durchzusetzen. Der von Kaiser Maximilian I. auf dem Wormser Reichstag 1495 verkündete »Ewige Landfriede« war ein Reichsgesetz, das die Fehden formell abschaffte und die Geltendmachung von Rechtsansprüchen an die Gerichte verwies. Landfriedensbruch ist als »Gewaltanwendung oder Gewaltandrohung aus einer Menschenmenge heraus« laut *Strafgesetzbuch* heute noch eine Straftat.

**Magna Charta**   Die Magna Charta entstand als Folge einer Niederlage, die der englische König Johann Ohneland und seine deutschen Verbündeten gegen den französischen König Philipp Auguste erlitten. Johann besaß, als Erbe seiner Mutter, Eleonore von Aquita-

nien, zur damaligen Zeit »halb Frankreich«: Aquitanien, die Nor-
mandie, Anjou. Sein Landbesitz in Frankreich war größer als der des
französischen Königs. Am 27. Juli 1214, dem berühmten »Sonntag
von Bouvines«, errang der französische König Philipp Auguste einen glänzenden Sieg. Johann Ohneland verlor seine französischen
Besitzungen nördlich der Loire an die französische Krone – daher
sein Beiname. Er musste gedemütigt nach England zurückkehren.
Damit er sich dort auf dem Thron halten konnte, trotzten ihm die
englischen Barone die *Magna Charta* ab.

 Diese heißt mit vollem Namen *Magna Charta libertatum* = Der große Freiheitsbrief. In der in ganz Europa und der westlichen Welt als
erste Freiheits- und Verfassungsurkunde betrachteten Magna Charta ließen sich die englischen Adeligen althergebrachte Lehensrech-
te bestätigen und gegen willkürliche Übergriffe der Krone sichern.
Sie betraf aber auch den Bauernschutz, Handelsfreiheiten mit aus-
wärtigen Kaufleuten und schrieb ein Widerstandsrecht gegen un-
rechtmäßige Akte der Krone fest. Erst als Johann das Dokument am
15. Juni 1215 unterschrieben hatte, erneuerten die Barone am
19. Juni ihren Treueid gegenüber dem König. Noch die Verfassung
der Vereinigten Staaten (1787) bezieht sich auf die Magna Charta.

**Wer zuerst kommt, mahlt zuerst – Der Sachsenspiegel** Die
Redewendung lautet im Originalton: »Wer ouch erst zu der mulen
(Mühle) kumt, der sal erst malen.« So steht es im 2. Buch, Art. 59 des
*Sachsenspiegels*; auch »Fersengeld«, »nach Jahr und Tag« und »Stadt-
luft macht frei« sind Wendungen, die im *Sachsenspiegel* vorkommen.
Er wurde von dem Ritter Eike von Repgow um 1225 zusammenge-
stellt und »kodifizierte« das bis dahin nur mündlich überlieferte Ge-
wohnheitsrecht der Sachsen.

 Im Lauf der Zeit erlangte der *Sachsenspiegel* eine besondere
Geltung in Deutschland und, durch die Übernahme des Magdebur-
ger Stadtrechts über das deutsche Reichs- und Sprachgebiet hinaus,
auch in weiten Teilen Polens, Russlands und Ungarns. In Thüringen
und Anhalt galt er bis zum Inkrafttreten des *Bürgerlichen Gesetz-
buches* (BGB) im Jahre 1900. Bemerkenswert ist der *Sachsenspiegel*
auch als eines der frühesten Schriftwerke in deutscher (nicht in

lateinischer) Sprache. Die Rechtspflege, etwa durch Schöffen, war damals volksnah, praktisch und an bewährten Grundsätzen orientiert, die mündlich weitergegeben wurden. Einen akademisch ausgebildeten Richterstand gab es noch nicht. Dementsprechend klar und einfach ist die Sprache des *Sachsenspiegels*, der den Rechtspflegern als Grundlage dienen sollte. Das Werk behandelt alle Rechtsgebiete vom Privatrecht (Familien-, Erbschafts-, Nachbarschafts- und Kaufangelegenheiten usw.) über das Strafrecht bis zum Lehnsrecht (dem damaligen »Verfassungsrecht«). Mit »-spiegel« wurde eine ganze Gattung der weltlichen mittelalterlichen Literatur wie etwa sogenannte Fürstenspiegel oder Narrenspiegel bezeichnet, abgeleitet von älteren Vorbildern in lateinischer Sprache, die *Speculum* (= Spiegel) hießen.

# Herbst des Mittelalters & Renaissance

**Rütli-Schwur**    Der schweizerischen Nationallegende nach schlossen sich im August 1291 die drei »Urkantone« Uri, Schwyz und Unterwalden mit dem Rütli-Schwur zu einem »Ewigen Bund« zusammen, der sich gegen die Habsburger richtete und zu einem jahrhundertelangen Kampf der Eidgenossen um die Selbstständigkeit führte, in dessen Verlauf sich die Eidgenossenschaft ständig erweiterte. Die Schwurzeremonie soll sich auf einer »Rütli« genannten Alpwiese oberhalb des Vierwaldstätter Sees zugetragen haben. »Schweizerische Eidgenossenschaft« (lateinisch *Confoederatio Helvetica*, abgekürzt »CH«) ist heute noch die offizielle Staatsbezeichnung der Schweiz.

**Acht alte Orte**    In der Schweiz nennt man die drei Urkantone (Schwyz, Uri, Unterwalden) zusammen mit den fünf bis 1353 hinzugekommenen Orten bzw. Kantonen die »Acht alten Orte«. Diese waren: Luzern (1332), Zürich (1351), Glarus (1352), Zug (1352) und Bern (1353). Vor allem der Beitritt des vergleichsweise großflächi-

gen Bern war eine wichtige Etappe auf dem Weg zur Verselbst-
ständigung der Schweizerischen Eidgenossenschaft gegenüber dem
Reich. Dabei blieb es auch für einige Zeit. Zur nächsten Erweiterung
kam es erst um 1500.

**Heiliges Jahr – Alle Jubeljahre einmal**        Im alten Israel gab es
den in der Bibel festgelegten Brauch, alle 50 Jahre ein Jubeljahr
(oder Jobeljahr von hebräisch *jobel* = Widderhorn) abzuhalten.
Der Beginn dieses Jubeljahrs wurde durch das Blasen des Schofars,
eines Kultinstruments aus einem Widderhorn, regelrecht hinaus-
posaunt.

Das erste der in Anlehnung an diesen alttestamentlichen Brauch
in der christlichen Kirche abgehaltenen Jubeljahre verkündete
Papst Bonifaz VIII. im Jahre 1300. Aus diesem Anlass wurde für die
Pilgerschaft nach Rom ein Sündenablass als »Belohnung« in Aussicht gestellt. Auch dies knüpfte an die Bibel an: Mit dem Jubeljahr
war ein allgemeiner Schuldenerlass verbunden. Er ist in 3 Mose
25,8–54 geregelt, und zwar so detailliert, dass Martin Luther später
erwog, das Wort »Jubeljahr« mit »Erlassjahr« zu übersetzen.

Der Erfolg des ersten »Heiligen Jahres« war überwältigend. Zwei
Millionen Menschen kamen nach Rom. Das Gedränge war riesen-
groß. Der schwunghafte Ablasshandel verbesserte nachhaltig die
Lage der päpstlichen Finanzkassen. Daher gab es in der Folgezeit
immer rascher wieder ein Jubeljahr, bis 1475 die Zeitspanne auf alle
fünfundzwanzig Jahre festgelegt wurde.

**Schwarzer Tod**        Florenz war eine der Städte, wo die Pest besonders heftig wütete. Hier starben etwa vier Fünftel der Bewohner,
in Deutschland etwa jeder Zehnte, wobei der Norden wesentlich
stärker betroffen war. Die mit dem Schiffsverkehr aus Asien einge-
schleppte Seuche tötete schätzungsweise ein Drittel der europäischen Bevölkerung. Der Begriff »Schwarzer Tod« wurde damals
nicht verwendet. Man sprach von »Pestilenz«. Die Bezeichnung
»Schwarzer Tod« stammt aus Chroniken der Renaissancezeit und
wurde eigentlich erst im 19. Jahrhundert aufgegriffen. Ein deutscher
Arzt veröffentlichte 1832 eine medizinhistorische Abhandlung mit

diesem Titel, die viel Aufsehen erregte und auch ins Englische übersetzt wurde. Im Englischen spricht man daher erst seit dieser Zeit von »Black Death«. Das Wort »Pest« selbst ist lateinischen Ursprungs: *pestis* = ansteckende Krankheit, im Spätlatein auch *pestilentia* = Seuche, in der eingedeutschten Form »Pestilenz«. Den sprichwörtlichen »pestilenzialischen Gestank« bekämpfte man mit Räucherwerk, eine der hilflosen »ärztlichen« Maßnahmen gegen die Seuche. Man hatte eben noch keine Vorstellung von der Entstehung und Ausbreitung der Krankheit.

**Brunnenvergifter** Eine Begleiterscheinung der Pestepidemie im 14. Jahrhundert waren teilweise massive Pogrome gegen Juden, bei denen in Deutschland vor allem in den Städten entlang des Rheins, von Basel bis in die Niederlande Tausende ermordet oder vertrieben wurden. Die Beschuldigung lautete meistens, Juden hätten Gift in die Brunnen geträufelt und damit die Krankheit ausgelöst – eine absurde Behauptung, da alle auf die gleiche Wasserversorgung angewiesen waren. Es handelte sich um eine irrationale fanatische Volkshetze; den Obrigkeiten, Magistraten und Fürsten bis hinauf zum Papst war die Haltlosigkeit der Beschuldigungen völlig klar, sie waren aber kaum imstande oder willens, die Juden zu schützen.

**Karlsuniversität** Prag war einer der Orte, die von der großen Pestepidemie verschont blieben. Der spätere Kaiser Karl IV. aus dem Hause Luxemburg wurde 1316 hier geboren. Als Nachfolger seines Vaters wurde er 1347 böhmischer König und 1355 deutscher Kaiser. Kurz nach seinem Regierungsantritt gründete der sehr gebildete Karl – er sprach fünf Sprachen – 1348 in Prag die erste Universität nördlich der Alpen und machte Prag zu einem Zentrum der spätmittelalterlichen Kultur.

Die Gründung der Karlsuniversität setzte eine regelrechte Gründungswelle in Gang. 1365 folgte Wien, sozusagen die habsburgische Gegengründung, da die Luxemburger und die Habsburger die Hauptkonkurrenten im Reich um die Kaiserkrone waren; dann folgten Heidelberg (1386), Köln (1388), Erfurt (1392), Leipzig (1409).

**Goldene Bulle**    Eine Bulle ist ein mit einem Siegel versehenes Dokument. Lateinisch *bulla* bezeichnete ursprünglich ein Amulett, das man um den Hals trug, um sich etwa gegen den »bösen Blick« zu schützen, zu »versiegeln«.

Im Mittelalter gab es viele Bullen mit einem goldenen Siegel. Doch wenn man von »der« Goldenen Bulle spricht, ist immer diejenige von 1356 gemeint, weil ihr als Reichsgrundgesetz eine überragende Bedeutung zukam. Sie wurde von Kaiser Karl IV. erlassen und auf anschließenden Reichstagen in Nürnberg und Metz bestätigt. Bis zum Ende des Deutschen Reiches (1806) blieb sie in Kraft und regelte unter anderem die Wahl des Königs. So bestätigte sie zum Beispiel das alleinige Wahlrecht der sieben Kurfürsten und trennte die Wahl formell von der Zustimmung des Papstes.

**Heiliges Römisches Reich Deutscher Nation**    Die Bezeichnung *Imperium Romanum* taucht erstmals 1034 unter dem Salier Konrad II. auf. Vorher sprach man nur vom *Regnum Francorum* oder vom *Regnum Teutonicum*.

Im Mittelalter sah man sich als Erbe älterer Weltreiche: Das erste Weltreich war das der Assyrer, ihnen folgten die Perser. Persien wurde von Alexander dem Großen erobert, dessen Erbe wiederum waren die Römer. Das erste römische Weltreich war das der Römer selbst, das zweite war das Fortbestehen des Römischen Reichs in Byzanz. Durch die vom Papst in Rom bewerkstelligte *Translatio imperii*, die »Übertragung der Kaiserwürde«, war das Imperium mit der Kaiserkrönung Karls des Großen auf die Franken übergegangen (*Regnum Francorum*). Da nun die deutschen Könige Inhaber der Kaiserwürde waren, war eben das *Imperium Romanum* als viertes römisches Weltreich bei den Deutschen angekommen.

So sah man es im Mittelalter, wo man auf eine möglichst »altehrwürdige« Legitimation großen Wert legte und dies betonte man in salischer Zeit.

Die Bezeichnung *Sacrum Imperium* (Heiliges Reich) kommt erstmals in einer Urkunde von Kaiser Friedrich I. Barbarossa aus dem März 1157 vor. In dieser Urkunde forderte der Kaiser die deutschen Fürsten zu einem Heerzug nach Norditalien auf, insbesondere gegen das aufständische Mailand. Der energische Barbarossa wollte der traditionellen Herrschaft der deutschen Könige und Kaiser in Italien wieder Geltung verschaffen. Dazu gehörte auch ein gewisser propagandistischer Anspruch, ein möglichst hohes Prestige des Reiches. Der Begriff *Sacrum Imperium* wurde parallel zu dem schon lange geläufigen *Sancta Ecclesia* gebildet, womit natürlich die »heilige römische Kirche« gemeint war. Man wollte sich in der Reichskanzlei mit der heiligen Kirche auf dieselbe Stufe stellen, um den konkreten politischen Forderungen mehr Nachdruck zu verleihen.

In der Barbarossa-Zeit bildete sich erstmals ein »Reichsbewusstsein« gegenüber der anderen großen abendländischen Organisation, der Kirche. Entstanden sein dürfte der Begriff *Sacrum Imperium* wesentlich unter der Ägide von Rainald von Dassel, Erzbischof von Köln und damit kraft Amtes Erzkanzler des Reiches für die italienischen Angelegenheiten. Er war einer der engsten Ratgeber Friedrichs. Rainald war kein frommer Segensspender und Weihrauchkesselschwenker, sondern ein Mann der Tat, auch ein Feldherr und Truppenführer. Er darf nicht nur als der Erfinder des Begriffs vom »Heiligen Römischen Reich« gelten, da er auch für symbolische Akte sorgte, die den Begriffszusatz »*sacer*«, den »heiligen« Rang von Reich und Kaiser sinnfällig machen sollten. Nach der Unterwerfung Mailands wurden die dort verwahrten Gebeine der Heiligen Drei Könige ohne viel Federlesens nach Köln übertragen. In Köln ruhen sie heute noch in dem prächtigen Dreikönigsschrein. Durch diese Übertragung wurde das staufische Kaisertum in einen unmittelbaren Zusammenhang mit der Vorstellung von einem christlichen Königtum in Verbindung gebracht. Reliquien und erst recht derart hochrangige Reliquien hatten im Mittelalter eine »Überzeugungskraft«, von ihnen ging eine Magie aus, die man gar nicht überschätzen kann. Der physische Kontakt mit den heiligen Reliquien übertrug eine gewisse Heiligkeit auf die Person selbst.

Der zweite wichtige religiöse Staatsakt in diesem Zusammenhang ist die Heiligsprechung Karls des Großen, die ebenfalls durch Barbarossa veranlasst wurde. Papst Paschalis III. gewährte sie und so wurde sie am 29. Dezember 1165 in einem feierlichen Akt vollzogen. Friedrich selbst – und nicht etwa ein Bischof, wie es bei einer religiösen Zeremonie angemessen gewesen wäre – nahm in Aachen die Umbettung der Gebeine Kaiser Karls aus dem Grab in ein Reliquiar vor. Er kam also in unmittelbare Berührung mit dem nunmehr »heiligen Kaiser Karl«.

So wurde das *Regnum Teutonicum* in staufischer Zeit begrifflich zum »Heiligen Römischen Reich« mit dem Zusatz »Deutscher Nation« bei der Ausfertigung des wichtigsten Reichsgrundgesetzes in der Goldenen Bulle durch Karl IV. Der Zusatz »Deutscher Nation« bekräftigt einfach noch einmal, dass es die deutschen Fürsten sind, die den »römischen König« wählen. Unter »Deutscher Nation« verstand man die deutschsprachigen Länder. Einen Nationalstaat im modernen Sinn gab es nicht. Seit dem Kölner Reichsabschied 1512 unter Kaiser Maximilian war »Heiliges Römisches Reich Deutscher Nation« dann die offizielle Formel für den Herrschaftsbereich des Kaisers.

## Du glückliches Österreich heirate – Tu felix Austria nube

Nach dem Tod des letzten Luxemburgers Sigismund begann mit dessen Schwiegersohn Albrecht 1438 die bis zum Ende des Alten Reiches (mit Ausnahme eines Wittelsbachers) ununterbrochene Reihe habsburgischer Herrscher auf dem deutschen Kaiserthron. Albrecht II. starb bereits nach anderthalb Jahren. Die ersten bedeutenden Habsburger, die die Herrschaft Habsburgs festigten, sind Albrechts Nachfolger Friedrich III. (1415–1493, der letzte Kaiser, der vom Papst in Rom gekrönt wurde) und dessen Sohn Maximilian (1459–1519) sowie dessen Enkel, Kaiser Karl V. (1519–1556).

Friedrich III. war von 1440 bis 1493 ein glanzloser, aber zäher Herrscher, genannt »des Reiches Erzschlafmütze«. Aber für seinen Sohn Maximilian fädelte er 1477 die Hochzeit mit der Erbin des überaus reichen und kulturell führenden Burgund ein. »Burgund« umfasste damals – neben dem heutigen Burgund an der Rhône – die Niederlande, Flandern, Brabant und Luxemburg. Es war damals neben Italien das fortschrittlichste und wohlhabendste Gebiet Europas. Maria von Burgund war das einzige Kind Karls des Kühnen, des letzten Herzogs von Burgund. Sie war angeblich eine der schönsten Frauen der damaligen Zeit und zweifellos die beste Partie in

Europa. Ihr Vater war Anfang des Jahres 1477 bei Nancy in einer Schlacht gegen das eidgenössisch-lothringische Heer gefallen. Im August wurde die Trauung mit dem 28-jährigen Maximilian vollzogen. Nach allen Berichten der Zeit soll es eine Liebesehe gewesen sein. Fünf Jahre später hatte Maria einen Reitunfall und erlitt in der Folge eine Fehlgeburt, an der sie starb. Burgund fiel an Österreich. Das war schon der Wille ihres Vaters Karls des Kühnen gewesen, der durch die Verbindung mit den Habsburgern verhindern wollte, dass Burgund an Frankreich kam. Burgund war das Juwel in der habsburgischen Krone. Der oft zitierte Satz »Du glückliches Österreich heirate« lautet in der lateinischen Originalversion: *Bella gerant alii, tu felix Austria nube!* (»Die Kriege sollen andere führen, du glückliches Österreich heirate!«) Es ist eine Abwandlung eines fast wortgleichen Zweizeilers des römischen Dichters Ovid, der sich natürlich nicht auf Österreich, sondern auf einen mythologischen Helden bezog.

**Der letzte Seufzer**    Die Heirat der Königin Isabella von Kastilien mit König Ferdinand von Aragón 1469 schuf durch die Vereinigung der beiden Königreiche die Grundlage für den späteren spanischen Staat. Den Titel »Katholische Könige« verlieh den beiden der (spanische) Papst Alexander VI., weil sie die Reconquista, die Rückeroberung der arabischen Gebiete in Spanien, vollendet hatten. Nachdem er für sich und sein Gefolge freien Abzug vereinbart hatte, übergab der letzte Maurenherrscher Boabdil am 2. Januar 1492 dem königlichen Paar die Schlüssel der Stadt Granada mit der Alhambra. Mit einem letzten Seufzer soll er sich von deren Anblick verabschiedet haben. Im gleichen Jahr bewilligten die Katholischen Könige übrigens dem genuesischen Kapitän Kolumbus die Ausrüstung dreier Schiffe für eine Fahrt über den Atlantik.

**Buchdruck**    Mit seinem Hauptwerk, der 42-zeiligen Gutenberg-Bibel (um 1455), einer lateinischen Bibelausgabe, schuf der äußerst sorgfältige Handwerker und Buchkünstler Johannes Gutenberg (ca. 1397–1468) in Mainz nach Meinung vieler Kenner nicht nur das erste bedeutende gedruckte Buch, sondern auf Anhieb das bis heute schönste – oder wenigstens eines der schönsten.

Die oft anzutreffende Bezeichnung Gutenbergs als »Erfinder der Druckerpresse« ist nicht besonders genau. Das Druckverfahren besteht aus mehreren Einzelschritten vom Herstellen bzw. Gießen der Lettern über das Einschwärzen mit Druckerfarbe bis zum Pressen. Gutenberg nahm für alle Produktionsstufen entscheidende Verbesserungen vor. Für das Gießen der Lettern entwickelte er eine geeignete Legierung. Er verbesserte die ruß- und ölhaltige Druckertinte und machte sie vor allem dickflüssiger und klebriger, damit sie schneller trocknete. Seine Spindelpresse, mit der man starken, gleichmäßigen Druck ausüben konnte, war in der Tat fast eine Neuerfindung. Bis dahin war auch schon gedruckt worden – Holzschnitte zum Beispiel –, aber auf umgebauten Most- oder Weinpressen. Das Entscheidende war die Kombination von Lettern, die in beliebiger Anzahl herstellbar, »beweglich« waren und in einen Winkelrahmen »gesetzt« wurden, mit der Presse.

Das Verfahren hatte unglaublichen Erfolg. Selbst unser allgegenwärtiges Wort »Presse« für die gesamte Industrie der Nachrichtenvermittlung geht auf diese Erfindung zurück. Zwischen 1470 und 1490 erhöhte sich die Zahl der Druckorte in Europa von 17 auf 204. Die wichtigsten Druckwerke waren zunächst Ablassbriefe und Kalender. Man hat die schnelle Verbreitung der Reformation mit dem »neuen Medium« in Verbindung gebracht. Auch die Alphabetisierung der Bevölkerung in den nachfolgenden Jahrhunderten wäre ohne massenweise gedruckte Bücher nicht denkbar.

## *Epochenbegriffe*

**Finsteres Mittelalter**     Diesen polemischen Begriff prägten die italienischen Humanisten des 14. und 15. Jahrhunderts. Schon bei dem Dichter Petrarca (1304–1374) findet sich diese abfällig gemeinte Wertung der Jahrhunderte, die seiner Zeit vorausgegangen waren. Er wandte sich bewusst von der Literatur und dem Denken seiner Zeit ab und beschäftigte sich lieber mit großen »klassischen« Schriftstellern der Antike.

Das Wort »Mittelalter« wird erstmals in einer Geschichte der lateinischen Dichtung von Giovanni Andrea Bussi, Bischof von Aléria auf Korsika, 1469 verwendet. Er prägte den Begriff *media tempestas*. Zur historischen Epochenbezeichnung wurde »Mittelalter« durch den Historiker Christoph Cellarius aus Halle, der 1688 die Geschichte erstmals nach dem Schema Altertum – Mittelalter – Neuzeit einteilte (s. a. »Neuzeit«).

**Feudalismus** ist ein Wort, das im Mittelalter nicht bekannt war. Es taucht zuerst im Frankreich des 17. Jahrhunderts auf (*féodalité*, was auf *feudum* = Lehen zurückgeht, einen Begriff aus dem mittelalterlichen Latein). Der französische Schriftsteller und Philosoph Montesquieu (1689–1755) griff das Wort auf. Weite Verbreitung fand es erst durch Karl Marx (1818–1883) im 19. Jahrhundert. Inhaltlich entspricht »Feudalismus« ganz dem deutschen Wort »Lehnswesen«. Im Mittelalter selbst sprach man nur von »Vasallen« und »Herrschaft«.

Feudalismus ist ein dezentrales Herrschaftsprinzip. Sein Ursprung liegt in lateinisch *comitatus* (davon auch französisch *comte* = Graf), der Gefolgschaft eines germanischen Kriegers, der seinem Herrn Treue schwört und dafür Schutz erhält.

**Renaissance** In Umlauf gebracht wurde das Wort von Kulturhistorikern wie Jules Michelet (1798–1874) oder Jacob Burckhardt (1818–1897), der den Terminus in seinem bekannten Werk *Die Kultur der Renaissance in Italien* aufgriff. Aber auch Michelet hatte lediglich das bereits um 1550 von dem italienischen Kunstschriftsteller Vasari verwendete Wort *rinascimento* ins Französische übertragen. Beide Wörter bedeuten »Wiedergeburt«. Gemeint ist die Wiederentdeckung und Wiederaneignung literarischer Inhalte und künstlerischer Formen der Antike. Als Epochenbegriff bezeichnet er den Übergang vom Mittelalter zur Neuzeit.

Wichtige Anstöße gaben die neuen volkssprachlichen Dichtungen von Dante (*Die Göttliche Komödie*, ab 1307), Petrarca (*Canzoniere*, nach 1366) und Boccaccio (*Das Dekameron*, ca. 1350) und in der Kunst die stärker an der Wirklichkeit orientierte Malerei Giottos (1266–1337); zu den bedeutendsten Renaissance-Malern zählen dann Michelangelo, da Vinci oder Raffael. Ein bedeutender Schub kam auch durch die Emigration griechischer Gelehrter nach der Eroberung von Konstantinopel durch die Osmanen 1453. Sie brachten griechische Texte mit, Abschriften der *Ilias* und der *Odyssee* sowie Werke von Thukydides, Herodot, Aristoteles und Platon. Das waren die Anfänge der Beschäftigung mit der griechischen Antike in Italien.

Die Wiederentdeckung der »Zehn Bücher über die Architektur« des römischen Baumeisters Vitruv (nach 27 v. Chr.) im Jahre 1414 war entscheidend für die neue Kunst des gegliederten Bauens. Es ist das einzige erhaltene architekturtheoretische Werk der Antike und wurde zur »Bibel« der Renaissance-Baumeister.

**Humanismus**    Der Begriff wird zur Bezeichnung jener geistigen Strömungen verwendet, die sich von dem religionsbezogenen Denken des Mittelalters abwandten und die Persönlichkeit des Einzelnen und seine Würde, kurz seine Menschlichkeit (lateinisch *humanitas*), in den Mittelpunkt stellten. Der Weg hierzu eröffnete sich durch das Studium der »alten Sprachen« Latein und Griechisch und die Auseinandersetzung mit den antiken philosophischen und literarischen Werken. In diesem Sinne werden auch heute noch die Begriffe »humanistisches Gymnasium« oder im Englischen *human studies* gebraucht, früher sprach man im Deutschen auch von Humaniora. Renaissance-Humanisten wie der Entdecker der Architektur-Bücher von Vitruv, ein gewisser Gianfrancesco Poggio Bracciolini, durchforsteten systematisch vor allem die Klosterbibliotheken nach antiken Texten und wurden massenweise fündig.

**Neuzeit**    Mit Neuzeit wird die Geschichtsperiode vom Ende des Mittelalters (ca. 1500) bis zur Gegenwart bezeichnet. Den Begriff Neuzeit prägte der Gelehrte Christoph Cellarius (Christoph Keller, 1638–1707) aus Halle, der die heute geläufige Einteilung der Geschichte in Antike, Mittelalter und Neuzeit vornahm. Vor Keller stellte man sich den Lauf der Geschichte als eine Abfolge von Weltreichen vor. Diese Gliederung findet sich bei Herodot, der bei den altorientalischen Reichen von der Abfolge Assyrer – Meder – Perser

ausging. Als deren Erbe rückte man das Reich Alexanders des Großen in den Mittelpunkt, dann das Römische Reich. Dem entsprach
in der Religionsgeschichte auch die Götterfolge Marduk, Ahura-
Mazda, Zeus, Jupiter. An die Stelle Jupiters trat dann natürlich der
christliche Gott nach dem Siegeszug der christlichen Religion in
der Spätantike. Als dessen »Stellvertreter auf Erden« sahen sich die
oströmischen Kaiser, seit der *Translatio imperii* (= Übertragung des
Reiches) durch den Papst auch die fränkischen Kaiser seit Karl dem
Großen. Mit dem Übergang der Kaiserwürde auf den Herrscher des
Heiligen Römischen Reiches Deutscher Nation (Otto I., 912–973; ließ
sich 962 vom Papst krönen) galt manchem deutschen Gelehrten des
17. Jahrhunderts der Lauf der Geschichte von ihren frühesten Anfängen an als vollendet.

Wie leicht ersichtlich ist, war diese Geschichtsauffassung eine
Konstruktion. Kellers Verdienst war es, dies entlarvt zu haben, und
im Prinzip folgt die Geschichtswissenschaft seither seiner Einteilung in Antike – Mittelalter – Neuzeit. Diese stellt allerdings eine
starre Einteilung dar. Die »Translatio-Anschauung« stellte dagegen
eindeutig die geschichtliche Kontinuität in den Vordergrund. Mit der
Vielzahl moderner oder akademischer Begriffsbildungen (»Römische Geschichte«, »Zeitalter der Entdeckungen«, »Barock«, »Indus-
trielles Zeitalter«) versucht man, die Vielfalt historischer Entwick-
lungen genauer zu erfassen, verstellt sich aber den Blick für die
fließenden Übergänge, die Überschneidungen, die Parallelwelten,
die es immer gab und weiter geben wird. In der Geschichtswissenschaft unterscheidet man für die Zeit nach 1789 außerdem: neuere
Zeit (seit 1789), neueste Zeit (seit dem Ersten Weltkrieg), Zeit-
geschichte (für die jüngste Vergangenheit).

## Bücher, die Geschichte machten

### Die Millionen    Marco Polo: *Il Milione* (1298/99)

Marco Polos (1254–1324) berühmte Reiseerzählungen haben wahrhaft Weltgeschichte gemacht. Auch wenn viele Details dieser Reisen
und viele Details aus dem Leben des Venezianers nicht gesichert

sind, steht doch fest, dass er 1271 nach China aufbrach, die Gunst des Mongolenherrschers gewann, etwa zwanzig Jahre in China blieb und 1295 nach Venedig zurückkehrte. Das Buch entstand, als er sich 1298/99 in genuesischer Gefangenschaft befand und seine Erlebnisse einem französischen Mithäftling diktierte oder Notizen verfasste, die von anderen ausgeschmückt wurden. Es trug zunächst den französischen Titel *Le livre des merveilles du monde* (Das Buch von den Wundern der Welt). Bekannt ist es aber unter der Bezeichnung *Il milione (*deutsch: *Die Wunder der Welt)*, ursprünglich ein Spitzname, der sich zunächst auf Marco Polo selbst bezog, da er in Venedig dauernd von den »Millionen« des Großkhans sprach.

Entscheidend war die ungeheure Wirkung des Buches. Es wurde bald ins Italienische und Lateinische, dann auch in andere Sprachen übersetzt. Damals gab es noch keinen Buchdruck; es sind ca. 150 Abschriften als Handschriften in verschiedenen Sprachen nachgewiesen. Die Reiseberichte Marco Polos veränderten das Weltbild und die geografischen Vorstellungen der Europäer tiefgreifend. Die Schilderungen der sagenhaften Reichtümer »Catheys« (Chinas) und »Zipangos« (eines nicht genau lokalisierten Japans) regten nachhaltig die Fantasie an. Die gesamte »Indienfahrerei«, die etwa zweihundert Jahre später realisiert wurde, hat hier ihren geistigen Ursprung. Kolumbus zählte ein Exemplar des Buches zu seinen kostbarsten Besitztümern. Er nahm alles darin für bare Münze, sowohl die Schilderungen der mit Gold und Edelsteinen gepflasterten Straßen als auch die so exakt erscheinenden Entfernungsangaben (andere hatte er dem nicht minder »zuverlässigen« Werk des Ptolemäus entnommen), und berechnete den Seeweg westwärts »nach Indien« viel kürzer, als er in Wirklichkeit war – sonst hätte er seine Reise ins vermeintlich Gewisse vielleicht nicht unternommen.

**Hexensabbat**    Heinrich Kramer (d. i. Heinrich Institoris): *Malleus Maleficarum* (1487)
Entgegen mancher populären Effekthascherei in Filmen und Romanen gab es im Mittelalter keine systematische Hexenverfolgung. Einzelne Fälle von Schwarz- und Schadenszauberei waren selbst für die Kirche kein Thema, ganz im Gegensatz zur Ketzerei. 1487 er-

schien in Speyer das von dem Elsässer Heinrich Kramer (ca. 1430–1505) verfasste Buch *Malleus Maleficarum,* deutsch: *Hexenhammer,* das innerhalb von rund 150 Jahren 29 Auflagen erlebte. Die neu erfundene Buchdruckkunst trug sehr viel zur weiten Verbreitung bei. Die angebliche Mitautorschaft des Dominikanerinquisitors Jakob Sprenger ist nicht belegt.

Bereits 1484 hatte der übereifrige Dominikanerinquisitor Kramer (die »große Zeit« der Ketzer-Inquisition war längst vorbei) die päpstliche Bulle *Summis desiderantes affectibus* zur Hexenverfolgung verfasst, die der Papst unterzeichnete. Damit war die Hexenverfolgung kirchenrechtlich legitimiert. Mit dieser Autorität im Rücken, aber bisweilen gegen den Willen der jeweiligen Ortsbischöfe predigte Kramer vor allem in Süddeutschland die Hexen- und Teufelsfurcht, schürte die Angst vor dem »bösen Blick« und regte zu Denunziationen an. »Hexensabbat« ist ein von ihm im *Hexenhammer* geprägter Begriff, der die Legenden von Teufelsbuhlschaft und Hexenflug zusammenfasste. Entsprechend dieser sexuellen Komponente waren die Betroffenen seiner Hetzjagd überwiegend Frauen.

Die Hexenverfolgung wurde im 16. und 17. Jahrhundert, verstärkt durch die Verelendung der Bevölkerung im Dreißigjährigen Krieg (1618–1648), zu einer Massenhysterie mit unfassbaren Auswüchsen der grausamsten Art. Die letzten Hexenprozesse fanden in der zweiten Hälfte des 18. Jahrhunderts im Bodenseeraum statt. 1782 wurde die letzte »Hexe«, Anna Göldin, in der Schweiz hingerichtet. Der Kampf gegen diese Auswüchse führte in der Zeit der Aufklärung zur Abschaffung der Folter im Strafprozess.

# Von der Neuen Welt bis zum Sonnenkönig

## Entdeckungen & Kolonien

**Neue Welt – Nuevo Mundo**   In Ermangelung eines konkreten Namens sprach man in der Zeit unmittelbar nach der Entdeckung der Inseln und Landmassen im westlichen Atlantik allgemein von *Nuevo Mundo* (spanisch = neue Welt). Da man anfangs tatsächlich glaubte, in Indien gelandet zu sein, nannte man sie auch *Las Indias*. Die Bezeichnung der Ureinwohner als »Indianer« leitet sich davon her. Den Begriff *Nuevo Mundo* oder in älterem Deutsch *Nieuwe Welt* findet man noch bis ins 18. Jahrhundert auf den Karten. Die Bezeichnung »Neue Welt« als unspezifischer Übername ist den beiden Amerikas geblieben. Die Kontinente der »Alten Welt«, Europa, Asien und Afrika, gehörten schon seit den Reisen Herodots im 5. vorchristlichen Jahrhundert zum abendländischen Weltbild.

Der erste schriftliche Beleg für die Bezeichnung »Neue Welt« findet sich in dem Wappen, das König Ferdinand II. von Kastilien und León dem von seiner ersten Entdeckungsfahrt soeben heimgekehrten Christoph Kolumbus 1493 in Barcelona verlieh. Das Motto lautet: *Por Castilla y por León /Nuebo mundo alló Colón* (Für Kastilien und León fand Kolumbus eine neue Welt).

**Demarkationslinie**   Warum sprechen die Brasilianer Portugiesisch und die andere Hälfte Lateinamerikas, von Mexiko und Kuba bis hinunter nach Feuerland Spanisch? Das hat mit der großen Aufteilung der Welt schon zwei Jahre nach der ersten epochalen Kolumbus-Reise (1492–1493) zu tun. Im Klosterpalast des kastilischen Städtchens Tordesillas trafen sich am 7. Juni 1494 Vertreter der beiden führenden Seefahrernationen auf dem Atlantik, Spanien und

Portugal. Die Initiative zu dem Vertragsschluss war von Papst Alexander VI. ausgegangen, der verhindern wollte, dass sich die beiden katholischen Königreiche gegenseitig ins Gehege kamen. Man einigte sich nach zähen Verhandlungen schließlich auf eine Demarkationslinie, die 370 spanische Meilen (ca. 1770 km) westlich der Kapverden von Norden nach Süden verlief. Der Papst trug sie mit einem Federstrich auf einer Karte ein. Es war der erste Federstrich auf einer Landkarte, der Welten teilte. Die Vereinbarung besagte: Alle Gebiete östlich der Linie sind portugiesischer Einflussbereich, die Gebiete westlich davon stehen den Spaniern zu. Alle waren zufrieden.

1494 ahnte keiner der Beteiligten, welche Landmassen »hinter« den umrisshaft bekannten Küstenlinien lagen. So fiel der weitaus bedeutendere, ja geradezu riesige Rest des südamerikanischen Kontinents an die Spanier. Auch weite Teile der heutigen USA wurden zuerst einmal von Spaniern entdeckt und wurden spanischer Besitz. Man kann es bis heute an den topografischen Namen ablesen: »Kalifornien« mit »San Francisco« und »Los Angeles«, »Neu-Mexiko«, »Colorado«, »Texas«, »Florida« – all das waren zunächst spanische Kolonien.

**Konquistador**　　Das spanische Wort bedeutet »Eroberer«. *Conquistador* wurde man durch Abschluss eines Vertrages mit der dafür zuständigen Behörde, der *Casa de Contratación*, der »Vertragsabschluss«-Behörde. Die spanische Krone hatte Besitz und Verwaltung der Länder der Neuen Welt von Anfang an als königliches Monopol an sich gezogen und versuchte, die Verwaltung bürokratisch zu organisieren. Das Wesentliche eines Konquistadoren-Vertrags bestand darin, dass der Konquistador innerhalb »seiner Provinz« relativ freie Hand hatte, aber zur Abgabe eines Fünftels seiner Einnahmen an die Krone sowie zur Bekehrung der heidnischen Eingeborenen verpflichtet war.

Die Konquistadoren waren zum großen Teil verarmte oder in der Erbfolge weit hinten stehende Adelige, die in den verkrusteten feudalen Strukturen ihrer Heimat keine Aussicht auf Statusverbesserung hatten. Sie schlossen sich zu Expeditionsgruppen zusammen.

Söldner heuerten die Konquistadoren sehr selten an, denn das verschlang viel Geld. Alle Beteiligten waren Abenteurer und sehr entschlossen, sonst hätten sie ihre extrem strapaziösen und brutalen »Eroberungs«-Leistungen nicht vollbringen können. Ihre Hauptmotivation war natürlich die Hoffnung auf einen schnell realisierbaren und nach Möglichkeit immensen Reichtum. Die Kolonien waren ein »New Market«, wie man heute sagen würde.

**Eldorado**     Wir verstehen unter diesem Begriff ein sagenhaftes (Gold-)Land irgendwo in Südamerika oder im übertragenen Sinne eine Art Schlaraffenland, wo es alles in Hülle und Fülle gibt. Ursprünglich war *El Dorado* aber ein sagenhafter Goldmann, ein ganz mit Gold überzogener Mensch. Dieser *Dorado* (spanisch = Vergoldeter) soll der jeweilige Thronfolger des Muisca-Volkes in den Anden gewesen sein, dessen nackter Körper bei seinem Amtsantritt mit Goldpaste überzogen wurde. Mit weiteren goldenen Opfergaben wurde er dann auf einem Floß auf einen See hinausgerudert, die Gaben in den See geworfen, um dem Sonnengott zu opfern, und der junge Herrscher sprang ins Wasser und opferte auf diese Weise den Goldstaub. Die Muisca waren ein kulturell hochstehendes Volk im Andengebiet des heutigen Kolumbien und Panama mit einer auf einem ausgeklügelten Bewässerungssystem basierenden Landwirtschaft.

**Das Reich, in dem die Sonne nie unterging**     Im Reigen der habsburgischen Heiratspolitik war die Eheschließung des ältesten Sohnes von Kaiser Maximilian I., Philipp, mit Johanna von Kastilien im Jahr 1496 den Erzählungen nach eine Liebesheirat: Philipp (genannt der Schöne) ließ angeblich sogleich nach dem ersten Blick auf Johanna einen Priester kommen, der die beiden traute, woraufhin sie im Schlafgemach verschwanden. Politisch gesehen waren die Brautleute die Erben von Österreich, Böhmen, Ungarn und – gerade dazugekommen – Burgund auf der Seite des Bräutigams sowie Spaniens auf der Seite der Braut. Johanna war die Tochter von Isabella und Ferdinand, die die zwei bedeutendsten Reiche in Spanien, Kastilien und Aragón, unter einer Krone vereinigt hatten und die Eroberung der damals gerade entdeckten Neuen Welt initiierten. Dies alles erbte Philipps und Johannas ältester Sohn Karl, der spätere Kaiser Karl V. (1500–1558). Der Vater, Philipp, starb 1506 bereits im Alter von 28 Jahren und Johanna wurde vor Trauer und Schmerz wahnsinnig.

So bauten die Habsburger innerhalb von vier Generationen ihre Stellung von ostmitteleuropäischen Königen zu Kaisern von einem konkurrenzlosen europäischen Rang aus und wurden darüber hinaus Weltherrscher, in deren »Reich die Sonne nie unterging«. Das Wort von »meinem Reich, in dem die Sonne nicht untergeht« wird stets Karl V. zugeschrieben, einen Nachweis dafür gibt es allerdings nicht.

## *Bücher, die Geschichte machten*

### Kopernikanische Wende    Nikolas Kopernikus: *De revolutionibus orbium coelestium* (1543)

Die entscheidende Passage in *De revolutionibus (Von den Umdrehungen der Himmelskörper)* lautet: »Die erste und oberste von allen Sphären ist die der Fixsterne … Es folgt als erster Planet Saturn, der in dreißig Jahren seinen Umlauf vollendet. Hierauf folgt Jupiter mit einem zwölfjährigen Umlauf. Dann Mars, der in zwei Jahren seine Bahn durchläuft. Den vierten Platz in der Reihe nimmt der jährliche Kreislauf ein, in dem die Erde mit der Mondbahn als Enzykel enthalten ist. An fünfter Stelle kreist Venus in neun Monaten. Die sechste Stelle schließlich nimmt Merkur ein, der in einem Zeitraum von achtzig Tagen seinen Umlauf vollendet. In der Mitte von allen aber hat die Sonne ihren Sitz.«

Mit diesen Worten ist Kopernikus der Urheber einer an naturwissenschaftlichen Kriterien orientierten, modernen Astronomie, eines an den Tatsachen orientierten Vorstellungsbildes des Weltalls. Diese Weltbild-Wende, die die Erde als Zentrum des Universums entthronte, und die Kopernikus, trotz kleinerer Mängel, als Erster schlüssig vorstellte, trägt daher zu Recht seinen Namen. Allerdings war Kopernikus' Annahme von Kreisbahnen nicht richtig, was Johannes

Kepler um 1600 korrigierte, als er die elliptische Form der Planeten-
bahnen postulierte. Deswegen und wegen anderer mathematischer
Probleme konnte Kopernikus seine Erkenntnisse nicht so schlüssig
beweisen, wie er gern gewollt hätte, und so hielt er sich mit der
Veröffentlichung dreißig Jahre lang zurück. Nur engen Vertrauten,
darunter hochrangigen Kirchenmännern, waren seine Überlegun-
gen bekannt. Sie drängten ihn schließlich zur Veröffentlichung. Erst
1543, kurz vor seinem Tod, erschien das berühmte Werk *De revolutionibus orbium coelestium*, das dem damaligen Papst Paul III. ge-
widmet war.

Die Kirche verabschiedete sich aber nur sehr widerstrebend von
dem ptolemäischen Weltbild mit der Erde im Mittelpunkt, weil es
so schön zu den kirchlichen Vorstellungen eines von Gott geschaffenen Universums zu passen schien. Auch Martin Luther bekämpfte Kopernikus und hielt am ptolemäischen Weltbild fest.

**Nach Adam Riese**    Adam Ries: *Rechenung auff der linihen und
federn* (1522)
Adam Riese hieß eigentlich Adam Ries; »Riese« ist ein Relikt aus
einer Zeit, als man Personennamen noch deklinierte (ich gebe dem
Riese das Buch). Adam Ries (1492–1559) war Rechenmeister, also
Leiter einer Rechenschule in Erfurt. Rechenbücher waren damals
sehr gefragt. Diejenigen von Ries wurden echte Bestseller, unter anderem, weil er sie auf Deutsch schrieb. Sein Buch *Rechenung auff der
linihen und federn* erlebte über hundert Auflagen. Mit der *linihe* im
Buchtitel ist das Rechenbrett gemeint. Adam Riese trug auch wesentlich zur Verbreitung der indisch-arabischen Ziffern an Stelle der
römischen bei.

Die Redewendung »nach Adam Riese« bedeutet, dass man richtig
gerechnet hat.

**Atlas**    Gerhard Mercator: *Atlas sive cosmographicae meditationes
e fabrica mundi et fabricati figura* (1595)
»Atlas« als Bezeichnung für ein Kartensammelwerk ist eine Wort-
erfindung des bedeutenden niederländisch-deutschen Kartografen
und Astronomen Gerhard Kremer (1512–1594), der seinen Nach-

namen auf humanistische Gelehrtenart der Renaissancezeit zu Mercator latinisierte. Seit 1552 in Duisburg ansässig, entwickelte er die nach ihm benannte winkelgetreue »Mercator-Projektion«. Das ist die Art und Weise, wie wir auch heute noch gewöhnt sind, Karten zu sehen. Mercator verwirklichte sie zum ersten Mal in seiner Weltkarte von 1569, einem bahnbrechenden Werk der Geografie. Sein zweites »Hauptwerk«, an dem er bis zu seinem Lebensende arbeitete und das erst von seinem Sohn Rumold 1595 herausgegeben wurde, war der *Atlas sive cosmographicae meditationes e fabrica mundi et fabricati figura* (*Atlas oder kosmografische Meditationen über die Schöpfung der Welt und die Form der Schöpfung*) – ein umfassendes Kartensammelwerk, das es in dieser Art vorher noch nicht gegeben hatte. Mit »Atlas« war übrigens nicht der die Weltkugel auf seinen Schultern tragende Titan der griechischen Mythologie gemeint, sondern ein ebenfalls mythischer König im mauretanischen Atlas-Gebirge Nordwestafrikas, der als Himmelskundiger galt, und damit ganz dem Bild entsprach, wie Mercator selbst sich sah. Atlanten kamen von da an sehr in Mode, schon erstaunlich bald auch als Lehrwerke. Kartenverlage erlebten vor allem in den Niederlanden und in Süddeutschland eine Blütezeit.

**Utopie**    Thomas Morus: *Libellus vere aureus nec minus salutaris quam festivus de optimo rei publicae statu deque nova insula Utopia* (1516)
Das Wort »Utopie« ist eine Erfindung des englischen Diplomaten, Staatsmannes, Humanisten und kurzzeitigen Lordkanzlers unter König Heinrich VIII. Thomas More (1478–1535). Es kommt erstmals im Titel seines Werkes vor und ist gebildet aus griechisch *u* = nicht und *topos* = Ort, Land. Es bedeutet also »Nicht-Land« oder »Nirgendwo«. (Auf Deutsch hieß der Band *Ein wahrhaft herrliches, nicht weniger kurzweiliges Büchlein von der besten Verfassung des Staates und der neuen Insel Utopia*.) More, der seinen Namen dem Brauch der Zeit entsprechend in Morus latinisierte, schildert eine ideale, auf Gemeinnutz und Gemeineigentum beruhende Gesellschaft. In seiner Vision ist Utopia ein Inselstaat mit 54 quadratisch angelegten Städten und einer republikanischen Verfassung. Hier wechseln die

Beamten jährlich. Alle müssen intensiv arbeiten, allerdings nur sechs Stunden am Tag. In ihrer Freizeit sollen die Menschen sich weiterbilden oder Sport treiben; Kartenspiel und ähnlicher Müßiggang sind nicht erlaubt. Männer und Frauen tragen die gleichen Uniformen. Es gibt eine staatliche Gesundheitspflege und Kindergärten, Sklavenhaltung und Kolonien, aber kein Privateigentum. Geld ist abgeschafft, alle Gebrauchsgüter werden zentral verteilt. Die Gesetze sind einfach und klar abgefasst, Advokaten daher überflüssig. Streit ums Geld kann es ja sowieso nicht geben und Verbrechen sind angesichts des hohen Gemeinsinns selten. Das Werk ist ein mit Anspielungen auf die zeitgenössische Politik und Gesellschaft gespicktes, geistreiches Gedankenspiel um die Frage, wie Politik und Moral im Staatswesen die ideale Verbindung eingehen könnten. Ob der Humanist Thomas Morus selbst die doch arg einengende Staatsform der Insel Utopia für ideal hielt, muss offen bleiben.

**Machiavellismus**    Niccolò Machiavelli: *Il principe* (1513/1532)
Niccolò Machiavelli (1469–1527) war Sekretär des Rates der Zehn in der Stadtrepublik Florenz. Nach der Wiederherstellung der Macht der Medici 1512 verlor er sein Amt, zog sich auf sein Landgut zurück und wurde Schriftsteller. In *Der Fürst* beschrieb er die heillos zerstrittene politische Welt des Italiens seiner Zeit. Er stellte die Akteure nicht so dar, wie sie idealerweise sein sollten, also nicht im Stil erbaulicher und lehrreicher Fürstenspiegel, sondern so wie sie waren: heimtückisch, gewaltbereit, grausam. Machiavelli wollte damit die Notwendigkeit einer Einigung der italienischen Fürstentümer und Stadtstaaten unter einer zentralen Führung unterstreichen. Zur Begründung, Durchsetzung und zum Erhalt von Macht kann es nach Machiavelli notwendig sein, den Bereich von Gesetz und Moral hinter sich zu lassen und zu »tierischen« Mitteln, zur Gewalt zu greifen. Vor allem auch im Verhalten der Staaten untereinander sei das an der Tagesordnung. Sein Realismus wurde Machiavelli stets zum Vorwurf gemacht, am prominentesten von dem späteren preußischen König Friedrich II., der 1739 eine *Antimachiavel* genannte Schrift verfasste und sich über die »verbrecherische Gesinnung, Schurke-

rei, Tücke, Verrat und jede Ruchlosigkeit« empörte, die er bei diesem
»Unhold« von Fürsten fände, wie ihn Machiavelli vorstellte. Doch
Machiavelli beschreibt durchaus auch die wünschenswerten Herr-
schertugenden. Der später nach ihm benannte »Machiavellismus«
ist eine Verzerrung der eigentlichen Absichten des Autors. Machiavelli propagierte die skrupellose »Staatsräson« keineswegs. Staatsräson, also der Vorrang derjenigen Mittel, die der Staaterhaltung
dienen, auch wenn sie nicht moralisch einwandfrei sind, kommt als
Begriff bei Machiavelli nicht vor, sondern wurde von dessen Zeitgenossen Francesco Guicciardini (1483–1540) als *ragion di stato* in
die politische Diskussion eingeführt. Guicciardini war ein Gelehrter
und Diplomat, aber auch ein skrupelloser Hofmann, der sowohl im
Dienste der Kurie wie der Medici stand.

**Wissen ist Macht**     Francis Bacon: *Essays* (1597*)*
Der Philosoph und Staatsmann Francis Bacon (1561–1626) war kein
Stubengelehrter, sondern adeliger Abkunft, Staranwalt, Abgeordneter und Lordsiegelbewahrer der englischen Königin Elisabeth I. Der
Satz »Wissen ist Macht«, ursprünglich auf Latein formuliert, stammt
aus seinen Essays: *Nam et ipsa scientia potestas est.* Das lateinische
Wort *scientia* meinte hier allerdings mehr »Kenntnis des Laufs der
Dinge«, »Wissen um den Zusammenhang von Ursache und Wirkung« – und nicht so sehr »Wissenschaft« oder »Information« in un-
serem heutigen Verständnis. Immerhin ist hier von Wissen und
menschlicher Vernunft die Rede und nicht von göttlichen Eingebun-
gen. Mit dem berühmten Satz »Wissen ist Macht« wird auch zum
Ausdruck gebracht, dass Denken auf empirischer Erfahrung beruht
und praktischen Zwecken dient. Demgemäß ist Bacon einer der Begründer des Empirismus, des neuzeitlichen, (natur-)wissenschaft-
lich orientierten Denkens und seiner Methoden. In diesem Sinne ist
Bacon ein Vorläufer der Aufklärung.

**Die Meere sind frei**     Hugo Grotius: *Mare liberum* (1609)
Wem gehören eigentlich die Weltmeere? Niemandem! Die Meere
sind frei (bis auf die Dreimeilenzone vor den Küsten). Diesen
Grundsatz formulierte als Erster der Holländer Huigh de Groot

(1583–1645), bekannter unter seinem latinisierten Namen Hugo Grotius. Seine diesbezügliche Schrift *Mare liberum* (*Freiheit der Meere*) wurde 1609 veröffentlicht. Dieser uns heute selbstverständlich erscheinende Grundsatz wurde von der katholischen Kirche als Affront aufgefasst, weil er ihren Weltherrschaftsanspruch in Frage stellte. Sie setzte das Buch umgehend auf den Index. Grotius machte zunächst im niederländischen Staatsdienst Karriere und geriet in interne politische und religiöse Auseinandersetzungen zwischen verschiedenen Protestantengruppen, die so heftig waren, dass er nur knapp der Enthauptung entging und zu lebenslanger Haft verurteilt wurde. Mit der Hilfe seiner Frau entkam er in einer Bücherkiste aus der Festung Loevestein und floh nach Frankreich. Hier veröffentlichte er 1625 sein Hauptwerk *De jure belli ac pacis* (*Über das Recht des Krieges und des Friedens*). Darin entwickelte er Gedanken der spanischen Jesuitengelehrten Francisco Suárez und Francisco de Vitoria so klar und überzeugend und mit so großer Breitenwirkung weiter, dass Grotius als Begründer des Völkerrechts gilt.

**Ich denke, also bin ich – Cogito ergo sum**     René Descartes: *Discours de la méthode pour bien conduire sa raison et chercher la verité dans les sciences* (1637)
René Descartes (1596–1650), einer der größten Mathematiker aller Zeiten, war der Erfinder der analytischen Geometrie und der Koordinatengeometrie. Mit strenger logischer Konsequenz wollte Descartes mathematische Denkmethoden auf die Philosophie anwenden, vor allem auf die Frage: Wie kann ich zweifelsfrei Gott erkennen? Die vereinfachte Antwort lautet: Indem ich alles, was ich weiß – oder zu wissen glaube –, selbst banalste Beobachtungen in meiner Umwelt, zunächst einmal in Zweifel ziehe. Habe ich auf diese Weise alles gründlich angezweifelt, bleibt als einzig sichere Feststellung nur, dass ich denke. Wenigstens dessen kann ich mir sicher sein. Die bessere Übersetzung von *Cogito ergo sum* lautet daher auch: »Indem ich denke, bin ich.« Nur wenn man Vorurteile infrage gestellt hat und sich über die Voraussetzungen des eigenen Denkens klar geworden ist, hat man die Chance, Wahrheit zu erkennen. Damit formulierte Descartes das rationale Grundmuster modernen Den-

kens. Der berühmte Satz steht im *Discours*, der *Abhandlung über die Methode, seine Vernunft richtig zu leiten und die Wahrheit in den Wissenschaften zu suchen.*

Die »Methode« Descartes' barg einen geistigen Sprengstoff, der sich nicht nur gegen die Lehrautorität der Kirche richtete. Auch im damaligen akademischen Betrieb wurden Lehrmeinungen verkündet und bisweilen regelrecht diktiert. Jeder Professor hatte seine Anhänger und »Schüler«, die seine Meinungen teilten. Aber es waren eben Meinungen: zu Aristoteles, zur Stellung der Erde im Universum oder zur Ursache von Krankheiten. Überliefertes, autoritatives Bücherwissen wurde unreflektiert weitergegeben. Mit der Untersuchung der Voraussetzungen, auf denen dieses Wissen beruhte, gab man sich nicht ab.

### Und sie bewegt sich doch      Galileo Galilei: *Dialogo* (1633)

Galileo Galilei (1564–1642) gilt als der erste Astronom im modernen Sinn. Er baute nach Beschreibungen das kurz zuvor in Holland erfundene Fernrohr nach und machte damit bedeutende astronomische Entdeckungen. Seit dem Erscheinen seines Buches *Sidereus Nuncius (Sternenbotschaft)* 1610 trat er öffentlich für das kopernikanische Weltbild ein, das er auch in seinem Hauptwerk, dem *Dialogo,* vertrat. Der *Dialogo,* das *Gespräch über das ptolemäische und kopernikanische Weltsystem,* ist übrigens das erste wissenschaftliche »Fachbuch«, das in der Volkssprache Italienisch verfasst wurde und nicht in der Gelehrtensprache Latein. Das Buch gab Anlass für den Inquisitionsprozess, den die römische Kirche gegen Galilei anstrengte, obwohl er über beste Beziehungen zu Papst Urban VIII. verfügte. Galilei schwor wider besseres Wissen am 22. Juni 1633 dem heliozentrischen Weltbild ab und murmelte angeblich beim Verlassen der Gerichtsversammlung: »Eppur si muove – und sie bewegt sich doch.« Er meinte die Bewegung der Erde, die aber nach dem von der Kirche festgeschriebenen ptolemäischen Weltbild unbeweglich im Zentrum des Universums stand. Trotz seines Einlenkens wurde Galilei infolge des Prozesses für den Rest seines Lebens unter Hausarrest gestellt.

### Der Mensch ist des Menschen Wolf　Thomas Hobbes: *Leviathan* (1651)

Der Engländer Thomas Hobbes (1588–1679) galt als Wunderkind, genoss eine gründliche Erziehung und war zeitlebens als Hauslehrer der Grafen von Devonshire, der Familie Cavendish, tätig, was ihm Zugang zu den entsprechenden Kreisen sowie ausgedehnte Reisen in Europa ermöglichte. Hobbes war kurzzeitig Sekretär von Francis Bacon, kannte Männer wie Galilei und Descartes persönlich. Zu seiner Zeit herrschte in England der katholische König Karl I. (1600–1649). Er führte ein »absolutistisches« Regime, was vor allen Dingen hieß: ohne Parlament. Allein dies brachte schon viele Engländer gegen ihn auf. Da der Katholik Karl I. zudem versuchte, die Sache des Katholizismus gegen die puritanisch-calvinistische Mehrheit im Land wieder voranzubringen, kam es zum Bürgerkrieg. Karl war der erste König, der per Gerichtsverfahren zum Tode verurteilt und enthauptet wurde.

In Anbetracht dieser chaotischen Zustände forderte Hobbes in seinem Hauptwerk *Leviathan* die Konzentration aller staatlichen Gewalt beim König. Hobbes glaubte nicht an das Gute im Menschen, sondern sah, wie sich die Menschen »im Naturzustand« gegenseitig bekämpften, »jeder gegen jeden« – *homo homini lupus,* der Mensch ist des Menschen Wolf. Hobbes bezeichnete diesen Zustand als *Bellum omnium contra omnes,* als Krieg aller gegen alle. Aufgabe des Souveräns müsse es sein, die Menschen voreinander zu schützen. Zu diesem Zweck sollten die Untertanen ihre Souveränitätsrechte dem Herrscher übertragen. Dieser »Gesellschaftsvertrag« ist das Fundament des staatlichen Gewaltmonopols, das bis heute Grundlage unseres Staatsverständnisses und seine Rechtfertigung ist: Nur der Staat darf Zwang ausüben, strafen, Steuern erheben.

Der Titel des Buches ist der alttestamentlichen jüdischen Mythologie entlehnt, wonach man sich unter Leviathan ein drachen- oder schlangenähnliches Seeungeheuer vorstellen muss. Nur Gott selbst kann dieses Ungeheuer am Ende der Zeiten besiegen. Der vierte Teil des Werks ist mit »Das Reich der Finsternis« überschrieben. Damit war die katholische Kirche gemeint, an deren Machtpolitik Hobbes scharfe Kritik übte.

**Auf den Index setzen** *Index librorum prohibitorum* (1559)
(deutsch *Verzeichnis der verbotenen Bücher*)

Das erste »Verzeichnis verbotener Bücher« wurde unter Papst Pius IV. veröffentlicht. Kirchliche Bücherverbote reichen zurück in die Zeit, als sich die Kirche in ihrer Frühphase mit abweichenden Meinungen auseinandersetzen musste, etwa mit den Manichäern im 4./5. Jahrhundert. Eine Vorläuferform des *Index* gab es bereits unter Papst Gelasius (reg. 492–496). Den katholischen Gläubigen war es unter Androhung der Exkommunikation verboten, indizierte Bücher zu lesen oder zu besitzen. Bahnbrechende Werke der Weltliteratur, vor allem »Sachbücher« fanden sich regelmäßig auf dem *Index*, darunter Werke von Kopernikus, Grotius (*Mare liberum*), Hobbes, Galilei, Descartes, Montesquieu, Diderot (*Encyclopédie*), Voltaire, Kant (*Kritik der reinen Vernunft*) und natürlich die Schriften der Reformatoren Luther, Calvin und Zwingli. Der *Index* wurde 1966 unter Papst Paul VI. abgeschafft – weil man die Flut der Neuerscheinungen nicht mehr bewältigen konnte.

**Geschichtsklitterung** Johann Fischart: *Affentheuerlich Naupengeheurliche Geschichtsklitterung* (1575)

Die geläufige Bedeutung des Begriffs »Geschichtsklitterung« als bewusst verzerrende Geschichtsdarstellung geht auf den Titel von Johann Fischarts (1546–ca. 1590) Buch zurück. Das Werk des Advokaten und Amtmanns ist eine sehr freie Nachahmung des berühmten französischen Renaissanceromans *Gargantua und Pantagruel* (erschienen 1532–1564) von François Rabelais. Es ist eine derbe Humoreske und Moralsatire, aber durch ihren experimentellen und erfindungsreichen Stil auch ein Sprachkunstwerk. Fischarts Buch ist jedoch kein »Geschichtsbuch«, sondern ein Geschichtenbuch: Viele Episoden sind in der Tat übertrieben und »naupengeheurlich«, weswegen man hier eher von »Geschichtenklitterung« sprechen muss.

# Reformation & Gegenreformation

**Die Strafe Gottes**     Die Furcht vor göttlichen Strafen war lange Zeit für die Menschen sehr real. Da man jedes unerklärliche Phänomen mangels besseren Wissens für das Wirken Gottes hielt, war das naheliegend. So war die Vorstellung, eine Krankheit oder gar eine Seuche sei eine von Gott gesandte Strafe für begangene Sünden und schlechten Lebenswandel, sehr verbreitet – und zwar bis weit ins 19. Jahrhundert hinein. Gegen die Verrichtung frommer Werke als Sühne, etwa Gebete, Pilgerfahrten, Teilnahme an einem Kreuzzug, gewährte die katholische Kirche schon seit alters den Gläubigen den Nachlass der Sünden, die Vergebung Gottes. Im späteren Mittelalter konnte man diesen Ablass auch gegen Geldzahlungen erhalten. Das war natürlich ein eklatanter Missbrauch des religiösen Sühnegedankens, aber für viele geistliche Herren auch eine willkommene Gelegenheit, die Kasse zu füllen.

**Thesenanschlag**     Gegen den missbräuchlichen Ablasshandel und vor allem gegen die Aktivitäten des Ablasspredigers Johann Tetzel wandte sich der 34-jährige Augustinermönch Martin Luther (1483–1546) mit seinem Anschlag von 95 Thesen am Portal der Schlosskirche zu Wittenberg am 31. Oktober 1517. Die Geschichte vom Thesenanschlag geht auf spätere Äußerungen des Reformators Philipp Melanchthon zurück. Historisch verbürgt ist sie nicht. Tetzels sinniger Werbespruch lautete angeblich: »Sobald der Gulden im Becken klingt, im hui die Seel in Himmel springt.« Damit war er seit Jahren in deutschen Landen unterwegs. Im Jahr vor dem Thesenanschlag hatte Luther die von Tetzels Auftraggeber, dem Mainzer Erzbischof Kardinal Albrecht verfasste »Instruktion« zu Gesicht bekommen, wonach die Hälfte der Einnahmen für die Finanzierung des Neubaus der Peterskirche in Rom gedacht war, der andere Teil für die Tilgung der Schulden, die Kardinal Albrecht bei den Fuggern hatte. Mit dem Geld der Fugger hatte sich der Hohenzollern-Spross Albrecht sowohl den Erzbischofsstuhl von Magdeburg (1513 im Alter von 23 Jahren) wie den von Mainz (1514) vom Papst gekauft. Als

Erzbischof von Mainz war Albrecht zugleich Kurfürst und Erzkanzler, der ranghöchste Würdenträger im Reich nach dem Kaiser. Der Mann wusste, was er wollte. Albrecht war aber auch ein bedeutender Förderer der Künste und bekannt für seine zahlreichen Konkubinen. Aus solchem Holz waren die Renaissancefürsten geschnitzt, die Luther als Gegner hatte, aber auch diejenigen, die ihn später schützten und stützten.

Die lateinisch abgefassten Thesen Luthers wurden rasch ins Deutsche übersetzt und auf Flugblättern in kurzer Zeit weit verbreitet. Sie fanden ein gewaltiges Echo.

**Reform an Haupt und Gliedern**   Das Wort von der »Reform an Haupt und Gliedern« gehört in den Zusammenhang früherer Versuche zur Kirchenreform. Die Forderung wurde schon 1311/1312 im Zusammenhang mit dem Konzil von Vienne erhoben. Damals war das Papsttum sehr geschwächt. Die Päpste befanden sich unter der Fuchtel der französischen Könige im »Babylonischen Exil« in Avignon. Die damaligen Kirchenreformer hofften auf eine Stärkung der Kirche durch grundlegende Verbesserungen. Daher forderten sie in einer lateinischen Vorbereitungsschrift für das Konzil, »dass alles, was an der Kirche Gottes zu verbessern und zu reformieren ist, verbessert und reformiert werden möge, und zwar an Haupt und Gliedern«: *tam in capite, quam in membris.* Auch Luther wollte mit seinen Thesen lediglich eine theologische Fachdiskussion und eine Reform der Kirche in Gang bringen. Doch dann wurde er von den Ereignissen überrollt.

**Reformation**   »Reformieren« (von lateinisch *reformatio* = Neugestaltung, Erneuerung) bedeutet im Sprachgebrauch der deutschen Renaissancezeit vor allem: gesund werden, sich erholen. Die Absicht der Theologen und Reformatoren war ursprünglich denn auch nicht die Schaffung eines neuen, eigenen Bekenntnisses, wie es dann unter dem Druck der politischen Verhältnisse geschah, oder gar die Gründung eigener Kirchen. Es ging vielmehr um das, was heute »Reform« genannt würde, eine Abschaffung von Missständen und Missbräuchen in der Kirche wie den Ablasshandel und die

Pfründenwirtschaft sowie eine Rückbesinnung auf die theologischen Aufgaben, also eine Gesundung von innen heraus. Ursprünglich hatte auch Martin Luther weder eine Glaubens- noch eine Kirchenspaltung im Sinn. Da sich seine Reformideen aber zur politischen Bewegung ausweiteten, wurde daraus die Reformation.

**Hier stehe ich und kann nicht anders**    Dem Mainzer Erzbischof Kardinal Albrecht wurde die durch Luther ausgelöste Reformationsbewegung zu gefährlich und er zeigte Luther in Rom an.

Im Juni 1518 wurde der Augustinermönch nach Rom vorgeladen, erschien aber nicht, sondern blieb unter dem Schutz von Kurfürst Friedrich dem Weisen in Sachsen. Das hatte zunächst keine Folgen, da durch den Tod von Kaiser Maximilian I. 1519 und die Wahl Kaiser Karls V. der Papst mit wichtigeren Dingen beschäftigt war. Die Causa Luther blieb in Rom erst einmal unerledigt liegen.

1520 nahm sich die Kurie die Sache Luther jedoch wieder vor und drohte ihm mit der Exkommunikation. Einen Widerruf lehnte er jedoch ab und verbrannte die Bulle öffentlich in Wittenberg. Das war der Bruch mit Rom.

Zu Jahresbeginn 1521 erfolgte der Kirchenbann. Am 17. und 18. April desselben Jahres verteidigte sich Luther vor dem Reichstag in Worms in Gegenwart des Kaisers Karl V. Seine Schlussworte lauteten angeblich: »Hier stehe ich und kann nicht anders. Gott helfe mir! Amen!« Seine Ansprache hielt er auf Latein und der letzte Satz lautete wahrscheinlich: »Daher kann und will ich nichts widerrufen, weil wider das Gewissen etwas zu tun weder sicher noch heilsam ist.« Und auf Deutsch fügte er hinzu: »Gott helfe mir! Amen!« Der berühmte Satz ist also eher eine prägnante Paraphrase von Luthers Aussage.

Gegen Luther wurde auf dem Reichstag durch das Wormser Edikt die Reichsacht verhängt – das war eine schwere Ächtung. Außerdem ordnete man die Vernichtung seiner Schriften an. Doch der sächsische Kurfürst Friedrich der Weise ließ ihn unmittelbar nach dem Konzil heimlich auf die Wartburg bei Eisenach bringen, wo Luther mit der Übersetzung des Neuen Testaments begann, die 1522 erschien.

**Praeceptor Germaniae** Mit dieser Bezeichnung als »Lehrer Deutschlands« ehrten die Zeitgenossen den kleinen und hageren, aus dem kurpfälzischen Bretten stammenden Gelehrten und Reformator Philipp Melanchthon (1497–1560). Er hatte in Tübingen studiert und war universal gebildet. Als Universitätsprofessor an der neu gegründeten Universität Wittenberg, an der auch Luther wirkte, begeisterte er seine Studenten. Melanchthon setzte sich vom Beginn seiner Lehrtätigkeit an für eine Studienreform ein, die unter anderem »Präzeptoren« (heute würde man sagen: Tutoren) für die individuelle Förderung der Studenten vorsah. Mit Unterstützung des sächsischen Landesherrn reorganisierte Melanchthon das Schul- und Studienwesen, begründete das erste Gymnasium, wie man es heute kennt, in Nürnberg (die noch heute existierende Obere Schule St. Egidien), führte das mehrstufige Klassensystem ein und engagierte sich in der Schulaufsicht. Nach Luthers Tod wurde der berühmte Gelehrte zum geistigen Führer der Reformation.

**Cuius regio, eius religio** Schon im Jahr 1524 war auf einem Reichstag in Nürnberg der Gedanke aufgekommen, die vertrackte Glaubensfrage im Reich durch ein Nationalkonzil zu regeln, wozu es aber nie kam. Bis dahin einigte man sich auf die Kompromissformel »Cuius regio, eius religio«, die auf einem Reichstag in Speyer 1526 verabschiedet wurde. Das bedeutete: Jeder Landesfürst konnte für sein Territorium (*regio*) entscheiden, welche Religion dort ausgeübt werden durfte. Diese Kompromissformel wurde dann eine der Grundlagen des Augsburger Religionsfriedens von 1555.

**Protestanten** Auf dem Reichstag in Speyer 1529 forderte Erzherzog Ferdinand, der Bruder Kaiser Karls V., von den Fürsten die Erfüllung des Wormser Edikts von 1521, also den Vollzug der Reichsacht gegen Luther. Sie war von Luthers Landesherrn, Kurfürst Friedrich dem Weisen, nicht vollstreckt worden. Die lutherisch gesinnten Adligen verließen als Reaktion auf diese Forderung Ferdinands »unter Protest« den Reichstag. Darauf bezieht sich die Bezeichnung »Protestanten« für die Anhänger des lutherischen Glaubens.

**Religionsfreiheit**    Für den Reichstag in Augsburg 1530 verfasste Philipp Melanchthon das »Augsburger Bekenntnis«, das von Luther gebilligt wurde. Es fasste die reformatorische Lehre in 28 Artikeln zusammen und wurde auf dem Reichstag in Anwesenheit Kaiser Karls V. verlesen. Die protestantischen Reichsstände bekannten sich dazu. Es dauerte aber nun noch einmal 15 Jahre, die vom Schmalkaldischen Krieg und Fürstenaufstand gegen Karl V. gekennzeichnet waren, bis zum Augsburger Religionsfrieden 1555, der die politischen Auseinandersetzungen um die Reformation in Deutschland abschloss.

Vor allem für Deutschland ist der Augsburger Religionsfrieden so bedeutend, weil er die Religionsfreiheit sozusagen als Verfassungsprinzip erstmalig festlegte: 1. Die protestantischen Reichsstände wurden als gleichberechtigt anerkannt und man schloss untereinander Frieden. 2. Den Reichsständen und Reichsrittern wurde das Recht garantiert, sich einer der beiden Konfessionen anzuschließen und ihren Untertanen die Annahme des gleichen Bekenntnisses vorzuschreiben (»Cuius regio, eius religio«). 3. Die Untertanen eines weltlichen Fürsten, die das von ihm gebotene Bekenntnis nicht annehmen wollten, erhielten das Recht der Auswanderung (*ius emigrationis*), was sich in der Praxis allerdings eher als Ausweisungsbefugnis der Obrigkeit erwies. Hier liegt auch der historische Ursprung des Wortes »Emigranten«.

**Religionskrieg**    Der erste Religionskrieg in Europa war der Schmalkaldische Krieg (1546–1547). Die protestantischen Fürsten und Reichsstädte wollten sich dem Vollzug des Wormser Edikts von 1521 nicht unterwerfen. Außerdem gab es noch andere Gründe, Kaiser Karl V. gegenüber Vorbehalte zu haben – erstens, weil er die beherrschende Figur der katholischen Gegenreformation war und den Protestanten gegenüber sehr feindselig auftrat, und zweitens, weil er versuchte, seinen Sohn, den spanischen König Philipp II., zu seinem Nachfolger als Kaiser zu machen. Der Landgraf von Hessen, Philipp der Großmütige, und der Kurfürst Johann von Sachsen schlossen sich daher mit anderen protestantischen Reichsständen in der Stadt Schmalkalden zu einem Bund zusammen und stellten ein gemeinsames Heer auf. 1546 und 1547 kam es zu kriegerischen Auseinandersetzungen mit den kaiserlichen Truppen, die allerdings die Oberhand behielten. Ein Grund für die Schwäche der Protestanten waren unter anderem interne Zwistigkeiten. Ein berühmtes Reiterporträt Tizians (heute in der Alten Pinakothek, München) zeigt Karl als Sieger in der Schlacht bei Mühlberg an der Elbe (24.4.1547), die das Ende des Schmalkaldischen Krieges besiegelte.

**Gegenreformation**   Nach der Reformation waren zum Zeitpunkt des Augsburger Religionsfriedens 1555 im Reich nur noch zehn Prozent der Bevölkerung katholisch. Auch die habsburgischen Länder Ungarn, Böhmen, Mähren, Schlesien sowie fast alle habsburgischen Stammlande in Österreich bis auf Tirol waren mehrheitlich protestantisch geworden. Dabei wäre es ohne die erfolgreiche Gegenreformation wohl auch geblieben. Besonders wirksam für die Gegenreformation, die ihren Höhepunkt im Dreißigjährigen Krieg erreichte, waren die Jesuiten und die Kapuziner und unter den Fürsten das Haus Habsburg, die Wittelsbacher in Bayern sowie die geistlichen Fürstentümer (Fulda, Würzburg, Mainz, Köln, Trier). In Frankreich bewirkte die Gegenreformation 1685 die Aufhebung des Toleranzedikts von Nantes von 1598 durch Ludwig XIV., was zur Vertreibung der Hugenotten führte, die über ganz Europa zerstreut wurden, vor allem nach Holland und Preußen.

Ein leuchtendes Bild der Macht und geistigen Kraft der Gegenreformation geben vor allem in Süddeutschland und Österreich die zahlreichen prächtigen, als Gesamtkunstwerke konzipierten Barockkirchen und -klöster, die nicht nur künstlerisch hochbedeutend sind, sondern auch eindrucksvoll die propagandistischen Fähigkeiten ihrer Stifter und Erbauer widerspiegeln. Als Gegenpol zur eher spartanischen, bilderfeindlichen Gestaltung der protestantischen Gotteshäuser sollten die Barockkirchen mit ihrem überbordenden goldglänzenden Dekor die Gläubigen nachhaltig beeindrucken und den Triumph der erneuerten katholischen Kirche verkünden.

**Kadavergehorsam**     In den Ordensregeln für die »Societas Jesu«, den Jesuitenorden, schrieb ihr Gründer Ignatius von Loyola den unbedingten Gehorsam gegenüber Gott, dem Papst und den Vorgesetzten vor: »Wir sollen uns dessen bewusst sein, dass ein jeder von denen, die im Gehorsam leben, sich von der göttlichen Vorsehung mittels der Oberen führen und leiten lassen muss, als sei er ein toter Körper, der sich wohin auch immer bringen und auf welche Weise auch immer behandeln lässt.« Davon leitet sich der Begriff Kadavergehorsam für bedingungslose Ergebenheit her. Der baskische Adelsspross Iñigo de Loyola (1491–1556) war zunächst Offizier und hatte, durch eine Kanonenkugel schwer verwundet, bei der Genesung auf dem elterlichen Schloss ein religiöses Erweckungserlebnis. Zum Zeichen seiner inneren Umkehr legte er am Altar einer Klosterkirche seine Waffen nieder, führte fortan ein frommes, asketisches Leben und vertiefte seinen Glauben mit strengen Bußübungen, bei denen auch die Geißel zum Einsatz kam.

Ignatius von Loyola gründete den Jesuitenorden 1534. Die Jesuiten sehen sich als Elitesoldaten Christi. Sie sind bis heute dem Papst direkt unterstellt. Ihre Aufgabe sehen sie in der Verbreitung des katholischen Glaubens, in Erziehung und Mission. Sie gründeten viele Gymnasien und Hochschulen, aus denen manche unserer heutigen Universitäten hervorgingen. Ihr Ordensgeneral gilt als »Schwarzer Papst« (die Jesuiten tragen schwarze Kutten).

**Propaganda**     Lateinisch *propagare* ist eigentlich ein biologischer Fachausdruck und meint die »Weiterverbreitung des Samens«; auch das im Gartenbau gebräuchliche deutsche Wort »pfropfen« kommt daher. Nach dem für die innere Reform der Kirche und die Gegenreformation entscheidenden Konzil von Trient (1545–1563) gründete Papst Gregor XV. im Jahre 1622 die »Congregatio de propaganda fide« (= Kongregation zur Verbreitung des Glaubens) als päpstliche Behörde. Durch sie sollten die katholischen Glaubensinhalte und -formen besser kommuniziert werden. Die Kongregation wurde der Kürze halber »Propaganda« genannt. Dieser Begriff verselbstständigte sich im Zusammenhang mit der Französischen Revolution 1789 im Sinne der propagandistischen Beeinflussung der Massen zur Verbreitung politischer Ideen. Die päpstliche Behörde besteht nach wie vor.

# Königsworte & Königshöfe

**Der Staat bin ich – L'état c'est moi**   Die angeblich vor dem Parlament am 13. April 1655 ausgesprochenen Worte des französischen Königs Ludwig XIV., »L'état c'est moi« – »Der Staat bin ich«, sind wahrscheinlich so nie gefallen, aber sie charakterisieren Ludwigs Herrschaftsstil so treffend, dass sie zu Recht immer wieder mit ihm in Verbindung gebracht werden.

Nie saß ein Herrscher so lange auf dem Thron wie der 1638 geborene Ludwig XIV. 1643 wurde er im Alter von vier Jahren nach dem Tod seines Vaters inthronisiert. Die Regentschaft führte seine Mutter Anna zusammen mit dem Kardinal und »Ersten Minister« Jules Mazarin (1602–1661). Nach dessen Tod verkündete der 23-jährige Ludwig dem Staatsrat, dass er keinen Premierminister mehr ernennen werde, und übernahm allein die Regierung. In seiner 72-jährigen Herrschaft verkörperte Ludwig wie kein anderer den auf die Person des Monarchen zugeschnittenen absolutistischen Staat. Sein Regierungsstil, der Baustil, die Hofkultur in Versailles bis hin zur aristokratischen Mode wurden von den Fürstenhöfen in ganz Europa nachgeahmt.

**Absolutismus**   Dank der zentralistischen Politik der Kardinäle Richelieu und Mazarin, hatte Ludwig einen innerlich weitgehend gefestigten Staat übernommen. Frankreich war außerdem 1648 als Sieger aus dem Dreißigjährigen Krieg hervorgegangen.

Die Idee, das Gemeinwesen als Staat, als eine einheitliche Korporation und Nation zu denken, die in feste Grenzen eingebunden ist, war etwa hundert Jahre zuvor in den italienischen Fürstenstaaten der Spätrenaissance eher praktiziert als theoretisch erörtert worden. Dazu zählte etwa das von den Medici regierte Großherzogtum

Toskana und der schon damals »modern«, das heißt durch eine Bürokratie verwaltete Kirchenstaat, der auch nichts weiter als eine Monarchie war. Auch italienische Renaissancefürsten hatten sich in ihren Kleinstaaten schon wie absolutistische Monarchen geriert. Sie orientierten sich im Minimaßstab am römischen Kaisertum. In der Imperatorenzeit liegt auch der Ursprung für den politischen Begriff des Absolutismus. Bereits der bedeutende römische Politiker und Rechtsdenker Ulpian (ca. 170–223) hatte formuliert: »Der Kaiser ist den Gesetzen nicht unterworfen« (*princeps legibus solutus*). Wohlgemerkt: nicht den Gesetzen, wohl aber dem Recht. Als Freibrief für Willkür war das nicht gedacht. Nach diesem Konzept strebten auch die Landesfürsten und Landesherren in allen anderen Staaten der Epoche. Wo der Wille des Herrschers demzufolge Gesetz ist, liegt die große Gefahr dieser Regierungsform im Missbrauch der alleinigen Staatsgewalt durch Herrscherlaune und Willkür. Die Kritik der Staatsdenker der Aufklärung setzt dann auch genau an diesem Punkt an und verlangt: Gewaltenteilung.

**Sonnenkönig**    Schon als junger Herrscher versuchte Ludwig XIV. Hof, Volk und die übrigen Nationen durch Prunk und Pracht zu beeindrucken, mit ebenso aufwendiger Architektur wie aufwendigen Festen. Ludwig war ein ehrgeiziger Tänzer und trat mitunter selbst in den damals sehr beliebten allegorischen Ballettaufführungen auf. So unter anderem 1664 bei einem Hoffest mit dem Motto »Die Freuden der verzauberten Insel«. Dabei trug er eine Sonnenmaske (im Französischen *le soleil* mit männlichem Genus!). So wie die Sonne im Mittelpunkt des Universums steht und alles überstrahlt, so sah sich Ludwig als Herrscher.

**Laissez faire**    Als der Finanzminister von Ludwig XIV., Jean-Baptiste Colbert, den Kaufmann Legendre fragte, was die Regierung tun könne, um der Wirtschaft zu helfen, soll Legendre darauf geantwortet haben: »*Laissez faire, laissez aller, Monsieur, tout va de lui-même*« – »Lassen Sie die Leute machen, lassen Sie es laufen, Monsieur, alles regelt sich von selbst.« Das ist das Credo des klassischen Wirtschaftsliberalismus – bis heute.

**Mätresse**   Zur Hofkultur des Absolutismus gehörte europaweit das Mätressenwesen. Es war seit der Renaissance aus seinem Schattendasein herausgetreten und wurde eine halb offizielle Institution mit Rechten und Pflichten. Eine berühmte Mätresse wie Madame de Pompadour blieb auch *maitresse en titre,* nachdem sie nicht mehr die Geliebte von König Ludwig XV. (1710–1774) war. Da sie dem König besonders nahestanden, hatten Mätressen mitunter erheblichen Einfluss auf die Politik. Berühmte Mätressen waren außer der Pompadour Madame de Montespan und Madame de Maintenon (Ludwig XIV.), Madame Dubarry (Ludwig XV.), die Gräfin Cosel (August II. von Sachsen), Wilhelmine von Grävenitz (Eberhard Ludwig von Württemberg). Für die Königinnen oder fürstlichen Ehefrauen war diese Institution kein Problem. Sie waren ihre Ehen aus politischen, nicht aus persönlichen Gründen eingegangen.

**Salon**   In der Innenarchitektur ist der französische *salon* die etwas kleinere und intimere Variante einer *salle,* eines Saales. Als kulturelle Institution war der Salon ein Treffpunkt von Gelehrten, Literaten und Künstlern vor allem im 17., 18. und 19. Jahrhundert. Salons wurden von gebildeten, geistreichen und oft auch gut aussehenden Frauen geführt, die ihre Freunde und Bekannten an bestimmten Tagen zu sich nach Hause, in ihren Salon, einluden. In der Regel gab es auch etwas zu essen. Da unter den Gästen auch viele Politiker und bei Hofe verkehrende Adelige waren, konnten die Damen, die Salons führten, oftmals auch politischen Einfluss gewinnen.

## *Bauwerke, die Geschichte machten*

**Versailles**   Am 17. August 1661, kurz nachdem er die Regierungsgeschäfte in alleiniger Verantwortung übernommen hatte, war Ludwig XIV. Gast bei einem der glanzvollsten Feste, das Frankreich je gesehen hatte. Gastgeber war sein Finanzminister Nicolas Fouquet, der zwar für eine gefüllte Staatskasse gesorgt, sich gleichzeitig aber auch selbst bereichert und das Schloss Vaux-le-Vicomte gebaut hatte, das er Ludwig und dem gesamten Adel Frankreichs an diesem Abend vorführen wollte. Der 23-jährige Ludwig war trotz des kulinarischen Großeinsatzes des genialen Küchen- und Zeremonienmeisters François Vatel alles andere als amüsiert. Der ehrgeizige Fouquet hatte sich Hoffnungen auf die Ernennung zum Premierminister gemacht, doch Ludwig regierte allein und ließ Fouquet drei Wochen später verhaften.

(Der Hauptmann, der Fouquet verhaftete, war übrigens jener Charles D'Artagnan, ein brillanter Musketier-Hauptmann, dessen Leben zweihundert Jahre später Alexandre Dumas zu seinem Erfolgsroman *Die drei Musketiere* inspirierte.)

Le Vau, der das Schloss Vaux gebaut, Le Brun, der es ausgestattet, und Le Nôtre, der den Park angelegt hatte, errichteten anschließend gemeinsam mit dem Architekten Hardouin-Mansart für Ludwig das Schloss Versailles, das dieser 1682 bezog. In gebührendem Abstand von der lästigen Hauptstadt Paris ließ Ludwig in reichlich sumpfiger Gegend Residenz und Park aus dem Boden stampfen und zu einem Gesamtkunstwerk von nie zuvor gekannten Ausmaßen und nie gesehener Pracht ausbauen. Der Hofstaat von Versailles umfasste rund 4000 Personen.

Mit der Kunst betrieb Ludwig Politik, denn die kulturgeschichtliche Bedeutung von Versailles liegt darin, dass es die absolutistische Herrscheridee auf neue und nahezu vollständige Weise verkörpert. Im Zentrum des Schlosses liegt nicht etwa ein Thronsaal, sondern – das Schlafzimmer des Königs. Der »privateste« Raum des Königs war das Zentrum seines Reiches. Er persönlich war der Staat, nicht der »Thron«, auf dem theoretisch auch ein anderer sitzen konnte. Allerdings gab es in Versailles kein »Privatleben«. Der aufwendige repräsentative Hofdienst war für die Adeligen ein aufreibender Knochenjob (und für die Dienstboten natürlich erst recht).

Die Hofkultur von Versailles mit ihrer anstrengenden und ruinösen Etikette war ein weiteres politisches Mittel Ludwigs, den Hochadel an sich zu binden, in Abhängigkeit zu halten, dadurch seine persönliche Macht zu stärken und sie zugleich gegen Übergriffe dieses Adels zu schützen.

Die Hofkultur strahlte auf alle Bereiche aus. So wurden neben

Malern auch Dichter und Dramatiker wie Molière, Corneille (*Le Cid*), Racine, der Fabeldichter La Fontaine, der Komponist und Dirigent Lully und der Schöpfer der französischen Barockoper Couperin vom König gefördert, da dieser sich davon eine Stärkung seines Ansehens versprach.

**Potemkin'sche Dörfer**  Ein hochadeliger Begleiter der Zarin Katharina II. beschrieb das, was er bei ihrer Besichtigungsreise der neu eroberten Gebiete an der Krim im Jahre 1787 zu sehen bekam, mit den folgenden Worten: »Der immer und in allem außergewöhnliche Potemkin kommt mir hier so tatkräftig und rege vor wie faul in St. Petersburg. An den Ufern standen Haufen von Menschen, sie wollten alle den feierlichen Zug der Kaiserin sehen. Städte, Dörfer, Gutshöfe, manchmal auch einfache Hütten waren mit Blumen, gemalten Dekorationen und Triumphbögen geschmückt, dass ihr Aussehen das Auge täuschte und schienen wundervolle, durch Zauberei geschaffene Städte zu sein.« Vermutlich wäre jeder etwas abgelegene Ort in Europa entsprechend herausgeputzt worden, wenn sich der Landesfürst oder wie hier die Kaiserin zur Inspektion angekündigt hätten. Vielleicht überließ Fürst Potemkin, der zuständige Generalgouverneur, auch nichts dem Zufall, weil er wollte, dass seiner Herrscherin, deren Geliebter er angeblich gewesen sein soll, alles gefiel, was sie zu sehen bekam. Grigori Potemkin (1739–1791) kam aus vergleichsweise »kleinen Verhältnissen« und hatte eine große Karriere gemacht. Daher gab es sicherlich viele Neider, die nach einer Gelegenheit suchten, ihn anzuschwärzen. Potemkin war Minister und enger Vertrauter der Zarin. Außerdem war er Oberkommandeur der russischen Armee und Flotte sowie Generalgouverneur in Südrussland, das damals regelrecht kolonisiert wurde. Trotz seiner Habsucht und seines verschwenderischen Lebensstils werden seine Fähigkeiten als Politiker und Administrator heute nicht mehr bestritten.

## Der Königshof in Preußen

**Soldatenkönig**   Der Beiname des äußerst sparsamen Preußenkönigs Friedrich Wilhelm I. (1688–1740) bezieht sich auf seine Vorliebe für alles Militärische. Er reduzierte die Ausgaben für Hof und Verwaltung drastisch und steckte fast drei Viertel des Staatsbudgets in den Ausbau der Armee. Berühmt wurden die »Langen Kerls«, Infanteriesoldaten, die mindestens sechs Fuß (1,88 Meter) groß sein mussten und in ganz Europa ausgesucht wurden. Sie bildeten Friedrich Wilhelms Leibregiment. Kriege führte der Soldatenkönig allerdings kaum. Er organisierte eine straffe Verwaltung – der legendäre »preußische Beamte« ist seine Schöpfung –, beseitigte die Reste ständischer Privilegien und vollendete so die absolute Monarchie in Preußen. Auch für das Volk führte er Neuerungen ein, so 1717 die allgemeine Schulpflicht. (In Österreich wurde sie erst 1774 durch Maria Theresia eingeführt.)

**Unsicherer Kantonist**   König Friedrich Wilhelm I. von Preußen führte ein bis 1814 gültiges Kantonssystem ein, wodurch alle männlichen Untertanen erfasst und nach bestimmten Regeln als Wehrpflichtige eingezogen wurden. Jeder Bezirk hatte dabei eine festgesetzte Zahl von Soldaten zu stellen. Die Wehrpflichtigen hießen Kantonisten. Noch im 19. Jahrhundert war »Kantonist« daher gleichbedeutend mit »Wehrpflichtiger« und wer sich der Gestellungspflicht entzog, ohne gleich Fahnenflucht zu begehen, wurde ebenso als »unsicherer Kantonist« bezeichnet.

**Siebenjähriger Krieg**   Friedrich II. von Preußen (1712–1786), der Große, hatte keine Skrupel, die von seinem Vater, dem Soldatenkönig Friedrich Wilhelm I., geschaffene Armee zur Abrundung und Vergrößerung seines Staatsgebietes einzusetzen. 1740 meldete er gegenüber der österreichischen Kaiserin Maria Theresia historisch und rechtlich auf sehr wackligen Beinen stehende Ansprüche auf Schlesien an und marschierte nach dem Scheitern der Verhandlungen kurzerhand in diese wohlhabende Provinz des Habsburgerreiches ein. Damit begann ein langes und hartnäckiges Ringen um den

Besitz Schlesiens, das erst nach dem Siebenjährigen Krieg (1756–1763) endgültig Preußen zufiel. Am Ende des Krieges war Preußen zur Großmacht neben Österreich, Frankreich, England und Russland geworden.

**Friedrich der Große**    Seinen Beinamen erhielt Friedrich nach seinem Sieg in der Schlacht bei Roßbach im heutigen Sachsen-Anhalt am 5. November 1757, einer der vielen Schlachten des Siebenjährigen Krieges. Gegner waren die Österreicher im Bündnis mit den Franzosen. Die Schlacht dauerte nur wenige Stunden. Auf preußischer Seite gab es nur geringe Verluste. Die Franzosen und ihre österreichischen Verbündeten hatten dagegen Tausende von Gefallenen, Verwundeten und Gefangenen zu verzeichnen. Der Rückzug der Alliierten erfolgte völlig chaotisch; die Reichsarmee wurde als »Reißausarmee« verspottet. Von da an wagte sich die französische Armee nicht mehr so weit nach Deutschland vor. Erst zur Zeit Napoleons änderte sich das wieder.

**Nach uns die Sintflut**    Als während des Siebenjährigen Krieges nach der Schlacht von Roßbach (1757) die Nachricht von der verheerenden Niederlage der französischen Armee gegen die Preußen in Paris eintraf, rief die Mätresse des französischen Königs Ludwig XV., Madame de Pompadour: »*Après nous le déluge!*« (= Nach uns die Sintflut). Die Marquise de Pompadour war zu diesem Zeitpunkt 36 Jahre alt, bereits seit sechs Jahren nicht mehr die Geliebte, aber immer noch die offizielle Mätresse des Königs und politisch die treibende Kraft am Hof. Sie hatte im Hintergrund die Drähte gezogen, um das Bündnis mit Österreich gegen den Preußenkönig Friedrich II. zu schmieden. Die Truppen des Prince de Soubise, des Verlierers von Roßbach, waren zwar zahlenmäßig überlegen, aber schlecht ausgerüstet. Der Sieg war für Friedrich II., wie er selbst bekannte, »ein Spaziergang«. Seit den Zeiten Ludwigs XIV. war die französische Armee die stärkste in Europa und galt in jeder Hinsicht als vorbildlich. Bis zur Schlacht von Roßbach hatte sie den Ruf, beinahe unbezwingbar zu sein. Daher war das allgemeine Entsetzen auf Seiten der Koalitionäre groß, als bekannt wurde, dass ein großes

französisches Truppenkontingent von märkischen und pommer-
schen Bauernsöhnen besiegt worden war.

## Der alte Fritz

**Jeder soll nach seiner Façon selig werden**    Die populäre Äußerung Friedrichs des Großen lautet im Original: »Die Religionen
Muesen alle Toleriret werden, und Mus der Fiscal nuhr das Auge
darauf haben, das keine der anderen abtrug Tuhe, den hier mus ein
jeder nach Seiner Fasson Selich werden.« Friedrich schrieb dies
1740 an den Rand einer Anfrage, ob bestimmte römisch-katholische
Schulen, an denen auch protestantische Kinder unterrichtet wurden, die offenbar etwas übereifrig »missioniert« wurden, zu schlie-
ßen seien. »Fiscal« ist der damals geläufige Begriff für Staatsverwal-
tung, heute würde man sagen »Behörden«.

**Ich bin der erste Diener meines Staates**    Friedrich II. verfasste eine ganze Reihe literarischer Werke – auf Französisch. In
seinen *Memoires de la maison de Brandenbourg* (1751) schrieb er:
»Un prince est le premier serviteur et le premier magistrat de
l'État« – »Der Fürst ist der erste Diener und der erste Beamte des
Staates«.

**Der Philosoph von Sanssouci**    Die Charakterisierung Friedrichs des Großen als der »Philosoph von Sanssouci« wurde von dem
Titel der ersten Ausgabe seiner gesammelten Werke abgeleitet.
Friedrich selbst überschrieb die Ausgabe mit *Oeuvres du Philosophe
de Sans-Soucis.* Sanssouci (von französisch *sans soucis* = ohne Sorge) war das Sommerschloss Friedrichs in Potsdam, das er zum Teil
nach eigenen Entwürfen 1745–1747 erbauen ließ.

## Bücher, die Geschichte machten

**Robinsonade** Daniel Defoe: *The Life and Strange Surprising Adventures of Robinson Crusoe, of York, Mariner* (1719)
Die Geschichte vom schiffbrüchigen Seemann Robinson Crusoe, der sich fast dreißig Jahre lang zunächst allein, später mit seinem Gefährten Freitag auf einer einsamen Insel durchschlägt, ist der erste moderne Abenteuer- und Unterhaltungsroman. *Leben und Abenteuer von Robinson Crusoe* war ungemein erfolgreich, wurde in zahlreiche Sprachen übersetzt und fand eine Flut von Nachahmern. Der Name des Titelhelden prägte die Bezeichnung eines ganzen Genres: Robinsonaden. Um seine Geschichte glaubwürdig erscheinen zu lassen, betonte Daniel Defoe (1660–1731), dass es sich um einen »echten Tatsachenbericht« (*just history of fact*) handele. Er stützte sich wirklich auf Reiseberichte seiner Zeit, vor allem auf die Schilderung der Erlebnisse des Seemanns Alexander Selkirk, der viereinhalb Jahre auf einer Pazifikinsel zubrachte und dessen Rettung durch Kapitän Woodes Rogers 1709 in England für großes Aufsehen gesorgt hatte.

**Lilliput & Yahoo** Jonathan Swift: *Travels into Several Remote Nations of the World. By Lemuel Gulliver, First a Surgeon, and Then a Captain of Several Ships* (1726)
Der utopisch-satirische Reiseroman *Gullivers Reisen* ist bis heute eines der meistgelesenen Bücher der abendländischen Literatur. Der Autor Jonathan Swift (1667–1745) sparte nicht mit kritischen und amüsanten Seitenhieben auf die Politik und Gesellschaft seiner Zeit. So verschlägt es den Helden, Gulliver, im ersten Teil des Buches nach einem Schiffsuntergang auf eine Insel, deren Einwohner nur sechs Zoll (fünfzehn Zentimeter) groß sind. Das Eiland heißt Lilliput und die Lilliputaner leben in einem merkwürdigen Staatswesen, in dem beispielsweise besondere Fertigkeiten im Seiltanzen, Springen und Kriechen zu den höchsten politischen Ämtern berechtigen. Im vierten Teil wird Gulliver nach einer Meuterei auf einer Insel ausgesetzt und kommt wiederum in eine verkehrte Welt. Hier wohnen die Pferde, Houyhnhnms genannt, in Häusern; hässli-

che und gemeine (menschenähnliche) Wesen werden zum Reiten und Kutschieren eingesetzt. Sie werden von den Pferden »Yahoos« genannt. David Filo und Jerry Yang inspirierte das Wort zum Firmennamen ihres 1995 gegründeten Internetportals (Yet Another Hierarchical Officious Oracle).

**sentimental**    Laurence Sterne: *A Sentimental Journey through France and Italy. By Mr. Yorick* (1754)
Laurence Sterne (1713–1768) beschreibt anlässlich einer Reise durch Frankreich, welche Empfindungen und Gefühle auf den ersten Blick banal erscheinende Begegnungen und Eindrücke bei ihm hervorrufen. Der Titel seines Buches hat das Wort »sentimental« im modernen Sinn in die Sprachen Europas eingeführt. Die *Sentimental Journey (Yoricks empfindsame Reise durch Frankreich und Italien*) und Johann Gottfried Herders *Journal meiner Reise im Jahr 1769* markieren den Beginn der modernen Natur- und Landschaftsbeschreibung als subjektives Gefühlserlebnis. Menschen der Antike und des Mittelalters wären nicht darauf gekommen, angesichts einer Landschaft »sentimentale« Empfindungen zu haben. Für sie war Natur einfach da und oft genug bedrohlich.

**Schwerkraft**    Isaac Newton: *Philosophiae Naturalis Principia Mathematica* (1687)
In den *Mathematischen Prinzipien der Naturlehre* stellte Isaac Newton (1643–1727) die Mechanik seiner Zeit umfassend dar. Durch seine Entdeckung der Schwerkraft, die einen frei fallenden Körper beschleunigt, gelangte Newton zu einer weitreichenden Theorie der Mechanik. Sie schloss auch die Bewegung der Himmelskörper mit ein und bildete die Grundlage der klassischen Physik. Erst seit Newton kann man überhaupt von »Physik« im wissenschaftlichen Sinne sprechen.

**Rattus rattus**    Carl von Linné: *Systema naturae* (1735)
Der schwedische Botaniker Carl von Linné (1707–1778) führte in seinem Hauptwerk *Das System der Natur* die im Prinzip noch heute gebräuchliche zweiteilige wissenschaftliche Namengebung für

Pflanzen und Tiere ein, wofür man sich bis in die Gegenwart der lateinischen Sprache bedient. Voraussetzung dafür ist eine systematische Einteilung. Bei den Pflanzen orientierte sich Linné an den Unterschieden der Geschlechtsmerkmale.

Befreundet war Linné übrigens mit Anders Celsius, nach dem die bei uns gebräuchliche Temperaturmessskala benannt ist. Leider hat er darüber kein Buch geschrieben.

**Oxidation**    Antoine Laurent de Lavoisier: *Traité élémentaire de chimie* (1789)

Das Prinzip der Oxidation hat der Chemiker Antoine Laurent Lavoisier (1743–1794) entdeckt. Der Verfasser der *Grundlegenden Abhandlung über die Chemie* ist einer der Begründer der modernen organischen Chemie. Als Erster erkannte er, dass bei der Verbrennung Sauerstoff verbraucht wird und dass Wasser aus Wasserstoff und Sauerstoff besteht. Außerdem führte er die beiden Begriffe »Sauerstoff« (französisch *oxygène*) und »Wasserstoff« (französisch *hydrogène*) und viele andere in die Wissenschaftssprache ein. Damals herrschte in der Chemie noch ein Durcheinander von Begriffen, die zum Teil noch aus der Alchemistenzeit stammten. Das Werk Lavoisiers stieß in den damaligen Fachkreisen auf viel Widerspruch, doch schließlich erkannten selbst skeptische Kollegen die zwingende Logik der Erkenntnisse und der Nomenklatur Lavoisiers. Damit hatte sich die von ihm ausgelöste sogenannte chemische Revolution durchgesetzt.

# Barock & Weimarer Klassik

**Barock**    Das englische Wort *rock* bedeutet Fels. Eine *barocca* ist im Portugiesischen, woher das Wort stammt, ein Steinchen. Das Wort war seit der Renaissancezeit im Französischen ein Fachbegriff bei Goldschmieden für unregelmäßig geformte Perlen. Dafür gab es sogar eine deutsche Entsprechung, die sogenannte Brockenperle. Im

18. Jahrhundert war »brocken«, »baroken« oder »barokisch« ein durchaus gängiger Begriff für »verschroben, übertrieben, schwülstig«. Im Klassizismus, der sich am antikisch geraden Formenkanon orientierte, wurde Barock als Stilbezeichnung in der bildenden Kunst in abwertendem Sinn gebraucht. Auch der Baseler Kunsthistoriker Jacob Burckhardt (1818–1879) sah den Barock zunächst noch als Verfall der Renaissance, später aber als ihre produktive Fortsetzung. Zum Epochenbegriff wurde »Barock« erst im 20. Jahrhundert. Er umfasst hauptsächlich das 17. und beginnende 18. Jahrhundert, also die Zeit der Gegenreformation, des Absolutismus und der beginnenden Aufklärung.

**Rokoko und Klassizismus**    Schon Goethes Vater hatte eine Bildungsreise nach Italien unternommen. Im Haus am Hirschgraben hingen die Wände voll mit Veduten »klassischer« Landschaften und Bauwerke und so war Goethe von Kindesbeinen an geprägt vom klassizistischen Geschmack und ließ kaum mehr etwas anderes gelten. Zustimmend berichtet er in seiner Autobiografie *Dichtung und Wahrheit* von einem Besuch während seiner Studentenzeit in Leipzig bei dem damaligen Direktor der Dresdner Gemäldesammlung, den er als »abgesagten Feind des Muschelwesens« charakterisiert. Mit dem »Muschelwesen« ist die unmittelbar voraufgegangene Kunstepoche des Rokoko gemeint, stammt doch dieses Wort von französisch *rocaille* = Muschel. Die muschelförmigen Verzierungen sind eine ornamentale Leitform in der Zeit ab 1730, vor allem als Stuck oder auf Möbeln. Dem nachfolgenden Klassizismus waren sie verhasst. Insgesamt kann man die Rokokokunst als eine eher intime Kunst bezeichnen im Vergleich zu dem äußerst »repräsentativen« Barock. Und sie ist sehr vergeistigt. Inbegriffe der Rokokokunst sind der Maler Watteau und Mozart.

**Edle Einfalt, stille Größe**    Im deutschsprachigen Raum hat der Klassizismus einen wenn nicht direkten Namengeber, so doch geistigen Begründer: Johann Joachim Winckelmann (1717–1768), der mit seinem Werk *Gedanken über die Nachahmung der griechischen Werke in der Mahlerey und Bildhauer-Kunst*, das 1755 erschien, eine ganze

Epoche prägte. Trotz seiner geringen Erstauflage von 50 Exemplaren wurde das Buch zu einem großen Erfolg. Der in Stendal geborene Winckelmann reiste viel und lebte ab 1758 in Italien. 1763 wurde ihm vom Papst das Amt des Oberaufsehers für die Altertümer in Rom übertragen. Den Kunstgeschmack der Weimarer Klassik beeinflusste er aufs Nachhaltigste. Goethe war einer seiner Bewunderer und widmete ihm das Werk *Winckelmann und sein Jahrhundert* (1805). Auch auf die Kunst und insbesondere den Baustil des beginnenden 19. Jahrhunderts wirkte Winckelmann außerordentlich anregend.

Wie Goethe war Winckelmann allerdings nie in Griechenland. Auch heute noch ist unsere Kenntnis der griechischen Kunst in Wahrheit sehr begrenzt. Von der Malerei ist nichts geblieben und es gibt nur wenige Originalskulpturen. Selbst weltberühmte Werke wie der Diskuswerfer von Myron sind nur als römische Kopien überliefert. Vieles von dem, was in Griechenland in Bronze gegossen und verziert war, führten die Römer nur in Marmor aus. Von der leuchtenden, geradezu üppigen Farbigkeit griechischer Skulpturen, Tempel und Tempelfriese hatte Winckelmann keine Ahnung. Er hielt jedoch das Aussehen der traurigen, im Lauf der Jahrtausende jeder Farbe beraubten Kunst- und Bauwerke für die Originalfassung und entwickelte davon ausgehend seine Theorie von der erhabenen Einfachheit der klassischen antiken Kunst. Der entscheidende Satz in seinem Buch lautet: »Das allgemeine vorzügliche Kennzeichen der griechischen Meisterstücke ist endlich eine edle Einfalt, und eine stille Größe, sowohl in der Stellung als im Ausdrucke.« Mit »Einfalt« ist natürlich »Einfachheit, Schlichtheit« gemeint.

Der deutsche Klassizismus folgte diesem Missverständnis bereitwillig. Im ausgehenden 18. Jahrhundert war man des »schwülstigen«, »überladenen« Barock- und Rokokostils überdrüssig. Er wurde als Hofstil des »alten Regimes« abgelehnt. Man war in Aufbruchstimmung, man wollte unbedingt etwas Neues. Insofern kam Winckelmanns Buch genau zur rechten Zeit und das erklärt seinen durchschlagenden Erfolg.

**Dichter & Denker**     Im Alter von 27 Jahren wurde Johann Wolfgang von Goethe (1749–1832) an den Hof des Herzogs Carl August (1757–1828) nach Weimar berufen. Er war promovierter Jurist, seit 1771 als Anwalt in Frankfurt tätig und europaweit als Bestsellerautor (*Die Leiden des jungen Werthers*, 1774) bekannt geworden. Der Kontakt zum Weimarer Hof war über den Prinzenerzieher, Theologen, Sprach- und Geschichtsforscher Johann Gottfried Herder (1744–1803) zustande gekommen, den Goethe sehr bewunderte. Die beiden hatten sich während Goethes Studienjahr in Straßburg kennengelernt. Herder fand in der »urwüchsigen«, volksnahen Poesie der Vergangenheit Inspirationen für eine neue, lebendige Dichtkunst. Das richtete sich gegen die sehr verkünstelte, akademisch regelhafte Poeterei seiner Zeit. Von Herder angeregt, entdeckte auch Goethe die »Volksliteratur«, beschäftigte sich mit dem Alten Testament, nordischen Sagen wie *Edda* und *Ossian*, Shakespeare und dem gerade erst wiederentdeckten Homer. Die Rückbesinnung auf diese Vorbilder befeuerte nun die neue deutsche Literatur, die die Weimarer »Klassik« damals eigentlich war. Die ersten Werke, die aus jenem frischen Geist entstanden, waren Goethes *Götz von Berlichingen* (1773) und Friedrich Schillers *Räuber* (1781); verglichen mit den üblichen allegorischen Bühnenwerken der Zeit stellten sie in der Tat Gestalten aus Fleisch und Blut vor.

Um Goethe, Schiller und Herder bestand ein dichtes Geflecht weiterer »Dichter und Denker« in Weimar. Voraussetzung für die Weimarer Blüte war ferner ein sehr kulturinteressiertes Umfeld, das von der Herzoginmutter Anna Amalia und dem Goethe-Freund Großherzog Carl August wesentlich geprägt worden war. Carl August war das Musterbeispiel eines aufgeklärten Monarchen, ähnlich wie sein Fürstenkollege Leopold III., der im benachbarten Anhalt-Dessau das Wörlitzer Gartenreich schuf. Auch auf den etwas bedeutenderen Thronen in Potsdam und Wien saßen mit Friedrich II. und Joseph II. ausgesprochen kunstsinnige, aufgeklärte Herrscher.

## *Bücher, die Geschichte machten*

**Sturm und Drang**    Friedrich Maximilian Klinger: *Sturm und Drang* (1776)

Der Titel dieses Dramas wurde zum literaturhistorischen Epochenbegriff. Er bezeichnet die deutsche Literatur des ausgehenden 18. Jahrhunderts, die sich von der hergebrachten »erlernbaren« akademischen Regelpoetik absetzte. Dem aufklärerischen Primat der Vernunft und des Verstandes wurden Natur, Herz, Trieb und Ahnung gegenübergestellt. Goethe, Schiller, Jakob Michael Reinhold Lenz, Klinger und andere suchten in ihren Werken dem Gefühl unmittelbaren Ausdruck zu verleihen und experimentierten mit neuen Formen. Klinger hatte ursprünglich für sein Drama den Titel »Wirrwarr« vorgesehen. Sein Freund, der Arzt Christoph Kaufmann, dem er das Stück vorlas, machte den Verbesserungsvorschlag.

**Dichtung und Wahrheit**    Johann Wolfgang von Goethe: *Dichtung und Wahrheit* (1811–1833)

Hierbei handelt es sich nicht um eine literaturtheoretische Abhandlung Goethes, etwa darüber, wie viel oder wenig Wahrheit die Dichtung enthält, modern gesprochen über Fiction und Non-Fiction. Das umfangreiche Werk, an dem Goethe fast sein Leben lang schrieb und das er immer wieder umarbeitete, ist seine Autobiografie, genauer gesagt die Schilderung seiner Kindheit und Jugend. In dem Werk, dessen erster Teil 1811 erschien, wollte er, um es kurz zu sagen, darstellen, wie er wurde, was er war. Eines der berühmtesten und klügsten Goethe-Zitate lautet: »Werde, was du bist.«

# Das Ende des Alten Reiches

**Reichsdeputationshauptschluss**    Der Reichsdeputationshauptschluss ist der Beschluss über die Festlegung der Gebietsentschädigung für die deutschen Fürsten.

Frankreich hatte während der Revolutionskriege die zum Reich gehörenden linksrheinischen Gebiete besetzt; die dortigen deutschen Fürsten verloren Land und Herrschaft. Nach dem sogenannten Zweiten Koalitionskrieg verfügte vor allem Österreich praktisch über keine Truppen mehr, die es der französischen Armee unter Napoleon mit Aussicht auf Erfolg hätte entgegenstellen können. Kaiser Franz II. sah sich daher gezwungen, die linksrheinische Besetzung durch Frankreich im Frieden von Lunéville 1801 anzuerkennen. Die Fürsten, die linksrheinische Gebiete verloren hatten, sollten entschädigt werden. Wie das vor sich gehen sollte, erarbeitete eine Kommission, die Reichsdeputation. Deren Abschlussbericht, der Hauptschluss, wurde auf der letzten Sitzung des Reichstages am 25. Februar 1803 als letztes Reichsgesetz verabschiedet. Dadurch wurde das Reich in seiner letzten Phase noch einmal tiefgreifend umgestaltet. Praktisch alle geistlichen Fürstentümer wurden aufgeteilt, ebenso viele kleinere Territorien und Gebiete der Reichsstädte. Hauptprofiteure der Regelung waren die drei neu geschaffenen protestantischen Kurfürstentümer Baden, Württemberg und Hessen-Kassel sowie Preußen und Bayern.

**Säkularisation**    Der Begriff »Säkularisation« bezeichnet die Auflösung von Kirchenbesitz. Säkularisationen in großem Umfang hatte es schon während der Reformationszeit in den protestantischen Ländern gegeben.

Gemäß dem Reichsdeputationshauptschluss von 1803 wurden sämtliche geistlichen Fürstentümer im Reich aufgelöst. Das heißt, ihre Herrschaftsrechte wurden außer Kraft gesetzt. Territorium und der gesamte Besitz (Gebäude, Bibliotheken, Kunstwerke) enteignet. Betroffen davon waren 25 Fürstbistümer und 44 Reichsabteien. Ca. 10 000 km² Land wechselten den Besitzer, betroffen davon waren drei Millionen Menschen. Dieser Besitz ging an weltliche Territorialherren, die linksrheinische Besitzungen verloren hatten, ferner an Bayern, Württemberg und Baden. Sie wurden später von Napoleon als seine Verbündeten (Rheinbund 1806) zu Königreichen bzw. Großherzogtümern erhoben. Im Norden profitierte vor allem Preußen von der Säkularisation.

**Mediatisierung**    bezeichnet die Aufhebung aller »immediaten«, also reichsunmittelbaren Reichsstände. Die Mediatisierung wurde im Reichsdeputationshauptschluss von 1803 festgelegt. So verloren Reichsfürsten, die Reichsritter, Reichsklöster oder Reichsstädte ihre unmittelbare Unterstellung unter den Kaiser und wurden der Oberhoheit der jeweiligen Territorialherren unterworfen. Fast alle Reichsstädte wurden mediatisiert. Ausgenommen waren Augsburg, Bremen, Frankfurt, Hamburg, Lübeck und Nürnberg. Die Zahl der reichsunmittelbaren Territorien verringerte sich von mehreren hundert auf 34.

# Vom Sturm auf die Bastille bis zum Fin de Siècle

## Die Französische Revolution

**Revolution**    In der Astronomie der frühen Neuzeit, etwa bei Kopernikus, verstand man unter dem spätlateinischen Wort *revolutio* die jährliche Umlaufbahn der Planeten. Danach wurde das Wort als »Umwälzung« ins Deutsche übersetzt. Die Bedeutung im Sinne eines politischen Umsturzes erhielt der Begriff mit der Französischen Revolution. Diese wurde eingeleitet, als sich am 17. Juni 1789 der Dritte Stand zur »Nationalversammlung« erklärte. Der Dritte Stand repräsentierte mit Abstand die Mehrheit des Volkes. Sechs Wochen zuvor war in Versailles zum ersten Mal seit 1614 eine Versammlung der Generalstände (Adel, Klerus, Bürgertum) zusammengekommen, um nach Auswegen aus der – vor allem finanziellen – Staatskrise zu suchen. Doch gab es einen grundlegenden Streit über den Abstimmungsmodus (nach Ständen oder Köpfen). Mit der Erklärung des Dritten Standes zur Nationalversammlung wurde die »Verfassung« des französischen Staates mit einem Schlag grundlegend verändert: Das Feudalsystem und die absolutistische Monarchie waren de facto abgeschafft. Nachdem sich der Klerus angeschlossen hatte, gingen auch Teile des Adels zur Nationalversammlung über, die sich am 9. Juli 1789 zur verfassunggebenden Nationalversammlung erklärte und damit ihre Absicht deutlich machte: Umgestaltung von Staat und Gesellschaft durch eine Verfassung nach dem Vorbild der Verfassung der Vereinigten Staaten von Amerika.

**Der Sturm auf die Bastille** Die Bastille, ein spätmittelalterliches Festungsbauwerk (ähnlich im Deutschen: Bastion; von französisch *bâtir* = bauen) am Ostrand von Paris, 1369–1383 als Bollwerk gegen die Engländer im Hundertjährigen Krieg errichtet, war eine trutzige, zinnenbewehrte Anlage. Sie diente schon seit 1397 als Gefängnis. Voltaire und der Marquis de Sade hatten zu den prominenteren unfreiwilligen Staatspensionären gehört. Die Bastille galt als Symbol des Ancien Régime, der mittlerweile verhassten absolutistischen Königsherrschaft, auch wenn sie unter Ludwig XVI. kaum noch als Kerker genutzt wurde.

Wegen einer massiven Teuerungswelle, insbesondere der enorm gestiegenen Brotpreise, hatten erzürnte Pariser Bürger am 10. Juli 1789 die königlichen Maut- oder Zollhäuser rund um Paris in Brand gesteckt. Einen Tag später, am 11. Juli, entließ der König Finanzminister Jacques Necker, der maßgeblich an der Einberufung der Generalstände mitgewirkt hatte und dem Hof daher als Anführer der Revolution galt. Gleichzeitig zog Ludwig als Drohgebärde gegenüber der Nationalversammlung Truppen in Versailles zusammen. Die beiden Nachrichten erreichten am 12. Juli Paris und heizten die ohnehin gereizte Stimmung weiter an. Am 14. Juli 1789 stürmten die aufgebrachten Massen das Zeughaus und zogen mit den erbeuteten Waffen zur Bastille. Sie zwangen den Kommandeur nach blutigen Kämpfen zur Kapitulation und befreiten die dort befindliche Handvoll Gefangene. Bereits zwei Tage später begann der Abriss der Bastille. Heute erinnert nur noch der Name des Platzes, wo sie stand, sowie die dazugehörige Metro-Station an sie. Der 14. Juli ist seit 1880 offiziell der französische Nationalfeiertag.

**Freiheit, Gleichheit, Brüderlichkeit – Liberté, egalité, fraternité** Die drei Begriffe waren als emphatische Schlagworte der Aufklärung und der Freimaurerei schon seit der Zeit um 1700 geläufig. Sie wurden während der Revolutionszeit oft gebraucht, waren aber nie ein offizielles Motto der Revolution. Erst seit der zweiten Hälfte des 19. Jahrhunderts wurde der Begriffsdreiklang unter Napoleon III. (1808–1873) und während der Dritten Republik (1871–1940) propagiert. Im 20. Jahrhundert erlangten die Worte den Rang eines Staatsmottos, das in der Verfassung der Fünften Republik (seit 1958) verankert wurde.

**Allons enfants de la patrie**    »Allons enfants de la patrie, le jour de gloire est arrivé« (Auf, Kinder des Vaterlandes, der Tag des Ruhms ist angebrochen) lautet die erste Zeile der Marseillaise. Sie wurde von dem französischen Offizier Claude-Joseph Rouget de Lisle als Marschlied »für die Armee am Rhein« komponiert. Im Juli 1792 marschierten Nationalgardisten aus ganz Frankreich nach Paris zur Feier des dritten Jahrestages des Sturms auf die Bastille. Die Kämpfer aus Marseille sangen bei ihrem Einmarsch in die Stadt das Marschlied von Rouget de Lisle. Es wurde rasch weiterverbreitet. Von Anfang an gab es verschiedene Versionen. Die Marseillaise wurde 1879 zur französischen Nationalhymne erklärt, die nach einer melodischen Neubearbeitung seit 1887 in ihrer heutigen Form existiert.

**Die Revolution frisst ihre Kinder**    Pierre V. Vergniaud (1753–1793) war einer der Führer der gemäßigten Girondisten, also eine Art Fraktionsführer im französischen Nationalkonvent 1792. Seit Anfang des Jahres 1793 geriet er wegen eher unbedeutender politischer Fragen in schärfsten Gegensatz zu Robespierre und Marat, den Anführern der radikalen Jakobiner. Robespierre versuchte die Vorherrschaft im Nationalkonvent zu gewinnen. Das gelang ihm erst, als er am 2. Juni 1793 mit 80 000 Sansculotten und 150 Geschützen den Tuilerien-Palast am Louvre umstellte, wo der Nationalkonvent tagte. Die protestierenden Girondisten wurden ausgeschlossen und in der Folge verhaftet. Auch Vergniaud wurde unverzüglich unter Hausarrest gestellt und am 30. Oktober 1793 zusammen mit weiteren führenden Girondisten in einem Schauprozess zum Tode verurteilt. Das Urteil wurde am folgenden Tag vollstreckt. Auf dem Schafott sprach Vergniaud seine berühmten letzten Worte: »Die Revolution, wie Saturn, frisst ihre Kinder.« Mit ihm wurden innerhalb von vierzig Minuten 21 weitere Girondisten hingerichtet.

**Terror**    Der von Maximilien de Robespierre geleitete Wohlfahrts-
ausschuss (1793–1794) war das erste Schreckensregime der Neuzeit, das systematisch ideologische und politische Ziele mit brutals-
ten Gewaltmethoden, mit Terror (französisch *terreur* = Schrecken)
durchzusetzen versuchte. Das wichtigste Instrument des Wohl-
fahrtsausschusses war der Sicherheitsausschuss, der für Polizeige-
walt und Rechtsprechung zuständig war und über ein Netz von
Überwachungsausschüssen und sogenannten Revolutionskomitees
verfügte. Um die »Feinde der Revolution und des Volkes« zu bekämpfen, folgte man systematisch der Methode Denunziation – Ver-
haftung – Hinrichtung. Robespierre sah im Terror die »strenge und
unbeugsame Gerechtigkeit«, ja sogar die »Offenbarung der Tugend«. Über 16 000 Menschen wurden hingerichtet, darunter der
französische König Ludwig XVI. (als »Bürger Capet«) und die Königin Marie Antoinette. Schließlich landete Robespierre selbst unter
der Guillotine. Das Terrorregime verstörte alle aufgeklärten Sympa-
thisanten der Revolution in Europa.

Um 1840 kam der Begriff »Terrorismus« erneut in Umlauf, im Sinne von Gewaltaktionen zur Erreichung politischer Ziele wie Atten-
tate, Aufstände, Barrikadenkämpfe und ist bis heute aktuell.

# Europa gegen Napoleon

**Bonaparte**    Der Korse Napoleon Bonaparte (1769–1821) legte
den Grundstein für seinen Aufstieg zur Macht in Frankreich als er-
folgreicher General der Revolutionstruppen gegen Österreich, seit
1795 vor allem auf italienischen Schlachtfeldern. Angesichts starker
jakobinisch-sozialistischer Tendenzen im Direktorium und Konvent
initiierte Napoleon 1799 de facto einen Staatsstreich und wurde
»Erster Konsul«. Damit war die zehnjährige hektische Phase der Revolution mit ständig neuen Verfassungen beendet. Napoleon baute
ein straff organisiertes, zentralistisches Herrschafts- und Verwal-
tungssystem in Frankreich auf. Am 2. Dezember 1804 krönte er sich

zum Kaiser (*Empereur*). Von da an begann er mit der Eroberung Europas. Durch seine militärischen Erfolge bestimmte Napoleon dann die Politik in ganz Europa. Er brachte das Heilige Römische Reich Deutscher Nation zu Fall und zog Ländergrenzen neu. Aus dem Abwehrkampf gegen Napoleon entstanden reformierte deutsche Staaten, vor allem Preußen, Bayern und Baden. In den Befreiungskriegen (1813–1815) bildete sich die deutsche Nationalbewegung.

Napoleons autoritäre Regierungsweise war in Frankreich unter dem Begriff »Bonapartismus« bis in die Zeit nach 1880 Vorbild für die der Ära Napoleons folgenden reaktionären Regime.

**Dreikaiserschlacht**    Am 2. Dezember 1805 besiegte Napoleon Russland und Österreich in der Dreikaiserschlacht bei Austerlitz in Südmähren. Nach Austerlitz und nach dem Sieg über Preußen bei Jena und Auerstedt 1806 war Napoleon der mächtigste Herrscher in Europa. Nur England, Russland und das Osmanische Reich waren nicht von ihm abhängig. England versuchte er mit einer Handelsblockade zu schwächen, nach Russland marschierte er im Jahr 1812. Bis zur endgültigen Niederlage und Abdankung nach der Schlacht bei Waterloo 1815 blieben ihm noch drei Jahre der unumschränkten Vorherrschaft in Europa.

**Ruhe ist die erste Bürgerpflicht!**    »Der König hat eine Bataille verloren. Jetzt ist Ruhe die erste Bürgerpflicht. Ich fordere alle Einwohner Berlins dazu auf. Der König und seine Brüder leben!«

Die Redewendung »Ruhe ist die erste Bürgerpflicht« geht auf diesen öffentlichen Aufruf zurück, den der Berliner Stadtkommandant Graf von Schulenburg-Kehnert (1742–1815) am 14. Oktober 1806 nach der Niederlage Preußens gegen Napoleon in der Schlacht von Jena und Auerstedt herausgab, um die Bevölkerung zu beschwichtigen.

**Lieber ein Ende mit Schrecken als ein Schrecken ohne Ende**
Der Satz wird dem gebürtigen Sachsen und preußischen Offizier Ferdinand von Schill (1776–1809) zugeschrieben. Er schloss sich mit

seinem Freikorps dem Kampf gegen Napoleon an. Schill war ein ungeduldiger Hitzkopf, der oft auf eigene Faust losschlug und Befehle der Armeeführung nicht befolgte.

**Schwarz-Rot-Gold** In der Völkerschlacht bei Leipzig (16.–19. Oktober 1813), in der eine halbe Million Soldaten kämpften, verlor Napoleon gegen die Verbündeten Preußen, Österreich, Russland und Schweden. Auf preußischer Seite kämpften neben regulären Truppen sogenannte Freiwillige Jäger und Freikorps. Unter den Freiwilligen waren sehr viele Studenten. Diese Kämpfer erhielten keinen Sold. Ausrüstung (Uniform und Waffen) mussten sie sich selbst besorgen. Berühmt wurde das Freikorps des Majors Adolf Freiherr von Lützow mit etwa 3500 Mann. Ihm gehörten Friedrich Ludwig Jahn (der »Turnvater«), der Turnpädagoge Karl Friedrich Friesen, die Dichter Theodor Körner und Joseph von Eichendorff sowie der Pädagoge und Kindergarten-Begründer Friedrich Wilhelm August Fröbel an. Die Uniformen der Lützow'schen Kämpfer waren schwarz mit roten Aufschlägen und goldenen Knöpfen. Diese Uniformfarben – Schwarz, Rot, Gold – wurden später die Symbolfarben der nationalen, republikanischen und demokratischen Bewegung in Deutschland und die Nationalfarben der drei deutschen Republiken.

**Waterloo** Am 18. Juni 1815 wurde Napoleon, der am 1. März 1815 aus seinem Exil auf Elba zurückgekehrt war, um noch einmal nach der Macht zu greifen, in der sprichwörtlich gewordenen Schlacht bei dem Dorf Waterloo südwestlich von Brüssel von den verbündeten Truppen Englands und Preußens letztmalig besiegt. »Waterloo« ist seither zum Inbegriff einer endgültigen Niederlage geworden.

**Ich wollte, es wäre Nacht oder die Preußen kämen** Bei Waterloo standen sich zunächst nur Franzosen und Engländer unter dem Kommando des Herzogs von Wellington gegenüber. Der Kampf, den Napoleon erst spät am Vormittag begonnen hatte, stand gegen Abend unentschieden. Napoleon hätte also unter Umständen gewinnen können. Die Verbündeten der Engländer, die Preußen unter

Generalfeldmarschall Blücher, waren bis dahin noch nicht auf dem
Schlachtfeld erschienen. Wellington vertraute auf die Zusage Blü-
chers, ihm zu Hilfe zu kommen, und hielt daher eisern stand. Wie
prekär seine Lage war, zeigt seine angebliche Äußerung »Ich wollte,
es wäre Nacht oder die Preußen kämen«. Das Gros der preußischen
Armee erschien schließlich gegen halb sieben Uhr abends. Damit
war Napoleons Schicksal besiegelt.

**Der Kongress tanzt**    Der Ausspruch »Der Kongress tanzt, kommt
aber nicht voran« (= *Le congrès danse beaucoup, mais il ne marche
pas*) stammt von dem belgischen Diplomaten Charles Joseph de
Ligne, der damit den sich über ein Jahr von 1814 bis 1815 hinziehen-
den Wiener Kongress charakterisierte.

**Wiener Kongress**    Der Wiener Kongress tagte vom 18.9.1814 bis
zum 19.6.1815 und war die am hochkarätigsten besetzte europäische Gipfelkonferenz des 19. Jahrhunderts. Unter der Leitung
des gastgebenden österreichischen Außenministers Klemens Wenzel Fürst von Metternich (1773–1859) berieten Oberhäupter und
Abgesandte aus 200 europäischen Staaten im Palais am Ballhaus-
platz, dem heutigen Bundeskanzleramt, in Wien.

Ziel und Ergebnis war die Wiederherstellung (Restauration) der
europäischen Staatenordnung, wie sie vor Napoleon bestanden
hatte. Allerdings gab es einige wichtige Modifizierungen. Baden,
Hessen, Württemberg und Bayern behielten die von Napoleon ver-
liehene Königs- bzw. Großherzogswürde sowie die durch den Reichsdeputationshauptschluss von 1803 hinzugewonnenen Gebiete. Allerdings verlor Bayern Tirol, das damals bis zum Gardasee reichte,
an Österreich. Preußen bekam große (vor allem linksrheinische)
Gebiete im Rheinland, in Westfalen und Sachsen zugesprochen. In
Hannover wurde das welfische Königshaus etabliert. Österreich
gewann praktisch ganz Oberitalien, Salzburg, das Innviertel und
Galizien, verlor aber endgültig Vorderösterreich am Bodensee und
Oberrhein sowie die habsburgischen Niederlande – das spätere Belgien –, die mit den nördlichen Niederlanden als Vereinigte Niederlande zusammengeschlossen wurden. Für die Schweiz wurde vor

allem die Neutralität als Prinzip anerkannt und festgelegt. In Frankreich wurde die bourbonische Monarchie wiederhergestellt. Es kam durch die geschickte Diplomatie des wendigen Bischofs und Staatsmannes Talleyrand weitgehend ungeschoren davon und behielt sein Territorium in den Grenzen von 1789.

# Vormärz & Biedermeier

**Friede den Hütten! Krieg den Palästen!**  In seiner Flugschrift *Der Hessische Landbote* formulierte der Arzt und Schriftsteller Georg Büchner (1813–1837) im Jahr 1834 diesen einprägsamen Appell gegen die Armut der unteren Schichten, vor allem der Landbevölkerung. Die Epoche vom Wiener Kongress (1814–1815) bis zur Revolution im März 1848 in Deutschland wird einerseits unter dem Begriff »Biedermeier« gefasst, wenn man das Rückwärtsgewandte und Unpolitische dieser Zeit betonen will, andererseits unter dem Begriff »Vormärz«, der die gleichzeitig sich entwickelnden fortschrittlichen Tendenzen in den Vordergrund stellt. Vormärz ist vor allem auch ein literaturgeschichtlicher Begriff, da sich die nationale, liberale und soziale Aufbruchstimmung und Gesellschaftskritik vor allem in schriftstellerischen Werken des »Jungen Deutschland« niederschlug. Zu den Dichtern des Vormärz zählen unter anderen der aus dem Frankfurter Ghetto stammende Journalist und Feuilletonist Ludwig Börne (1786–1837), der Dichter, Journalist und Essayist Heinrich Heine (1797–1856) und der Schriftsteller und Politiker Georg Herwegh (1817–1875); aus dessen »Bundeslied« stammt die berühmte Zeile »Alle Räder stehen still, wenn dein starker Arm es will«, gemünzt auf den »Mann der Arbeit«. Nach seinem Revolutionsaufruf wurde Georg Büchner 1835 wegen »staatsverräterischer Handlungen« steckbrieflich gesucht und floh erst nach Straßburg, dann in die Schweiz. Dort starb er 1837 an Typhus. Die Werke von Heinrich Heine und vielen anderen Vertretern des »Jungen Deutschland« wurden auf Beschluss des Frankfurter Bundestages 1835 verboten.

**Alte Zöpfe abschneiden**    Auf dem Wartburgfest 1817 artikulier-
ten etwa 500 Burschenschafter die Forderung nach einem Zusammenschluss der deutschen Länder zu einem Nationalstaat mit einer
Verfassung. Das implizierte auch die Forderung nach Freiheitsrech-
ten und Gleichstellung aller Bürger. Das sind genuin liberale Forderungen (lateinisch *liber* = frei; im politischen Sinne »frei von staatlicher Bevormundung und Zensur«). Die nationale Einheit in einem
liberalen, womöglich republikanischen Staat – das war für die Herr-
scherhäuser, vor allem in den größeren Ländern des deutschen
Bundes, nicht vorstellbar. Demonstrativ wurden auf dem Wartburgfest neben Büchern auch Symbole des Obrigkeitsstaats und Über-
bleibsel der Mode des Ancien Régime – Schnürleib, Soldatenzopf,
Korporalstock – verbrannt. Seit der Französischen Revolution trug
man die Haare »offen«, bei fortschrittlich Gesinnten waren Perü-
cken und der Zopf als Symbol von Fürstenwillkür verpönt.

Der äußerst reaktionäre und beim Volk unbeliebte Kurfürst von
Hessen ging nach der französischen Julirevolution von 1830 sogar
so weit, die Zopfperücken bei Soldaten und Offizieren wiedereinzu-
führen, um seine neoabsolutistische Gesinnung zu demonstrieren.
Alte Zöpfe sind also alles andere als Nebensächlichkeiten.

**Deutschland, Deutschland über alles**    Die Hauptanliegen der
Burschenschaften waren Freiheit und nationale Einigung. Die
Kleinstaaterei war ihnen ein Gräuel. Neben der Einheit Deutschlands forderten die Burschenschafter auf der Wartburg 1817 eine
konstitutionelle Monarchie, Schutz von Freiheit und Eigentum, die
Rechtsgleichheit, den Schutz vor willkürlicher Anklage und die Aufhebung der Zollschranken.

August Heinrich Hoffmann von Fallersleben (1798–1874) war
natürlich auch ein Burschenschafter und wurde später Germanis-
tikprofessor. Bei einem Badeurlaub auf Helgoland verfasste er 1841
sein Gedicht »Das Lied der Deutschen«. Es wurde mit Haydns Melo-
die der österreichischen Kaiserhymne von Reichspräsident Friedrich Ebert 1922 zur deutschen Nationalhymne erklärt; seit 1952 ist
in der Bundesrepublik als Text die dritte Strophe festgelegt (»Einig-
keit und Recht und Freiheit«).

**Turnvater Jahn**     Turnen war in den ersten Jahrzehnten des 19. Jahrhunderts in Deutschland vor allem eine politische Angelegenheit. Friedrich Ludwig Jahn (1778–1852) eröffnete 1811 den ersten Turnplatz in der Berliner Hasenheide. Er »erfand« nicht nur das Geräteturnen, sondern auch Begriffe wie »Hantel«, »Reck«, »Grätsche« und das Wort »turnen« selbst. Jahn betätigte sich als Sprachreiniger und wetterte gegen das Erlernen des Französischen, das seit Jahrhunderten die dominierende Sprache Europas war wie heute Englisch. Und der Feind der deutschen Sache war ebenfalls Franzose: Napoleon. Jahn war ein glühender Anhänger des nationalen Einigungsgedankens und der Befreiung Deutschlands von der napoleonischen Herrschaft. Das Turnen sollte ausdrücklich der körperlichen Vorbereitung auf den Befreiungskampf dienen. Jahn nahm denn auch als Freiwilliger im Lützow'schen Freikorps an den Befreiungskriegen teil.

Die Turnbewegung war aber nicht nur national gesinnt, sondern auch liberal-republikanisch. Die Turner wollten einen freiheitlichen Verfassungsstaat. Das machte sie den restaurativen Kräften der Zeit höchst verdächtig. Im Zuge der »Demagogenverfolgung« 1819/20 (mit »Demagogen« waren die Anhänger liberaler und nationaler Ideen gemeint) wurde das Turnen verboten. Jahn wurde verhaftet und verurteilt, 1840 aber rehabilitiert und war 1848 Abgeordneter in der Paulskirchenversammlung. In Preußen wurde das Turnverbot 1842 aufgehoben und Turnen zum Schulfach.

**Polizeistaat**     Nach dem Wartburgfest 1817 und nach der Ermordung des in russischen Staatsdiensten stehenden Dramatikers August von Kotzebue durch den Studenten Karl Ludwig Sand am 23. März 1819 erwirkte der österreichische Staatskanzler Fürst Metternich auf den im August 1819 nach Karlsbad einberufenen Geheimkonferenzen Zensur-, Verbots- und Überwachungsmaßnahmen »gegen demagogische Umtriebe« in allen Ländern des Deutschen Bundes (Karlsbader Beschlüsse). In dieser Zeit kam der Begriff »Polizeistaat« auf. Die Burschenschaften und die Turnvereine, die zu den Hauptträgern der nationalliberalen Bewegung zählten, wurden verboten, die Universitäten überwacht, Berufsverbote erteilt, die

Presse der Zensur unterworfen. Besonders Preußen tat sich in der »Demagogenverfolgung« hervor. Unter preußischem und österreichischem Druck wurden die Karlsbader Beschlüsse vom Bundestag einstimmig angenommen und blieben bis 1848 gültig.

**Biedermeier**    Der Begriff geht auf eine Reihe satirischer Gedichte aus der Feder von Ludwig Eichrodt und Adolf Kussmaul zurück, die 1855–1857 in der deutschen Wochenschrift *Fliegende Blätter* erschienen. Die beiden hatten den Namen der Hauptfigur ihrer »Gedichte des Weiland Gottlieb Biedermaier« aus den Gedichtüberschriften »Biedermanns Abendgemütlichkeit« und »Bummelmaiers Klage« des badischen Schriftstellers Viktor von Scheffel (1826–1886) gebildet. Der Epochenbegriff für die Zeit zwischen 1815 und 1848 leitet sich also von einem fiktiven literarischen Namen (und zugleich dem Pseudonym der beiden) ab und ist von Anfang an eine polemische Bezeichnung aus der zweiten Hälfte des 19. Jahrhunderts, um die politisch desinteressierte, aber auch unterdrückte bürgerliche Welt der Restaurationszeit zu charakterisieren.

## *Erfindungen, die Geschichte machten*

Völlig anders als die Scheinidylle des Biedermeier sah die Wirklichkeit aus. Sie war vor allem im Wirtschafts- und Gewerbsleben bestimmt von der industriellen Revolution und Erfindungen, die neue Welten in Technik und Wissenschaft eröffneten. Damit ist auch immer die Einführung neuer Begriffe verbunden.

**Presse**    Friedrich Koenig erfand 1812 die dampfbetriebene Zylinderdruckmaschine. Sie ermöglichte aufgrund ihres neuartigen Rotationsverfahrens erstmals den Schnelldruck in hohen Auflagen. Damit erlebte das Zeitungswesen einen ungeheuren Aufschwung. 1814 ging die Londoner *Times* damit als Erste in Druck.

**Dampflokomotive & Eisenbahn**   Die von George Stephenson gebaute erste Dampflokomotive fuhr 1825 auf der ersten öffentlichen Eisenbahnstrecke (zunächst nur für Güterverkehr) von Stockton nach Darlington. 1830 wurde die erste Eisenbahnstrecke für Personenverkehr zwischen Manchester und Liverpool eröffnet. Die erste Dampfeisenbahn in Deutschland war die Ludwigsbahn, die zum ersten Mal am 7. Dezember 1835 von Nürnberg nach Fürth fuhr. Der sich rasant entwickelnde Eisenbahn- und Bahnhofsbau veränderte die Städte und durch die ungewohnte Geschwindigkeit das Raum- und Zeitgefühl. Die Harmonisierung der Fahrpläne machte die Einführung einer einheitlichen Standardzeit erforderlich. In Deutschland wurde am 1. April 1893 die mitteleuropäische Zeit (MEZ) eingeführt.

**Fotografie**   Die Franzosen Joseph Nicéphore Nièpce (1765–1833) und Louis Daguerre (1787–1851) gelten als die Erfinder der Fotografie. Nièpce gelang 1826 die erste beständige Aufnahme: Sie zeigt den Blick aus dem Fenster seines Arbeitszimmers. In Zusammenarbeit mit Louis Daguerre wurde das Verfahren weiterentwickelt. Die Verkürzung der anfangs sehr langen Belichtungszeiten verdankt sich einem Zufall. Daguerre belichtete eine Fotoplatte, brach den Vorgang aber ab und verstaute die Platte in seinem Chemikalienschrank. Als er sie später wieder hervorholte, hatte sich wider Erwarten ein Bild darauf abgezeichnet. Ursache dafür waren ein paar verschüttete Quecksilbertropfen. Die Fotografie, man sprach anfangs auch von »Daguerreotypie«, wurde zu einem heute nicht mehr wegzudenkenden Medium. 1936 entwickelte die Firma Agfa den ersten Farbfilm. Am Ende des 20. Jahrhunderts revolutionierte die digitale Technik noch einmal das fotografische Verfahren.

**Morsetelegraf**   Der amerikanische Maler und Erfinder Samuel Finley Breese Morse (1791–1872) konstruierte 1837 den ersten Schreibtelegrafen (Morseapparat) zur Übertragung von Nachrichten, zunächst mit einer Zickzackschrift auf Papierbändern. 1838 erfand er das »Morsealphabet«, das später von Friedrich Clemens Gerke weiterentwickelt wurde. Das »Morsen« spielte bis in die Zeit nach dem Zweiten Weltkrieg eine erhebliche Rolle in der elektrischen Nachrichtenübermittlung.

**Kindergarten**    Der deutsche Pädagoge Friedrich Wilhelm August Fröbel (1782–1852) war überzeugt, dass der »schaffende Tätigkeitstrieb« des Menschen eine »heilige Urkraft« sei, die schon im Kindesalter gefördert werden müsse. 1837 gründete er eine »Anstalt zur Pflege des schaffenden Tätigkeitstriebes«, entwickelte »Spielgaben« wie Kugeln, Würfel, Walzen und propagierte seine Vorstellung eines »allgemeinen deutschen Kindergartens«. Die Idee fand rasch weite Verbreitung, »Kindergarten« wurde zu einem der erfolgreichsten deutschen Wörter in anderen Sprachen.

**Reisebüro**    Der Engländer Thomas Cook (1808–1892) nutzte als Erster die Möglichkeiten, die die neue Eisenbahn für den Tourismus bot. Am 5. Juli 1841 veranstaltete er die erste organisierte Gruppenreise. Dabei fuhren knapp 600 Aktivisten der Abstinenzbewegung zu einem Sonderpreis von Leicester nach Loughborough. Weitere verbilligte Gruppenreisen mit der Bahn folgten, unter anderem zur Londoner Weltausstellung 1851. 1845 gründete Cook das erste Reisebüro und entwickelte Reiseschecks und Hotelgutscheine. Er organisierte die erste Nilkreuzfahrt in Luxor und die erste Gruppenweltreise.

**Goodyear-Gummi**    Der Amerikaner Charles N. Goodyear (1800–1860) experimentierte schon seit Längerem mit Kautschuk, erfand aber die bahnbrechende Methode der Vulkanisation 1839 durch Zufall: Eine Mischung aus Kautschuk und Schwefel ergab einen neuartigen, dehn- und formbaren Stoff: Gummi (1844 patentiert). 1855 stellte Goodyear das erste Kondom her. »Gummi« wurde ein sehr vielseitig verwendetes Wort. Die Spannbreite reicht von »Gummibärchen« (nicht aus Gummi, sondern aus Gelatine) über »Gummiadler« (auch nicht aus Gummi) bis zu »Gummiparagraph«. Die Firma, die Goodyears Namen trägt, wurde nicht von ihm gegründet, sondern erst 38 Jahre nach seinem Tod. Die Benennung erfolgte ihm zu Ehren.

**Telefon**    Der deutsche Physiker Philipp Reis (1834–1874) entwickelte 1861 einen Apparat zur elektrischen Übertragung von gesprochener Sprache. Der schottische Physiologe und Stimmspezialist Alexander Graham Bell (1847–1922) erfand 1876 ein Telefon, dessen Prinzip bis zur heutigen Digitalisierung der Fernsprechtechnik Gültigkeit hatte.

**ausmendeln**    Mit dem Begriff bezeichnet man das Wegzüchten unerwünschter Merkmale bei Pflanzen oder Tieren. 1865 publizierte der österreichische Augustinerpater und Naturkundelehrer Gregor Johann Mendel (1822–1884) die Ergebnisse seiner jahrelangen systematischen Kreuzungsversuche an Erbsen- und Bohnenpflanzen. Aus seinen Beobachtungen und Erkenntnissen leitete er die »Mendelschen Gesetze«, die Vererbungsregeln für einfache Merkmale ab. Mendel wurde so zum Begründer der Genetik, obwohl seine Arbeiten von den Zeitgenossen überhaupt nicht beachtet und erst um 1900 wiederentdeckt wurden.

## *Bücher, die Geschichte machten*

**Brockhaus**    *Conversationslexikon mit vorzüglicher Rücksicht auf die gegenwärtigen Zeiten* (1796–1811)
Friedrich Arnold Brockhaus (1772–1823) hat das »Universallexikon« nicht erfunden, aber für ein breites Publikum (»die gebildeten Stände«) zugänglich gemacht. Enzyklopädien als Sammlungen allen Wissens oder wenigstens des Wissenswerten gab es schon in der Spätantike. Im 18. Jahrhundert war die *Encyclopédie* in Frankreich eines der bahnbrechenden intellektuellen Projekte der Aufklärung. Im deutschen Bereich vorausgegangen war etwa *Zedlers Lexikon* in 68 Bänden (1731–1754). Brockhaus kaufte 1808 das von Renatus Gotthelf Löbel und Christian Wilhelm Franke herausgegebene *Conversationslexikon* (1796 begonnen) und führte es zu Ende (1811, 8 Bände). Darauf aufbauend entwickelte Brockhaus das Lexikon weiter. Seine verlegerische Großtat war die Konzentration des Wissenswerten seiner Zeit in einer Lexikonedition von zehn Bänden (1819/20).

**Survival of the fittest**     Charles R. Darwin: *On the Origin of Species by Means and Selection* (1859)

Eher durch Zufall hatte der englische Biologe Charles Robert Darwin (1809–1882) die Gelegenheit erhalten, auf dem britischen Vermessungsschiff *HMS Beagle* von 1831 bis 1835 an einer Weltumsegelung teilzunehmen, die auch auf die Galapagosinseln führte. Vor allem aufgrund der dort beobachteten Ähnlichkeiten und Unterschiede und mithilfe von Fossilienfunden, die er bereits in Südamerika gemacht hatte, rückte Darwin von der Schöpfungslehre, von der er bis dahin überzeugt gewesen war, ab und entwickelte eine Theorie über die Entstehung der Arten durch Variation und ihre Erhaltung durch natürliche Selektion der am besten angepassten. Dies implizierte, dass es gemeinsame Vorfahren der Arten gab, und es implizierte auch, dass hier kein Schöpfergott unveränderliche Tier- und Pflanzenarten geschaffen hatte. Sie waren ein Werk der Natur selbst und ihre Entwicklung ein fortdauernder Prozess der Veränderung. Darwin zögerte lange mit der Veröffentlichung seiner Erkenntnisse *Über die Entstehung der Arten durch natürliche Zuchtwahl*, die eine wissenschaftliche Sensation darstellten. Er sah den Schock, den sie vor allem bei naiv Kirchengläubigen auslösen würden, voraus. Darwins Evolutions- und Selektionstheorie wurde vielfach missverstanden (»Der Mensch stammt vom Affen ab«) und von Rassenfanatikern missbraucht (»Kampf ums Dasein«, »Nur der Starke überlebt«). Sie gilt aber heute als eine der bedeutendsten wissenschaftlichen Theorien, die je erdacht wurden, und machte die Biologie, insbesondere die Genetik, zu der Leitwissenschaft, die sie heute ist.

*Survival of the fittest* bedeutet, dass nur die bestangepassten Individuen überleben.

# Das Revolutionszeitalter

**Industrielle Revolution**     Der englische Nationalökonom Arnold Toynbee (1852–1883) prägte den Begriff *industrial revolution* für die rasanten Umwälzungen in der Wirtschaft, die durch die im 18. Jahrhundert einsetzende Industrialisierung hervorgerufen wurden. Der Begriff wurde rasch in ganz Europa übernommen und zur Bezeichnung einer ganzen Epoche.

Die erste deutsche Eisenbahnstrecke von Nürnberg nach Fürth (1835) war sechs Kilometer lang. Die erste deutsche Fernbahnstrecke von Leipzig nach Dresden maß 115 Kilometer (1837). 1840 waren bereits 580 Kilometer Eisenbahngeleise gebaut, 1850 über 7000 Kilometer. Der Eisenbahnbau benötigte Eisen und Stahl sowie Maschinen, insbesondere natürlich Lokomotiven und Waggons. August Borsig (1804–1854) besaß eine Maschinenfabrik in Berlin, in der Dampfmaschinen produziert wurden. 1841 baute Borsig die erste und 1858 bereits die tausendste Lokomotive. Außer der Fabrik von Borsig gab es Maffei in München, Hanomag in Hannover und Henschel in Kassel.

Mechanisierung und Industrialisierung führten zum Rückgang des traditionellen Handwerks und zu einer Verarmung breiter Volksschichten vor allem auf dem Land. Das bekannteste Beispiel ist die Textilindustrie, wo die in Heimarbeit tätigen Weber massenweise ihre Arbeit verloren (schlesischer Weberaufstand 1844). Die Folge waren Entwurzelung, Auswanderung und massive Binnenwanderung in die Städte, in denen die Fabriken aus dem Boden schossen. So bildete sich innerhalb von etwa zwanzig Jahren das Industrieproletariat, dessen soziale Not den Hintergrund der sich in immer kürzeren Abständen ereignenden Revolutionen darstellte, die allerdings auch von anderen Konflikten innerhalb der restaurativ erstarrten Gesellschaften des 19. Jahrhunderts bestimmt wurden.

**Julirevolution**     Der Aufstand der sogenannten »Julirevolution« vom 27. bis 29. Juli 1830 in Frankreich richtete sich gegen die Unterdrückungsmaßnahmen des erzreaktionären Bourbonenherrschers

Karl X. (1757–1836). Am 26. Juli 1830 hatte er die Pressefreiheit aufgehoben und das Wahlrecht stark eingeschränkt. Dagegen zog das Volk auf die Barrikaden, wie es in dem berühmten Gemälde von Eugène Delacroix *Die Freiheit führt das Volk* anschaulich und auch pathetisch dargestellt wird. Karl X. dankte am 2. August ab und ging ins Exil nach England. Die bürgerlich-liberale Opposition hatte gesiegt. Sie setzte die konstitutionelle Monarchie mit einem starken Parlament durch und schrieb den Grundsatz der Volkssouveränität in der Verfassung fest. Karls Nachfolger auf dem französischen Thron, Louis Philippe, Herzog von Orléans (1773–1850), legte den Eid auf diese Verfassung ab und galt als »Bürgerkönig«. Die Julirevolution hatte auch auf das Ausland eine starke Wirkung und führte zum Anwachsen der freiheitlichen und nationalen Bestrebungen in ganz Europa. So folgte im September 1830 insbesondere die belgische Revolution. Die südlichen Niederlande erklärten sich für unabhängig und bildeten einen eigenen neuen Staat mit einer fortschrittlichen konstitutionellen Monarchie, der 1831 von den europäischen Großmächten anerkannt wurde.

**Tanz auf dem Vulkan**    Am 31. Mai 1830, kurz vor der Julirevolution, gab Louis Philippe im Palais Royal in Paris einen Ball zu Ehren seines Schwagers, des Königs von Neapel. In seiner Eigenschaft als französischer Botschafter in Neapel nahm auch der Graf Salvandy an dem Fest teil. Er machte Louis Philippe Komplimente zu dem glanzvollen, gelungenen Fest, setzte aber in Anspielung auf den bei Neapel liegenden Vesuv ahnungsvoll hinzu: »Das ist ein ganz neapolitanisches Fest, mein Fürst, wir tanzen auf einem Vulkan.«

**Enrichissez-vous**    Der Ausspruch *enrichissez-vous* (= bereichert euch) wird dem französischen Minister für das Unterrichtswesen François Guizot (1787–1874) zugeschrieben. Unter der Herrschaft des Bürgerkönigs Louis Philippe (reg. 1830–1848) kam es zu einem großen wirtschaftlichen Aufschwung in Frankreich, vor allem im Eisenbahnbau, wovon besonders das Großbürgertum profitierte. Den Belangen und Nöten der Arbeiterschaft wurde keinerlei Beachtung geschenkt. Im Frankreich Louis Philippes bildete sich jene bürgerliche Klassengesellschaft aus, an der sich 1848 unter anderem die Kritik von Karl Marx (*Kommunistisches Manifest*) entzündete. Auch Louis Philippes anfangs liberaler Regierungsstil wurde immer reaktionärer. Die Februarrevolution 1848 in Frankreich beendete dann auch seine Herrschaft.

# 1848

Die Jahreszahl 1848 wurde zum Begriff. Das ganze Jahr hindurch zogen sich revolutionäre Unruhen in vielen Ländern Europas.

**Februarrevolution**     Ihren Ausgang nahmen die Umwälzungen des Jahres 1848 Ende Februar in Frankreich. Das Verbot eines Banketts zur Wahlrechtsreform durch den zunehmend reaktionär gewordenen »Bürgerkönig« Louis Philippe am 21. Februar löste Unruhen aus, die am 24. zu seinem Sturz führten. (Der 21. Februar war zufällig auch der Tag, an dem Karl Marx und Friedrich Engels das *Kommunistische Manifest* veröffentlichten.) Die Zweite Republik wurde ausgerufen.

Dieser Funke sprang in Deutschland zunächst nach Baden über, wo noch Ende Februar in Mannheim eine Volksversammlung die Badische Revolution auslöste. Deren Forderungen nach Volksbewaffnung, Pressefreiheit, Schwurgerichten und einem nationalen Parlament markierten sozusagen die politischen Topthemen des Jahres.

**Märzrevolution**     Im März 1848 überschlugen sich die Ereignisse in ganz Deutschland und in anderen europäischen Staaten. Am 13. März trat Klemens Wenzel Fürst von Metternich zurück und floh nach London. Ungarn erhob sich gegen Österreich. In Berlin bauten Aufständische Barrikaden und lieferten sich mehrtägige Straßenschlachten mit der vom König eingesetzten Kavallerie. Die Särge der »Märzgefallenen« wurden auf den Stufen des Berliner Doms auf-

gebahrt, was Adolph von Menzel in einem eindrucksvollen Gemälde
festhielt. Bereits Ende März tagte das Vorparlament in Frankfurt.
Am 2. April wurden die Karlsbader Beschlüsse von 1819 vom Deutschen Bundestag aufgehoben. Mitte April riefen Friedrich Hecker
und Gustav von Struve in Baden die Republik aus.

**Paulskirche**   Die Nationalversammlung, das erste deutsche Parlament, trat am 18. Mai 1848 in der Frankfurter Paulskirche zusammen. Unter den 812 gewählten Abgeordneten und ihren Stellvertre-
tern waren sehr viele Akademiker (Professoren) und Freiberufler
(Anwälte, Unternehmer); den größten Anteil stellten die Beamten,
denen damals große politische Sachkunde zugeschrieben wurde.
Es gab verschiedene Fraktionen. Erster Parlamentspräsident war
Heinrich von Gagern (1799–1880). Er war schon Mitglied der Ur-
burschenschaft von Jena gewesen und hatte an der Schlacht von
Waterloo teilgenommen. Zuletzt war er Hessen-Darmstädtischer
Staatsbeamter, einer der populärsten gemäßigten Liberalen und an
allen Vorbereitungen zur Paulskirchenversammlung maßgeblich
beteiligt.

Hauptaufgabe der Nationalversammlung war die Ausarbeitung
einer Verfassung für das damals schon »Deutsches Reich« genannte
Staatsgebilde, das nun ein Bundesstaat werden sollte und kein Staa-
tenbund wie der Deutsche Bund. Nach turbulenten und langwie-
rigen Diskussionen wurde schließlich das »Gesetz über die Grundrechte des deutschen Volkes«, die Verfassung, am 28. März 1849
verkündet. Sie sah die staatliche Einheit Deutschlands unter einer
konstitutionellen Monarchie vor, schrieb das allgemeine Wahlrecht
fest und enthielt einen schon sehr modernen Grundrechtskatalog.

**Großdeutsch/kleindeutsch**   Noch nicht ganz, aber bereits vor-
entschieden war im Dezember 1848 die Frage nach der Staatsform
und im Zusammenhang damit die Frage, ob das neue Reich mit Ein-
schluss Österreichs (großdeutsche Lösung) oder ohne Österreich
(kleindeutsche Lösung) ins Leben gerufen werden sollte. Bekanntlich kam es weder zu der einen noch zu der anderen Variante. Die
Habsburger sperrten sich selbstverständlich gegen die Aufspaltung

ihres Reiches oder gar die Trennung von Teilen ihrer k. u. k. Monarchie wie etwa Ungarn. Deshalb erteilten sie dieser Variante bereits im Vorhinein eine Absage. Die kleindeutsche Lösung kam nicht zustande, weil der preußische König Friedrich Wilhelm IV. die ihm angetragene Kaiserwürde eines konstitutionellen Monarchen »aus den Händen des Volkes« denn doch nicht entgegennehmen mochte. Damit erwies sich der gesamte Paulskirchenprozess als vergeblich. Der Versuch, einen einheitlichen deutschen Nationalstaat auf der Grundlage einer freiheitlichen, parlamentarischen Verfassung zu schaffen, war gescheitert.

**Gleichberechtigung**    Für den deutschsprachigen Bereich wurde der Begriff der Gleichberechtigung im Jahr 1848 von dem Schriftsteller und Dramatiker Friedrich Hebbel (1813–1863) in dem Satz geprägt: »Das Prinzip der Gleichberechtigung der Völker hat zwei Seiten.« Hebbel fasste den Begriff also staatsrechtlich auf, und so wurde er zunächst auch verwendet; seit ca. 1900 wurde daraus ein grundlegendes Schlagwort der Frauenbewegung, das die Bedeutung des Begriffs auf die Gleichberechtigung der Geschlechter ausweitete.

**Realpolitik**    Der Politiker und Publizist Ludwig August von Rochau verwendete den Begriff »Realpolitik« 1853 in einer Rede, in der er den Grundsatz vertrat, dass politisches Handeln von den realen Gegebenheiten ausgehen müsse. Er wandte sich damit polemisch gegen die »Ideenpolitik«, idealistische Vorstellungen und abstrakte Programme, die die Nationalversammlung von 1848/1849 in der Paulskirche beherrschten. In der Nationalversammlung war es ja nicht nur um den Parlamentarismus und liberale und demokratische Verfassungsrechte gegangen, sondern vor allem auch um die Frage der deutschen Einheit, der Bildung eines Nationalstaates, was allerdings nicht gelang. Otto von Bismarck löste diese Frage später »realpolitisch«; der Begriff wurde zum Leitbegriff seiner Epoche.

Nicht zufällig spielte die »Realpolitik« dann wieder in den 1970er-Jahren eine herausragende Rolle, als es in Westdeutschland um eine ähnliche Frage der »Einheit« ging, nämlich um das Verhältnis zwi-

schen der Bundesrepublik Deutschland und der Deutschen Demokratischen Republik, das durch die Hallstein-Doktrin (Alleinvertre-
tungsanspruch der BRD) leicht absurde Züge angenommen hatte
und mit der Ostpolitik Willy Brandts wieder auf die realpolitische
Ebene geführt wurde.

**Nachtwächterstaat**   Die spöttische Begriffsschöpfung »Nachtwächterstaat« von Ferdinand Lasalle (1825–1864) richtete sich gegen den bürgerlichen Liberalismus, der die Funktionen des Staates
im Großen und Ganzen auf Angelegenheiten der Justiz (Personen-
schutz, Eigentumsschutz) und der äußeren Sicherheit beschränkt
sehen wollte – aus Lassalles Sicht also in etwa das, was ein Nacht-
wächter macht.

**Proletarier aller Länder, vereinigt euch!**   *Das Kommunistische
Manifest* von Karl Marx und Friedrich Engels entstand 1848 in Brüssel. Geplant als Programmschrift des Bundes der Kommunisten,
machte Karl Marx daraus einen sehr viel umfassenderen Grund-
lagentext. Er stellte den gesamten Verlauf der Geschichte als eine
Abfolge von Klassenkämpfen dar, in denen sich immer wieder die
Besitzlosen gegen die Besitzenden auflehnen. Zu Marx' Zeit war die
»moderne Bourgeoisie« die besitzende Klasse, die über das Kapital
und die Produktivkräfte verfügte. Alle anderen, auch Ärzte, Juristen
oder Wissenschaftler trugen nach Marx letztlich nur ihre Arbeits-
kraft auf den Markt. Gesetz, Religion und Moral bezeichnete er als
»Überbau«, der allein den Interessen des Kapitals diene. Die Analyse mündet in einen utopischen Gesellschaftsentwurf, der das Ideal
der Herrschaft des Proletariats ausmalt. Gefordert werden unter anderem die Verstaatlichung der Produktionsmittel und des Trans-
portwesens, die Enteignung des Grundbesitzes und die Abschaffung
des Erbrechts, »industrielle Armeen, besonders für den Ackerbau«,
sowie eine unentgeltliche Schulbildung für alle. Am Schluss des Ma-
nifests folgt der Aufruf zum gewaltsamen Umsturz, denn »die Proletarier haben nichts zu verlieren außer ihren Ketten. Sie haben eine
Welt zu gewinnen. Proletarier aller Länder, vereinigt euch!«

## *Bauwerke, die Geschichte machten*

**Kristallpalast**     Der für die Londoner Weltausstellung 1851 als zentrales Ausstellungsgebäude von Joseph Paxton (1803–1865) konstruierte *Crystal Palace* war das revolutionärste Bauwerk des 19. Jahrhunderts. Die Bezeichnung »Kristallpalast« war spöttisch gemeint und wurde von der Satire-Zeitschrift *Punch* geprägt. Der Kristallpalast wurde aus vorgefertigten Gusseisenteilen und Glasscheiben an dem vorgesehenen Standort im Hyde Park zusammenmontiert. Dieses neuartige Modulverfahren war erst durch die neu entwickelte Eisenfertigungsindustrie jener Zeit möglich. Joseph Paxton hatte als Gartenbauarchitekt mit der Errichtung von Gewächshäusern einschlägige Erfahrungen gesammelt. Das riesige Gebäude bedeckte eine Fläche von 93 000 m² und wurde von mehr als 2000 Arbeitern in nur 17 Monaten Bauzeit errichtet. Nach der Weltausstellung wurde der Kristallpalast wie geplant abgetragen und im Londoner Stadtteil Sydenham wieder aufgebaut. Er brannte 1936 vollständig ab.

**Suezkanal**     Der Suezkanal in Ägypten verbindet das Mittelmeer mit dem Roten Meer und ist eines der strategisch bedeutendsten Bauwerke aller Zeiten. Unter der Leitung des französischen Ingenieurs Ferdinand de Lesseps (1805–1894) wurde 1859 bis 1869 unter ungeheuren Anstrengungen und Opfern der 190 Kilometer lange Kanal als Großschifffahrtsstraße gebaut. Damit entfiel für den Schiffsverkehr zwischen Europa und Fernost die zeitraubende Umfahrung Afrikas. Für die damaligen Dampfschiffe bedeutete das eine Ersparnis zwischen 25 und 35 Tagen. Der Großteil des für den Bau erforderlichen Kapitals wurde von einer britisch-französisch-österreichisch-ägyptischen Aktiengesellschaft aufgebracht, der *Compagnie de Sues*. Der eigentliche Leiter der Ingenieurplanungen war der Österreicher Alois Negrelli, der aber bereits 1858 starb und nicht ohne Zutun Lesseps' bald in Vergessenheit geriet. Anderthalb Millionen Menschen waren auf dieser Großbaustelle beschäftigt. Etwa 125 000 starben, vor allem an einer Cholera-Epidemie, die beinahe zur Aufgabe des Vorhabens geführt hätte. Die pompösen

Eröffnungsfeierlichkeiten fanden im November 1869 statt. Verdis
Oper *Aida*, von dem ägyptischen Vizekönig Ismael Pascha für die
Festlichkeiten in Auftrag gegeben, wurde dabei nicht aufgeführt,
sondern erst 1871 in Kairo.

**Welthauptstadt des 19. Jahrhunderts**   Der tiefgreifendste
Stadtumbau im 19. Jahrhundert wurde auf Betreiben von Napoleon III. in Paris vorgenommen. Durch die Tatkraft (und Rücksichts-
losigkeit) des Präfekten Georges Eugène Haussmann entstand in
den Jahren 1853 bis 1870 die als »Welthauptstadt des 19. Jahrhunderts« apostrophierte Metropole, wie sie heute erscheint. Bis dahin
war Paris eine überbevölkerte, verwinkelte, dichtest bebaute, im
Kern noch mittelalterliche Stadt ohne geregelte Kanalisation. Das
dadurch entstehende »Parfum« von Paris ist in dem Weltbestseller
von Patrick Süskind eindringlich beschrieben. Die alte Stadt fiel
nahezu komplett der Spitzhacke zum Opfer. Stattdessen wurden vor
allem auf dem rechten Seine-Ufer breite, schnurgerade Boulevards
angelegt, die auf monumentale Plätze zuliefen, etwa auf den Arc de
Triomphe, die Oper oder die Place de la Concorde. Natürlich wurde
auch eine Kanalisation installiert. Außerdem entstanden Parks als
Erholungsorte für die Stadtbevölkerung nach englischem Vorbild
(Bois de Boulogne, Parc de Vincennes u. a.), die Halles Centrales (als
Markthallen) und die großen Bahnhöfe (Gare du Nord, Gare de
l'Est).

**London Underground – Roter Kreis mit blauem Querbalken**
Nach der ersten Weltausstellung 1851 begann man in London Pläne
für eine Untergrundbahn zu schmieden. Ziel war es, zwischen den
teilweise weit auseinanderliegenden Kopfbahnhöfen der verschiedenen Eisenbahngesellschaften schnelle und bequeme Verbindun-
gen zu schaffen. Der bisherige Kutschverkehr zwischen den Bahn-
stationen war im dichten Verkehrsgewühl der im Allgemeinen nicht
sehr breiten Londoner Straßen kaum mehr zu bewältigen. Am Bau
der Untergrundbahn waren über Jahrzehnte hinweg eine Vielzahl
teilweise heftig konkurrierender Eisenbahngesellschaften beteiligt.
Die Arbeiten begannen im Jahr 1860. Am 10. Januar 1863 befuhr ein

unterirdischer Dampflokomotivenzug die erste Strecke zwischen Paddington und Farringdon, das entspricht heute hauptsächlich der *Hammersmith & City Line.*

Das einprägsame Logo von Harold Stabler – ein roter Ring symbolisiert die »runde« Stadt, die von einem blauen Balken, den Untergrundbahnen, durchquert wird – stammt aus dem Jahr 1908. Der Bahnangestellte Harry Beck entwarf 1933 den schematischen Streckenplan nach dem Muster eines elektrischen Schaltplans, ein kartografisches Meisterwerk der übersichtlichen Reduktion. Er wurde zum Vorbild aller modernen U-Bahn-Pläne.

# Der Eiserne Kanzler – Begriffe aus der Bismarckzeit

**Blut und Eisen**     Am 23. September 1862 wurde Otto von Bismarck (1815–1898) von König Wilhelm I. zum Ministerpräsidenten von Preußen ernannt. Vorausgegangen war ein Verfassungskonflikt zwischen König und Parlament, der sich an der geplanten Heeresreform entzündet hatte. König Wilhelm I. und Kriegsminister von Roon wollten das Heer vergrößern, auch um besser gegen revolutionäre Umtriebe gewappnet zu sein. Das von den Liberalen dominierte Parlament verweigerte die Bewilligung der dazu nötigen Gelder. Vor diesem Hintergrund formulierte Bismarck in einer Rede den Satz: »Nicht durch Reden und Majoritätsbeschlüsse werden die großen Fragen der Zeit entschieden – das ist der Fehler von 1848 und 1849 gewesen –, sondern durch Eisen und Blut.« Bismarck benutzte die Metapher »Eisen und Blut« noch öfter. Es war eine sehr anschauliche und eingängige Umschreibung für »militärische Gewalt«. Die Wortwahl und der zugrundeliegende Gedanke sprechen allerdings nicht gerade für eine demokratische Gesinnung des preußischen Ministerpräsidenten und späteren Reichskanzlers.

**Getrennt marschieren – vereint schlagen**     Als preußischer Ministerpräsident suchte Otto von Bismarck die Auseinandersetzung mit Österreich, das traditionell den auf dem Wiener Kongress begründeten Deutschen Bund dominierte. Nach der Besetzung Holsteins durch preußische Truppen kam es zum Bruch mit Österreich. Am 14. Juni 1866 erfolgte die Mobilmachung des Deutschen Bundes gegen Preußen.

Die Preußen marschierten in Böhmen ein. Die entscheidende Schlacht sollte am 3. Juli bei Königgrätz geschlagen werden. Die Logistik des Aufmarsches der enormen Heeresmassen war eine Meisterleistung, wozu erstmals auch die Eisenbahn für Truppentransporte eingesetzt wurde. Der preußische Generalstabschef Helmuth von Moltke (1800–1891) dirigierte drei große Armeen unabhängig voneinander auf das Schlachtfeld unter dem Motto »Getrennt marschieren – vereint schlagen«. Die blutige Schlacht endete mit einer bitteren Niederlage für Österreich und seine süddeutschen, hannoverschen und sächsischen Verbündeten. Der Deutsche Bund wurde aufgelöst. Bismarck annektierte Schleswig-Holstein, Hannover, Sachsen, Kurhessen, Nassau und Frankfurt und schloss sie im Norddeutschen Bund zusammen.

**Eine weiße Weste haben**     Die Friedensverhandlungen nach dem Waffengang von Königgrätz 1866 wurden in der mährischen Stadt Nikolsburg geführt. Noch kam es zu kleineren militärischen Operationen, doch die Preußen waren darauf bedacht, dass keine den Vorwand für eine größere Aktion der Österreicher lieferte. In seinen Memoiren erwähnt Bismarck, er habe Moltke gefragt, »ob er unser Unternehmen bei Preßburg für gefährlich oder für unbedenklich halte. Bis jetzt hätten wir keinen Flecken auf der weißen Weste.«

**Reptilienfonds**     Damit bezeichnet man Geheimfonds der Regierung. Bismarck verfügte als preußischer Ministerpräsident über das beschlagnahmte Vermögen des 1866 ins Exil gegangenen Kurfürsten von Hessen sowie über die Zinsen des sogenannten Welfenfonds des Königs Georg V. von Hannover. Von der Opposition wurde Bismarck der Vorwurf gemacht, dieses Geld zur Bestechung u. a. der Presse, für das Ausspionieren politischer Gegner und für andere Zwecke zu missbrauchen. Am 30. Januar 1869 entgegnete er darauf: »Ich bin nicht zum Spion geboren meiner ganzen Natur nach; aber ich glaube, wir verdienen Ihren Dank, wenn wir uns dazu hergeben, bösartige Reptilien zu verfolgen, bis in ihre Höhlen hinein, um zu beobachten, was sie treiben. Damit ist nicht gesagt, dass wir eine halbe Million geheimer Fonds brauchen können; ich hätte keine Verwendung dafür und möchte die Verantwortung für solche Summen nicht übernehmen.« Mit den »bösartigen Reptilien« spielte Bismarck auf die Agenten des entthronten Kurfürsten von Hessen an.

**Emser Depesche**    Sehr skeptisch beobachtete man im Paris des *Second Empire* unter Kaiser Napoleon III., wie sich in den späten 1860er-Jahren Preußen endgültig zur Großmacht in Deutschland aufschwang. Die französisch-preußischen Spannungen eskalierten, als 1868 der Erbprinz Leopold von Hohenzollern-Sigmaringen als Kandidat für den nach dem Sturz der Königin Isabella II. von Bourbon vakanten Thron in Spanien ins Gespräch kam. Frankreich fürchtete, von Hohenzollern im Norden und Süden in die Zange genommen zu werden. Auf den französischen Protest hin verzichtete Leopold auf die spanische Thronfolge und der preußische König Wilhelm I. sah damit die Angelegenheit als erledigt an. Doch Frankreich forderte Garantien auch für die Zukunft. Das diplomatische Tauziehen wurde von beiden Seiten von Manipulationen der öffentlichen Meinung begleitet, was zusätzlichen Druck auf den jeweiligen Gegner ausüben sollte – damals ein neues Element in der Politik.

Entscheidend wurde schließlich ein Telegrammbericht des Legationsrats Heinrich Abeken vom 13. Juli 1870 an Bismarck aus Bad Ems, wo sich Wilhelm I. zur Kur aufhielt. Dieser durchaus korrekte Bericht über die Unterredung zwischen dem preußischen König und dem französischen Botschafter Vincent Graf von Benedetti, der von Wilhelm I. den Verzicht auf die spanische Thronfolge auch in der Zukunft forderte, ist die »Emser Depesche«.

Bismarck kürzte den Bericht in Berlin so, dass das Auftreten des Botschafters als recht dreist und die Reaktion des Königs als not-

wendigerweise brüsk erscheinen musste. Bismarck gab den so redi-
gierten Bericht an die Presse, und die französische Öffentlichkeit
war, wie erhofft, empört. Die Kriegserklärung der französischen Regierung an Preußen erfolgte am 19. Juli 1870. Bismarcks Rechnung,
Preußen als Opfer französischer Aggression darzustellen, ging auf.
In der öffentlichen Meinung galt Napoleon III. als Friedensbrecher.
Die süddeutschen Staaten mussten sich mit Preußen solidarisieren
und ebenfalls an dem Krieg teilnehmen.

**Männer machen Geschichte**     Der Historiker Heinrich von
Treitschke (1834–1896) war seit 1873 Nachfolger auf dem Lehrstuhl
des berühmten Leopold von Ranke an der Berliner Universität.
Treitschke war zeitweise ein publizistischer Mitarbeiter Bismarcks
und von 1871 bis 1884 auch Reichstagsabgeordneter. In seinem
Werk verherrlichte er Preußen und trat für die deutsche Einigung
unter der Führung Preußens ein. Damit traf er den Zeitgeist und
prägte wiederum bei der jungen bürgerlichen Generation das nationale Geschichtsbewusstsein der kommenden wilhelminischen Ära.
Treitschke, der über »Die Gesellschaftswissenschaft« promoviert
hatte, war kein Anhänger der Vorstellung von gesellschaftlichen
Kräften oder Klassen, die die Weltgeschichte bewegen. »Männer
machen Geschichte«, schrieb er im ersten Band seiner *Deutschen
Geschichte im 19. Jahrhundert* (1879). Das nationale Pathos und die
antisemitische Tendenz Treitschkes (1879 formulierte er den ver-
hängnisvollen Satz »Die Juden sind unser Unglück«) hatten entscheidende Wirkung auf den deutschen Nationalismus und insbesondere auch den Nationalsozialismus.

**Hecht im Karpfenteich**     Diesen Ausdruck verwendete Bismarck
in einer Rede vor dem deutschen Reichstag am 6. Februar 1888:
»Die Hechte im europäischen Karpfenteich hindern uns, Karpfen zu
werden.« Jedem Zuhörer war damals klar, dass mit den »Hechten«
Frankreich und Russland gemeint waren, die zu der Zeit das Gleich-
gewicht der europäischen Mächte durcheinanderbrachten. Das
Sprachbild vom Hecht im Karpfenteich hat Bismarck allerdings nicht
erfunden. Es stammt aus dem Aufsatz eines Historikers, der in den

1860er-Jahren den französischen Kaiser Napoleon III. als »Hecht im Karpfenteich«, sprich als Unruhestifter in der europäischen Politik bezeichnet hatte.

**Gründerzeit**  Die Gründerzeit löste in Deutschland, Österreich und der Schweiz nach 1848 das Biedermeier ab und war eine Phase großen wirtschaftlichen Aufschwungs – nicht nur was Kohle, Stahl und Eisenbahn anbelangt. Das Wort weist auf die Vielzahl der Unternehmens-, aber auch Vereinsgründungen hin. Zahlreiche Betätigungen wurden im Verein betrieben. Nicht nur für Gesang, Sport und die Kaninchenzucht, sondern insbesondere auch zu Bildungszwecken bildeten sich Vereine, etwa die Arbeitervereine. Die Bildungsbeflissenheit war eines der Hauptcharakteristika des 19. Jahrhunderts. Besonders fortschrittlich war in dieser Zeit die Schweiz, die wirtschaftlich prosperierte und sich 1848 eine liberale Bundesverfassung gegeben hatte, in der die Freiheitsrechte garantiert waren, der Traum aller deutschen Revolutionäre. (Daher wurde die Schweiz gerade im Zuge der Märzrevolution ein wichtiger Zufluchts- und Asylort für deutsche radikale Revolutionäre, die teilweise steckbrieflich gesucht wurden.)

Die Prosperität der Gründerzeit ist in vielen Stadtbildern in den heute so beliebten »Altbauvierteln« bis in unsere Zeit erhalten oder, wie etwa in Leipzig nach 1989, wiederhergestellt worden.

In Deutschland wurde der Gründerboom durch die hohen französischen Reparationszahlungen nach dem Deutsch-Französischen Krieg noch einmal verstärkt, die vor allem in Infrastrukturmaßnahmen (Eisenbahn, Kanalisation) flossen.

**Völker hört die Signale**  Der berühmte Refrain des Kampfliedes der internationalen sozialistischen Arbeiterbewegung lautet vollständig: »Völker hört die Signale, auf zum letzten Gefecht/Die Internationale erkämpft das Menschenrecht.« Das Lied entstand 1871 unmittelbar nach der Niederwerfung der Pariser Kommune. Der französische Ursprungstext stammt von Eugène Pottier, die deutsche Übersetzung mit dem bekannten Refrain zwischen den drei Strophen von Emil Luckhardt (1910). Gemäß der Marx'schen

Parole »Proletarier aller Länder, vereinigt euch!« war die Arbeiterbewegung stark international ausgerichtet. Die Organisation der sogenannten Ersten Internationale hatte Karl Marx 1864 selbst in London begründet; sie war 1872 an Differenzen mit den Anarchisten um Michail Bakunin zerbrochen.

Die Zweite Internationale wurde 1889 in Paris gegründet. In Deutschland hatte die sozialistische Bewegung ihre Wurzeln in Arbeitervereinen aus der Zeit der Märzrevolution von 1848. 1863 gründete Ferdinand Lasalle in Leipzig den Allgemeinen Deutschen Arbeiterverein, 1869 August Bebel und Wilhelm Liebknecht in Eisenach die Sozialdemokratische Arbeiterpartei. Sie wurden 1875 in Gotha zur Sozialistischen Arbeiterpartei vereinigt und von Bismarck vehement bekämpft (Sozialistengesetze). Der Verlust der Kontrolle über die in sozialistischen oder kommunistischen Parteien organisierten Arbeitermassen war das Schreckgespenst aller monarchischen oder bürgerlich-republikanischen Regierungen in Europa. Die »Sozialistengesetze« verboten nicht die Partei selbst, aber jegliche politische Betätigung außerhalb des Reichstages. Dauerhaft eindämmen konnten sie die Bewegung nicht.

**Kirchturmpolitik**    Als »Kirchturmpolitik« bezeichnet man abwertend politische Entscheidungen, die vor allem eine eng umgrenzte Zielgruppe oder eine bestimmte Region bevorzugen.

Die Bezeichnung umschreibt so bildhaft das Eintreten für das eigene Dorf (eben den »Kirchturm«) und Auswirkungen von Maßnahmen, die nur so weit bedacht werden, wie man den eigenen Kirchturm sieht. Der Begriff wurde vermutlich von Bismarck geprägt, nachweisen lässt sich dies allerdings nicht.

**Der Lotse geht von Bord**    Im »Dreikaiserjahr« 1888, nach dem Tod seines Großvaters Wilhelm I. und dem Krebstod seines Vaters Friedrich III. im gleichen Jahr nach nur hunderttägiger Regierungszeit, wurde Wilhelm II. Kaiser des Deutschen Reiches. Drei Jahre später entließ der 31-jährige Kaiser den damals 75-jährigen Reichskanzler Otto von Bismarck, der fast dreißig Jahre lang die Geschicke Preußens und Deutschlands wesentlich bestimmt und vor allem den deutschen Nationalstaat geschaffen hatte. Die englische Zeitung *Punch* kommentierte die Entlassung Bismarcks mit einer der berühmtesten politischen Karikaturen aller Zeiten: Ein jugendlich tölpelhaft wirkender »Kapitän« Wilhelm sieht vom Deck eines großen Dampfers dem gesetzten alten Bismarck nach, der mit grimmiger Miene die Außenbordleiter hinabsteigt und damit das (Staats-) Schiff, das er so lange gesteuert hat, verlässt.

## Modernität im 19. Jahrhundert

**Rotes Kreuz** Der Genfer Geschäftsmann Henri Dunant (1828–1910) wollte mit dem französischen Kaiser Napoleon III. über ein Bewässerungsprojekt in der algerischen Wüste sprechen. Der französische Kaiser befand sich im Krieg mit Österreich, der auf italienischem Boden ausgefochten wurde. Dunant begab sich zum Kaiser an die Front und geriet so eher durch Zufall am Abend des 24. Juni 1859 in die Schlacht von Solferino. Er wurde Augenzeuge des Leides der verwundeten Soldaten auf beiden Seiten. Solferino war die blutigste Schlacht seit Waterloo (1815). Die Sanitätsdienste waren völlig überfordert. Spontan organisierte Dunant Hilfe aus den umliegenden italienischen Dörfern. Er errichtete ein provisorisches Krankenhaus und ließ Franzosen und Österreicher ohne Ansehen der Person behandeln. Seine eindringlichen brieflichen Schilderungen dieser Erlebnisse wurden in Frankreich veröffentlicht, von der Regierung aber als Hochverrat betrachtet. Dunant musste Italien verlassen. Aus Sorge um die österreichischen Verwundeten, die er nicht schutzlos zurücklassen wollte, führte er einen Wagenkonvoi zwischen den Kriegsparteien hindurch, die Verwundeten waren unter weißen Laken, die mit roten Kreuzen aus Blut gekennzeichnet waren, verborgen.

Unter dem Eindruck von Solferino mobilisierte Dunant Politiker und Militärs und trieb die Gründung eines internationalen Hilfskomitees zur Verwundetenpflege voran (1863), das seit 1876 den

Namen »Internationales Komitee vom Roten Kreuz« trägt. Der
Name erinnert natürlich sehr stark an die Ordensgründungen der
Kreuzritter, die ja ebenfalls ursprünglich zur Versorgung der Ver-
wundeten im Heiligen Land entstanden sind.

**Genfer Konvention**    Die Genfer Konvention von 1864 beinhal-
tet ein humanitäres Völkerrecht zum Schutz der Verwundeten,
Kranken und Schiffbrüchigen im Falle bewaffneter Konflikte. Natürlich werden auch die Sanitäter durch dieses Recht geschützt. Die
Konvention entstand auf Initiative des Schweizers Henri Dunant,
des Begründers des Roten Kreuzes, und wurde ursprünglich zwischen zwölf europäischen Staaten in Genf vereinbart. Heute haben
194 Staaten das Genfer Abkommen, das immer wieder erweitert
wurde, unterzeichnet. Die Schweiz ist Depositarstaat der Verträge. In
Artikel 7 der Genfer Konvention wurde das Rote Kreuz als Schutzzeichen festgelegt, 1929 kam der Rote Halbmond als Schutzzeichen
hinzu und 2005 der Rote Kristall, ein weltanschaulich bewusst neu-
trales Symbol.

**Pazifismus**    Das Wort wurde um 1900 von dem Präsidenten der
»Ligue Internationale de la Paix et de la Liberté«, Émile Arnaud,
geprägt. Die Pazifismus-Bewegung war im 19. Jahrhundert aus der
internationalen Arbeiterbewegung entstanden und hatte auch in
bürgerlichen Kreisen Anklang gefunden. Ihre prominenteste Ver-
treterin im deutschsprachigen Raum war die österreichische Adelige Bertha von Suttner (1843–1914), die mit ihrem Roman *Die Waffen nieder!* einen internationalen Bestsellererfolg errang und um die
Jahrhundertwende eine der bekanntesten Persönlichkeiten der Welt
war. 1905 erhielt sie den Friedensnobelpreis.

**Nobelpreis**    Der schwedische Dynamit-Erfinder und Industrielle Alfred Nobel (1833–1896) hatte eine Stiftung gegründet und in
seinem Testament bestimmt, dass die Zinsen daraus jeweils »denen
zugeteilt werden sollen, die im verflossenen Jahr der Menschheit
den größten Nutzen gestiftet haben«. Die ersten Preise wurden 1901
verliehen. Die Auswahl der Nobelpreisträger für Physik und Chemie

trifft die Königlich-Schwedische Akademie der Wissenschaften, diejenige für Medizin das schwedische Karolinska Institut, die für Literatur die Schwedische Akademie und den Friedensnobelpreisträger benennt ein Komitee des norwegischen Parlamentes Storting.

**Höher, schneller, weiter**  Beeindruckt und beeinflusst von archäologischen Ausgrabungen in Olympia verwendete sich der französische Baron Pierre de Coubertin (1863–1937) seit den 1880er-Jahren für eine Neubegründung der Olympischen Spiele, die dann 1896 erstmals in Athen stattfanden. In Anlehnung an die während der antiken Spiele zwischen den griechischen Stadtstaaten bestehende Friedenspflicht wollte Coubertin ein friedliches Sportwettkampffest der Völkerverständigung. Er war auch von den angelsächsischen pädagogischen Ideen des Sports als Charakterschule beeinflusst. Coubertin gründete das Internationale Olympische Komitee, dessen erster Generalsekretär er war, adaptierte und propagierte das Olympische Motto »Höher, schneller, weiter« und entwarf das Symbol der fünf Ringe.

## Bücher und Schriften, die Geschichte machten

**Die deutsche Rechtschreibung**  Konrad Duden: *Vollständiges orthographisches Wörterbuch der deutschen Sprache* (1880)
Der Gymnasialdirektor in Soest, Schleiz und Hersfeld Konrad Duden (1829–1911) verfolgte zeit seines Lebens das Projekt einer Vereinheitlichung der deutschen Rechtschreibung. Seiner privaten Initiative entsprang das Wörterbuch als Rechtschreibhilfe, das seinen Namen trägt. Es wurde 1902 durch Bundesratsbeschluss für alle deutschen Länder für verbindlich erklärt. Dem schlossen sich Österreich-Ungarn und die Schweiz an.

**Moderne**  Hermann Bahr: *Kritik der Moderne* (1890)
Das Wort im Titel dieses Buches des österreichischen Schriftstellers, Literaturhistorikers und Theaterkritikers Hermann Bahr (1863–1934) wurde sofort zum Schlagwort für eine ganze Epoche.

**Zionismus**   Theodor Herzl: *Der Judenstaat* (1896)

Am 22. Dezember 1894 wurde der französische Hauptmann Alfred Dreyfus in Paris in einem aufsehenerregenden, von einer antisemitischen Vorverurteilung geprägten Prozess zu Unrecht wegen angeblicher Spionage verurteilt. Er wurde erst nach langer Leidenszeit rehabilitiert. Einer der österreichischen journalistischen Berichterstatter des Dreyfus-Prozesses war der Publizist Theodor Herzl (1860–1904). Herzl war Jude und von dem Geschehen und den antisemitischen Umtrieben in Frankreich zutiefst schockiert; natürlich war er sich auch des vehementen Antisemitismus in Wien und Österreich bewusst. Unter dem Eindruck dieser Erlebnisse verfasste er sein Buch *Der Judenstaat*. Zur »Lösung der Judenfrage« (so der Untertitel des Buches) schlug Herzl einen eigenen Staat für die in alle Welt, insbesondere über ganz Europa verstreuten Juden vor. Damit begründete er die auf die Errichtung des Judenstaats in Palästina gerichtete politische Bewegung des Zionismus. »Zion« ist ein uralter Name des ältesten Teils von Jerusalem bzw. des Tempelbergs, also im geografischen und mehr noch im übertragenen Sinn der Mittelpunkt Israels. Da damals kaum ein Jude Hebräisch konnte und die meisten Juden in Herzls Umfeld Deutsch oder wenigstens Jiddisch sprachen, schlug er als Staatssprache Deutsch vor.

1897 veranstaltete Herzl den 1. Zionistischen Weltkongress in Basel, und Großbritannien, die damalige Kolonialmacht in Palästina, unterstützte die zionistische Bewegung mit der sogenannten Balfour-Deklaration von 1917, die eine »nationale Heimstätte für das jüdische Volk« verlangte. Nach dem Ersten Weltkrieg und dem Zusammenbruch des Osmanischen Reiches übernahm die britische Regierung in Palästina die Mandatsherrschaft. Trotz der mörderischen Judenverfolgung durch die Nationalsozialisten blieb die britische Mandatsmacht bei einer strengen Quotenregelung der Einwanderung, sodass nur eine vergleichsweise geringe Anzahl von Juden nach Palästina gelangen konnte. Am 14. Mai 1948 proklamierte David Ben Gurion nach einem entsprechenden UN-Beschluss (»Teilungsplan für Palästina«) den Staat Israel.

**Ich, Es und Über-Ich**    Sigmund Freud: *Die Traumdeutung* (1900)
Das Buch *Die Traumdeutung* gilt als das Gründungswerk der Psychoanalyse, die sich in der Folge zu einer neuen selbstständigen Wissenschaft entwickelte. Der Wiener Arzt Sigmund Freud (1856–1939)
hatte 1885/1886 bei dem führenden französischen Nervenarzt Jean-
Martin Charcot in Paris seelische Erkrankungen ohne körperlichen
Befund (»Hysterien«) studiert. Er kam zu der Erkenntnis, dass sie
auf traumatische seelische Erfahrungen in der (frühen) Kindheit
der Patienten zurückzuführen sind. Zur »Verarbeitung« dieser »Ver-
drängungen« entwickelte er das Verfahren der Psychoanalyse.
Dabei spielte für Freud die Deutung von Traumbildern und Traum-
handlungen eine wesentliche Rolle. Er bezeichnete sie als »Königs-
weg« zum Unbewussten.

Der sehr sprachbewusste Freud, ein hervorragender Schriftsteller, entwickelte eine Fülle von neuen Begriffen oder Begriffen mit
neuem psychologischem Inhalt, von denen viele Eingang in die Alltagssprache fanden und in Übersetzung in andere Weltsprachen
übernommen wurden wie: verdrängen, verarbeiten, Ich, Es, Über-
Ich, Trieb, Libido, Narzissmus, Ödipuskomplex, Psychoanalyse. Sein
Werk hatte nicht nur medizinische Bedeutung, sondern beeinflusste auch unübersehbar weite Bereiche von Kunst und Literatur bis
hin zur Instrumentalisierung als »Werbepsychologie«.

## *Entdeckungen, Erfindungen, Neuerungen*

**Zelluloid**    Das Zelluloid wurde 1856 von Alexander Parkes
(1813–1890) erfunden und sollte ursprünglich »Parkesine« heißen.
Parkes gründete 1866 die Parkesine Company, hatte aber keinen
wirtschaftlichen Erfolg, da die Produktion sehr teuer war und die
Qualität des neuen Stoffs schwankte (er war nicht reißfest und ging
oft in Flammen auf). Erst 1870 gelang es John Wesley Hyatt, mit einem verbesserten Verfahren ein stabiles, wirtschaftlich nutzbares
Zelluloid herzustellen. Zelluloid, aus Zellstoff von Pflanzen hergestellt, war der erste thermoplastische Kunststoff. Der mit Abstand
wichtigste Verwendungszweck (neben Billardkugeln und künst-

lichen Gebissen) war als Trägermaterial für Filme. Ohne Zelluloid wären Kino und Filmkunst nicht möglich geworden.

**Periodensystem**    Das Periodensystem ist die tabellarische Anordnung der chemischen Elemente nach bestimmten Eigenschaften. Das Schema entwickelten 1869 nahezu zeitgleich, aber völlig unabhängig voneinander, der deutsche Chemiker Lothar Meyer und der russische Chemiker Dimitri I. Mendelejew. Mit »Perioden« werden in der Tabelle die Zeilen bezeichnet. Die Kernladungszahlen der in ihnen aufgereihten Elemente steigen von links nach rechts und von oben nach unten an. Zugleich bilden die Elemente in Spalten von oben nach unten die Hauptgruppen. Die hier geordneten Elemente weisen ähnliche chemische Eigenschaften auf.

**Ottomotor**    Der erste technisch taugliche Verbrennungsmotor wurde ab 1862 von Nikolas August Otto (1832–1891) entwickelt und 1876 patentiert. Er gründete auch die Gasmotorenfabrik Köln-Deutz, die heute noch (als Deutz AG) besteht. So benannt wurde der Ottomotor erstmals durch eine DIN-Vorschrift 1946.

**Tuberkulose**    Der Arzt Robert Koch (1843–1910) entdeckte und beschrieb am 24. März 1882 das *Mykobacterium tuberculosis* als Erreger der bis dahin »Schwindsucht« genannten Krankheit. Das Wort kommt von der Form der Gewebeveränderung, die winzige Höckerchen oder Beulen (lateinisch *tuber*) bildet. 1905 erhielt Koch für diese Entdeckung den Medizinnobelpreis. Er entdeckte auch den Choleraerreger (1883).

**Dunlop-Reifen**    John Dunlop meldete den von ihm erfundenen, aufblasbaren Fahrradgummireifen 1888 zum Patent an und gründete im Jahr darauf ein Reifenwerk.

**Automobil**    Der Ingenieur Carl Benz (1844–1929) konstruierte 1885 ein von einem Motor angetriebenes, dreirädriges Gefährt, das »Motorwagen« oder »Motorkutsche« genannt wurde. Das französische Wort *automobile* war seit etwa 1875 in Frankreich die Bezeichnung für eine mit Pressluft betriebene Straßenbahn. Es bürgerte sich ab den 1890er-Jahren in Deutschland für die »Motorkutsche« ein.

**Backpulver**    Der Apotheker August Oetker (1862–1918) verbreitete seit 1892 das von Justus Liebig und dem Amerikaner Horsford bereits um 1855 als Triebmittel entwickelte Backpulver. Er verkaufte es nicht nur an Bäcker, sondern in kleinsten Mengen auch an Hausfrauen.

**Zeitzonen & Die mitteleuropäische Zeit (MEZ)**    Bis zum Aufkommen der Eisenbahnen gab es in Deutschland (wie auch sonst in Europa und den USA) nur Lokalzeiten, die jeweils der exakten Sonnenzeit am Ort entsprachen. In Leipzig war »12 Uhr mittags« zum Beispiel 9 Minuten früher als in Frankfurt am Main. Erst die mit den Eisenbahnen aufkommende Notwendigkeit, »gleiche« Abfahrts- und Ankunftszeiten anzugeben, führte zur Einführung der Zeitzonen. Bereits auf der »Internationalen Meridiankonferenz« 1884 wurde der Vorschlag des kanadischen Eisenbahningenieurs Sandford Fleming (1827–1915) angenommen, um für den Globus eine Einteilung in 24 Zeitzonen zu je 15 Längengraden vorzunehmen, was jeweils etwa einer Stunde Differenz entsprach. Auch der Greenwichmeridian als Nullmeridian wurde dabei festgelegt.

In Deutschland wurden die Ortszeiten 1893 per Gesetz abgeschafft und die *mitteleuropäische Zeit* (Greenwich +1) für das gesamte Reichsgebiet als gesetzliche Zeit eingeführt. Die MEZ ist die Ortszeit des 15. Längengrads, der durch Görlitz und in Österreich ungefähr auf halber Strecke zwischen Linz und Wien verläuft. Deswegen kann es in Wien abends schon dunkel sein, während es zur gleichen Uhrzeit in Brüssel noch recht hell ist.

**Kino**    Die französischen Brüder Auguste und Louis Lumière veranstalteten am 28. Dezember 1895 im Grand Café in Paris die erste Filmvorführung vor zahlendem Publikum. Sie zeigten 15 Kürzestfilme (von einer Minute) mit dem von ihnen zur technischen Vollendung entwickelten »Kinematographen« (französisch: *cinémato-*

*graphe*). In der Folgezeit fanden regelmäßige Vorführungen mit einer Gesamtdauer von 20 Minuten statt, bald auch außerhalb Frankreichs.

**Röntgenstrahlen**    Mit den elektromagnetischen ionisierenden Röntgenstrahlen können Körper durchleuchtet werden. Der Physiker Wilhelm Conrad Röntgen (1845–1923) entdeckte am 8. November 1895 die unsichtbaren Strahlen, die er »X-Strahlen« nannte. Im Jahr 1901 erhielt er den ersten Nobelpreis für Physik. Die Röntgenstrahlen werden in der Technik und Medizin vielfach angewendet. Ihre Gesundheitsschädlichkeit wurde erst nach und nach bekannt; heute versucht man in der Medizin mithilfe verfeinerter Techniken die Strahlenbelastung auf ein Minimum zu reduzieren.

**Aspirin**    Medizinisch reine Acetylsalicylsäure wurde 1897 erstmals von dem deutsch-jüdischen Chemiker Arthur Eichengrün in Zusammenarbeit mit dem deutschen Chemiker Felix Hoffmann in einem pharmakologischen Labor der Firma Bayer hergestellt. Bayer vermarktete das Produkt unter dem Markennamen Aspirin. »A« steht für Acetylgruppe, »spirin« für den Inhaltsstoff der Spiere (= Mädesüß), eines krautartigen Rosengewächses. Aspirin ist bis heute das meistverkaufte Arzneimittel gegen Kopfschmerzen, Fieber und viele andere Beschwerden.

**»Funken«-Telegrafie**    Dem Italiener Guglielmo Marconi (1874–1937) gelang 1895 erstmals die drahtlose Übertragung von Signalen. Durch das von ihm entwickelte System wurde das Senden per Funk (heute würde man sagen: Datenübertragung) über weite Entfernungen möglich. Die Erfindung war vor allem in der Seefahrt, in der Nachrichtenübermittlung (Fernschreiber), für Radio und Fernsehen sowie für Computer und Mobiltelefone von großer Bedeutung.

**Radioaktivität**    Die Physikerin Marie Curie (1867–1934) experimentierte mit der von ihrem Doktorvater Antoine Henri Becquerel entdeckten radioaktiven Strahlung von Uran. 1898 wies sie nach, dass die Strahlung des uranhaltigen Minerals Pechblende vom Urangehalt abhängig war, nicht von anderen Faktoren wie Druck oder Temperatur. Diese Strahlung nannte sie *radioactivité* (französisch = Radioaktivität). Zusammen mit ihrem Mann Pierre Curie entdeckte sie zwei neue radioaktive Elemente, Radium und Polonium (benannt nach Maries Heimat Polen). Das Ehepaar Curie erhielt 1903 den Nobelpreis für Physik, Marie Curie 1911 auch den für Chemie.

**Quantensprung**   Im Jahr 1900 formulierte der deutsche Physiker Max Planck (1858–1947) ein nach ihm benanntes Strahlungsgesetz, das den Energieaustausch im subatomaren Bereich nicht als kontinuierlichen »Strom«, sondern in Form von nicht vorherberechenbaren Sprüngen von diskontinuierlichen (»diskreten«) Energiepaketen oder Energie»mengen« (Quanten) beschreibt. Planck erhielt dafür 1918 den Nobelpreis für Physik. Dem »konservativen« Max Planck war seine Entdeckung selbst unheimlich. Die Vorstellung, dass die Natur »Sprünge« machen soll, war völlig neu und unerwartet. Zur Zeit von Plancks Entdeckung hatte man sich gerade erst an den Gedanken der allmählichen Evolution in der Biologie gewöhnt. Die Quantenphysik wurde auch erst im Lauf der Zwanziger- und Dreißigerjahre des 20. Jahrhunderts von Albert Einstein, Niels Bohr und Werner Heisenberg (Unschärferelation) bestätigt.

**Birchermüsli**   1900 erfand der Schweizer Arzt und Sanatoriumsinhaber Maximilian Oskar Bircher-Benner, die nach ihm benannte Getreideschrot-, Nuss- und Obstmischung, die mit Milch oder Joghurt verrührt wird. »Müesli« ist die schweizerische Verniedlichungsform von »Mus«.

**Zeppelin**   Am 2. Juli 1900 verließ das erste lenkbare Starrluftschiff die Werft in Friedrichshafen am Bodensee zu seinem nur 18 Minuten dauernden Jungfernflug. Erbauer war der Württemberger Ferdinand Graf von Zeppelin (1838–1917).

**Osram**   1898 ersetzte der Österreicher Carl Auer von Welsbach in der von Thomas Edison 1880 erfundenen elektrischen Glühbirne den rasch verglühenden Kohlefaden durch einen *O*smium- bzw.

Wolf*ram*draht mit sehr hohem Schmelzpunkt und ließ sich die von ihm entwickelte Metallfadenlampe patentieren. 1906 meldete er das Warenzeichen »Osram« beim Patentamt an.

**Wettlauf zum Südpol**    Am 14. Dezember 1911 erreichte der Norweger Roald Amundsen (1872–1928) nach einem dramatischen Wettlauf vier Wochen vor dem Engländer Robert F. Scott (1868–1912) den Südpol, den letzten größeren weißen Flecken auf der Landkarte. Damit waren praktisch alle Punkte der Erde »erobert«. Der enttäuschte Scott kam auf dem Rückweg vom Südpol mit seinen Begleitern ums Leben.

**Der Untergang der »Titanic«**    Schiffe konnten in der Zeit vor dem Ersten Weltkrieg nicht gigantisch und schnell genug sein. Der Konkurrenzkampf der Reedereien, besonders auf der Nordatlantikroute zwischen den Vereinigten Staaten und Europa war hart. Das Schwesterschiff der »Titanic« hieß »Olympic«, das nächstfolgende sollte »Gigantic« heißen. Die Jungfernfahrt der um weniges älteren und um weniges kleineren »Olympic« hatte wesentlich mehr Aufsehen erregt; das Schiff war voll ausgebucht, die Jungfernfahrt der »Titanic« nur zur Hälfte. Der Untergang der als »unsinkbar« geltenden »Titanic« auf ihrer ersten Atlantiküberquerung frühmorgens am 15. April 1912 wurde ein Menetekel der Zeit unmittelbar vor dem Ersten Weltkrieg. Das Unglück riss ca. 1500 Menschen in den Tod.

**Kontinentalverschiebung**    1915 veröffentlichte der deutsche Polarforscher Alfred Wegener (1880–1930) sein wichtigstes Buch *Die Entstehung der Kontinente und Ozeane* über die Kontinentalverschiebung, die später sogenannte Plattentektonik. Er ging darin von einem »Urkontinent« aus, den er »Pangäa« nannte und aus dem sich nach und nach die Kontinente der Erde gebildet hätten. Wegener wurde zu Lebzeiten verlacht; seine Theorie fand erst 50 Jahre später, in der Zeit nach dem Zweiten Weltkrieg Anerkennung.

**E = mc²**    Die berühmte Formel besagt, dass Masse eine Form von Energie ist. 1905 veröffentlichte Albert Einstein (1879–1955) in dem

Aufsatz »Zur Elektrodynamik bewegter Körper« die »spezielle Relativitätstheorie«.

Im März 1916 erschien in der Fachzeitschrift *Annalen der Physik* sein Aufsatz »Die Grundlagen der allgemeinen Relativitätstheorie«. Die Bezeichnung »Relativitätstheorie« hat viele dazu verleitet anzunehmen, Einstein würde behaupten, alles sei »relativ«. Das Gegenteil ist richtig. Einstein postulierte konstante Grundgrößen und ein geordnetes Universum. Er schuf aber ein neues physikalisches Verständnis von Raum und Zeit. Einstein erhielt 1921 den Nobelpreis für Physik.

## *Das Ende des langen Jahrhunderts*

**Fin de Siècle**     *Fin de siècle* (Ende des Jahrhunderts) war der Titel einer französischen Komödie aus dem Jahre 1888 von H. Micard und F. de Jouvenot. Dieser Lustspieltitel fand als Epochenbegriff für die Zeit von etwa 1890 bis 1914 Eingang in viele europäische Sprachen. In den deutschen Sprachraum wurde der Begriff durch den seinerzeit sehr bekannten österreichischen Schriftsteller, Dramatiker und Kritiker Hermann Bahr (1863–1934) übernommen, von dem 1891 ein Novellenband mit dem Titel *Fin de siècle* erschien. Die Bezeichnung weist vor allem auf die dekadenten Züge der bürgerlich-adeligen Gesellschaft des späten 19. Jahrhunderts hin. Kennzeichen der Epoche waren ein relativ lang anhaltender Friede in Europa und vergleichsweise gesicherter Wohlstand zumindest für die Mittel- und Oberschicht. Auf gesellschaftlicher Ebene entstand ein Spannungsverhältnis zwischen bürgerlicher Konvention einerseits und intellektueller und künstlerischer Aufbruchstimmung andererseits. Gleichbedeutend mit »Fin de Siècle« verwendet man auch den Begriff »Belle Époque«. Dieser Ausdruck betont den müßigen und dem Vergnügen zugewandten Charakter jener Zeit.

# Von der Oktoberrevolution
# bis zum Klimawandel

## Umwälzungen des Ersten Weltkriegs

### *Revolutionen, die nach Monaten benannt sind*

**Februarrevolution**    Viele Revolutionen sind nach dem Monat benannt, in dem sie sich ereigneten. Am 15. März 1917 musste der russische Zar Nikolaus II. abdanken. Die Unruhen, die dazu führten, hatten bereits Ende Februar begonnen. Die ursprünglich russische Bezeichnung *Fewralskaja rewoljuzija* geht darauf zurück, dass damals in Russland noch der julianische Kalender galt, der leicht vom gregorianischen Kalender abweicht. Die gesamte Regierungszeit von Nikolaus II. (seit 1894) war innenpolitisch ein Hin und Her zwischen Liberalisierungsansätzen und Reaktion. Den Belastungen des Ersten Weltkriegs hielt das wirtschaftlich und gesellschaftlich rückständige Reich nicht stand. Versorgungsprobleme, Brennstoffmangel und militärische Rückschläge untergruben die Legitimität der zaristischen Regierung. Brennpunkt des »Volksaufstandes« war der Sitz der Regierung in Petrograd (St. Petersburg). Von Not und Hunger getrieben, streikten vor allem Soldaten- und Arbeiterfrauen. Die zur Niederschlagung der Unruhen eingesetzten Gardisten verbrüderten sich mit den Demonstranten und die Generalität zwang Nikolaus schließlich zur Abdankung. Kurz darauf wurde er in Haft genommen, dann mit seiner Familie nach Sibirien verbannt und im darauffolgenden Jahr erschossen.

Die Regierungsverantwortung übernahm die Provisorische Regierung unter dem angesehenen parteilosen Fürsten Lwow. Sie war nur wenige Monate im Amt, da Lwow die Frage der Weiterführung des Krieges nicht lösen konnte. Schon im Juli wurde er von seinem Kriegs-(und vorherigen Justiz-)minister Alexander Kerenski abgelöst, der auch nur wenige Monate regierte – bis zur Oktoberrevolution.

**Oktoberrevolution**   Während des Ersten Weltkriegs hatte die deutsche Heeresleitung im April 1917 dem im schweizerischen Exil lebenden Revolutionär W. I. Uljanow, genannt Lenin, die Durchreise in einem plombierten Zugwaggon nach Russland ermöglicht. Man erhoffte sich von ihm eine Destabilisierung der Lage in Russland. Diese kurzfristige Hoffnung erfüllte er. Überall gab es neben den Organen der bürgerlichen Regierung Arbeiter- und Soldatenräte. Zwischen Menschewiki (der gemäßigte Flügel der Sozialdemokratischen Arbeiterpartei) und Bolschewiki (Kommunisten) tobte ein Machtkampf. Am 25. Oktober 1917 stürmten bolschewistische Verbände das Winterpalais in Petrograd und verhafteten die Mitglieder der Provisorischen Regierung. »Anführer« dieser Aktion waren Lenin und der Vorsitzende des Petrograder Sowjets Leo Trotzki. Es handelte sich um einen reinen Staatsstreich, eine relativ geräuschlose Polizeiaktion – bis auf den berühmten Platzpatronenschuss des Panzerkreuzers Aurora, der verschiedenen kleinen Truppeneinheiten das Signal gab, strategische Punkte der Stadt zu besetzen. Einen Volksaufstand gab es nicht. Nach gregorianischem Kalender war der 25. Oktober bereits der 7. November. Die Benennung dieses Geschichtsereignisses als »Oktoberrevolution« ging aber von Russland aus, das zu diesem Zeitpunkt noch den julianischen Kalender hatte.

**Novemberrevolution**   Ende September 1918 hatte die deutsche Heeresleitung erkannt, dass der Krieg militärisch verloren war. In den letzten Oktobertagen weigerten sich die Matrosen einiger Schiffsbesatzungen daher, zu Kriegseinsätzen auszulaufen. Dieser revolutionäre Funke sprang auf ganz Deutschland über, sodass ab dem 4. November flächendeckende Unruhen zu befürchten waren. Die Reichsregierung forderte Wilhelm II. auf abzudanken, um das Schlimmste zu verhindern. Da er dem nicht nachkam, verkündete Reichskanzler Max von Baden am Morgen des 9. November eigenmächtig den Rücktritt des Kaisers. Vor allem in Berlin war die Situation in diesen Tagen extrem angespannt. Selbst die von Max von Baden herbeigerufenen, als besonders zuverlässig geltenden Truppen weigerten sich, auf demonstrierende Landsleute zu schießen. Um etwaigen umstürzlerischen Maßnahmen der Linkssozialisten und Kommunisten zuvorzukommen, proklamierte der Sozialdemokrat Philipp Scheidemann gegen Mittag von einem Balkon des Reichstages die Republik: »Der Kaiser hat abgedankt. Er und seine Freunde sind verschwunden, über sie alle hat das Volk auf der ganzen Linie gesiegt.« Er gab außerdem noch bekannt, dass der Sozialdemokrat Friedrich Ebert das Amt des Reichskanzlers übernommen hatte.

Nun folgten aber erst recht über den ganzen Winter monatelange Unruhen mit bürgerkriegsähnlichen Zuständen. Vor allem die extreme Linke versuchte noch, die Macht zu übernehmen und an vielen Orten in Deutschland Räterepubliken zu bilden. Auf der politisch rechten Seite bildeten sich die republikfeindlichen Freikorps.

## Schlagwörter & Propagandabegriffe zum Kriegsende

**Novemberverbrecher** Am 11. November 1918 wurde in einem Eisenbahnwaggon bei Compiègne der Waffenstillstand zwischen dem Deutschen Reich und den Alliierten geschlossen. Während hierzulande am 11.11. die Jecken losschlagen, gedenkt man dieses Tages in Frankreich und in England noch heute feierlich als *Armistice*-Tag (Waffenstillstandstag), in den USA als *Veterans' Day*. Schon im Jahr darauf wurden die deutschen Unterzeichner und die von ihnen vertretenen Parteien, vor allem die SPD, von den extremen Rechten als »Novemberverbrecher« verunglimpft.

**Dolchstoßlegende** Das Schlagwort vom »Novemberverbrecher« war Teil der »Dolchstoßlegende«. Rechtskonservative, antirepublikanische Kräfte wie die Freikorpsleute, die Deutschnationalen und später vor allem die Nationalsozialisten behaupteten immer wieder, die deutsche Armee sei im Herbst 1918 »im Felde unbesiegt« gewesen und von den Republikanern »von hinten erdolcht« worden. Das Wort wurde erstmals von einem britischen General im Dezember 1918 in einem Interview in der *Neuen Zürcher Zeitung* verwendet:

»Die deutsche Armee ... wurde von der Zivilbevölkerung von hinten erdolcht.« Die deutsche Heeresleitung, die unter den Generälen Hindenburg und Ludendorff in den letzten Wochen des Krieges selbst den Anstoß gegeben hatte, die Parteien in die Regierungsverantwortung einzubinden, griff diese Aussage begierig auf. Das Bild des vom »im Felde unbesiegten deutschen Soldaten«, dem von einem »roten« Aufrührer der Dolch in den Rücken gestoßen wird – es war auch auf Plakaten zu sehen –, war propagandistisch sehr eingängig. Der von republikanischen Politikern unterzeichnete Waffenstillstand wurde somit als geradezu mörderischer Verrat denunziert.

**Spartakusaufstand**  Als »Spartakusaufstand« oder »Januaraufstand« wird ein Generalstreik bezeichnet, an dem sich der Spartakusbund maßgeblich beteiligte. Der Spartakusbund war eine extrem linke, radikalsozialistische Vereinigung um Rosa Luxemburg und Karl Liebknecht, die sich 1914 gebildet hatte und in innerparteilicher Opposition zur SPD stand. Die Spartakisten forderten eine Regierung aus Arbeiter- und Soldatenräten. Bereits im Dezember 1918 kam es zum Bruch mit den Sozialdemokraten. Daraufhin gründeten die Spartakisten die Kommunistische Partei Deutschlands (KPD). Einem Streikaufruf im Januar, dem sich die Spartakisten anschlossen, folgten allein in Berlin eine halbe Million Menschen. Diese erregten Menschenmassen zogen in die Innenstadt. Nach einigen Tagen griffen auch rechtsextreme Freikorpsverbände in die Geschehnisse ein. Die regierungstreuen Truppen, die Linksextremisten, die Rechtsextremisten – alle Seiten waren bewaffnet. Die Gewalt eskalierte. Am 15. Januar 1919 wurden Rosa Luxemburg und Karl Liebknecht von Freikorpsleuten in einer Wohnung in Wilmersdorf aufgespürt, »verhaftet«, misshandelt und ermordet. Luxemburgs Leichnam wurde in den Landwehrkanal geworfen.

**Weimarer Republik**  Bereits im November 1918, gleich nach der Ausrufung der Republik, hatte die Regierung Reichstagswahlen anberaumt, die am 19. Januar 1919 abgehalten wurden; erstmals mit

Frauenwahlrecht. Wegen der exzessiven Unruhen im Zusammenhang mit dem Spartakusaufstand in Berlin im Januar versammelte
sich das Parlament nicht im Reichstag, die Delegierten wichen in das
ruhige und sicherere Weimar aus. Im Nationaltheater Schillers und
Goethes traten sie am 6. Februar erstmals zusammen. Hauptaufgabe war die Verabschiedung einer Verfassung. Den Verfassungsent-
wurf legte der Linksliberale und überzeugte Demokrat Hugo Preuß
vor. Er wurde für kurze Zeit Innenminister und war sozusagen der
Autor der Verfassung. Sie wurde von der Weimarer Versammlung am
31. Juli angenommen und trat am 11. August in Kraft. Dieser Tag
wurde zum Nationalfeiertag der Weimarer Republik. Die Weimarer
Verfassung wurde auch zum Vorbild für das Grundgesetz, vor allem
für den Teil, in dem es um die Grundrechte geht.

**Diktatfrieden**    Der Versailler Vertrag beendete formell den
Kriegszustand zwischen Deutschland und den Siegermächten. Er
wurde ohne Beteiligung Deutschlands ausgehandelt. Nach der Dro-
hung, militärisch im Deutschen Reich zu intervenieren, ratifizierte
der Reichstag den Vertrag am 22. Juni 1919 und erkannte damit die
Bedingungen an. Der Vertrag sah hohe Reparationsleistungen vor
und trennte Ostpreußen vom restlichen Reichsgebiet ab. Er galt in
weiten Teilen der Bevölkerung von Anfang an als ungerechter »Dik-
tatfriede« und machte es der rechtsextremen und später der nationalsozialistischen Propagandaagitation leicht, mit dem Schlagwort
der »Revision von Versailles« auf Stimmenfang zu gehen.

**Nachfolgestaat**    Das in der jüngsten Geschichte nach dem Zerfall der Sowjetunion und Jugoslawiens wieder aktuell gewordene
Wort stammt bereits aus der Zeit unmittelbar nach dem Ersten Weltkrieg. Der Begriff bezog sich damals auf die Staaten, die auf die 1918
untergegangene k. u. k. Monarchie folgten. Kaiser Karl hatte zwar
nicht abgedankt, war aber ins Exil gegangen. Nach dem Zerfall
Österreich-Ungarns entstanden noch im Herbst 1918 die Länder
Tschechoslowakei, Ungarn, Königreich der Serben, Kroaten und
Slowenen (später: Königreich Jugoslawien). Aus dem »Rest« wurde
die Republik Österreich gebildet. Der französische Ministerpräsi-

dent Clemenceau sagte: »*L'Autriche c'est ce qui reste*« (= Österreich ist das, was übrig bleibt).

Polen wurde seit seinem Untergang in der dritten polnischen Teilung 1795 wieder ein souveräner Staat. Auf ehemals russischem Territorium entstanden Finnland, Litauen, Estland, Lettland.

**Bolschewist**  Die sozialdemokratische Arbeiterpartei Russlands hielt 1903 in London ihren zweiten Parteitag ab. Eine Fraktion unter der Führung Lenins erhielt eine Mehrheit (russ. *bolschinstwo*) für ihren Antrag, einen Umsturz in Russland herbeizuführen. Daher nannten sie sich »Bolschewiki« (»Mehrheitler«, im Unterschied zu den bei der Abstimmung unterlegenen »Menschewiki«, »Minderheitlern«). »Bolschewist« wurde nach 1918 im Deutschen ein sehr abwertendes Schlagwort, mit dem die Linkssozialisten, die Spartakisten und die Kommunisten beschimpft wurden. Die deutschen Banken und die deutsche Industrie gründeten im Winter 1918/19 eine Antibolschewistische Liga, die sehr großzügig mit finanziellen Mitteln ausgestattet war und rechtsgerichtete Freikorpsanhänger unterstützte, die alle Ansätze zum Aufbau von Rätedemokratien regelrecht niederschlugen.

**Erfüllungspolitiker**  Um aufzuzeigen, wie unannehmbar und unerfüllbar viele Bestimmungen des Versailler Vertrages von 1919 waren, entschlossen sich die bürgerlichen Parteien, die Bedingungen nach Möglichkeit zu erfüllen und vor allem die geforderten Reparationszahlungen zu leisten. Die Grenzen der Leistungsfähigkeit der deutschen Wirtschaft machte man so offenkundig. Von der extremen Rechten wurden diese Politiker als »Erfüllungspolitiker« diffamiert. Der erste Finanzminister der Weimarer Republik und Mitunterzeichner des Waffenstillstandes Matthias Erzberger und der Außenminister und Industrielle Walter Rathenau wurden von Rechtsextremisten 1921 bzw. 1922 ermordet.

# Die Zwanzigerjahre

**Faschismus**     Das Wort stammt ursprünglich von lateinisch *fasces* (italienisch *fascio*). Dieser Begriff bezog sich auf ein Rutenbündel mit einem eingesetzten Beil. Im antiken Rom war dies das Symbol der herrscherlichen Amtsgewalt (*imperium*). Wenn die römischen Staatsbeamten in der Stadt unterwegs waren, wurden diese Rutenbündel vor ihnen hergetragen. *Fascio* bedeutet auch »Vereinigung, Bund«. Schon im 19. Jahrhundert gab es beispielsweise in Sizilien linksgerichtete »Fasci dei lavoratori« (Arbeiterbünde). Benito Mussolini gründete 1915 die *Fasci d'azione rivoluzionaria* für den Kriegseintritt Italiens; heute würde man diese Vereinigung als Bürgerinitiative bezeichnen. Um 1920/21 kam es zu einer ideologischen Wendung nach rechts – dies war eine Reaktion gegen die Kommunisten. Erst dadurch entstand die Massenbewegung des Faschismus mit ihrer großen Anhängerschaft im Kleinbürgertum und bei den Gutsherren. Damals kam der Begriff auch als Eigenbezeichnung der italienischen Rechtsextremen auf. Ihr Anführer, Benito Mussolini (1883–1945), gründete ab 1919 »Fasci di combattimento« (Kampfbünde), inszenierte 1922 seinen propagandawirksamen »Marsch auf Rom«, drohte mit einem Putsch und wurde daraufhin vom italienischen König zum Ministerpräsidenten ernannt. Auch außerhalb Italiens wurde der Begriff bald verwendet (zum Beispiel in Deutschland). Darüber hinaus wurde das Wort zum Allgemeinbegriff für eine antidemokratische, nationalistische und (rechts-)extreme politische Haltung, als »faschistoid« sogar außerhalb jeglichen politischen Kontextes.

**Die Goldenen Zwanzigerjahre**     Seit dem Ende der Inflation 1924 stabilisierte sich die von Not, Hass und Gewalt gekennzeichnete Lage in Deutschland und es kam zu einem wirtschaftlichen Aufschwung. Die Periode der Goldenen Zwanziger endete ziemlich abrupt mit dem Zusammenbruch der New Yorker Börse am Schwarzen Donnerstag und dem Schwarzen Freitag (24./25. Oktober 1929). Der rapide Kursverfall an diesen beiden Tagen markierte den Beginn der Weltwirtschaftskrise mit einer sehr schnell folgenden Massenarbeitslosigkeit. Der Epochenbegriff »Goldene Zwanziger« wurde durch kein konkretes Ereignis geprägt, sondern lehnt sich an die bereits in der Antike geprägte Bezeichnung »Goldenes Zeitalter« an. Klassischerweise sind damit »Frieden und Wohlstand« gemeint. In den 20er-Jahren waren das zunehmende Freizeitvergnügen und der Aufstieg der Unterhaltungsindustrie ein charakteristisches Novum in der westlichen Welt. Gekennzeichnet war die Periode durch krasse politische Gegensätze und die »Modernisierung« im technischen, kulturellen und gesellschaftlichen Bereich bis hin zur Kleidermode. Dafür stehen etliche Schlagwörter und Begriffe:

## *Begriffe aus den Goldenen Zwanzigern*

**Bauhaus**     Bereits 1919 in Weimar durch Walter Gropius als Nachfolgeinstitution der Großherzoglichen Kunstschule gegründet, zog das Bauhaus politisch bedingt 1925 nach Dessau um. Die Namensgebung erfolgte bewusst in Anlehnung an die mittelalterlichen Dombauhütten. Das Bauhaus sollte eine Gesamtheit der Künste und eine – auch handwerkliche – Gemeinschaft der Künstler sein sowie eine Schule mit »Meistern« und Studenten. Es existierte allerdings nur 14 Jahre, die Nationalsozialisten schlossen es gleich 1933. Gleichwohl wurde das Bauhaus zum Inbegriff der Moderne, vor allem im Hinblick auf Architektur und Design. Der erklärte Feind des modernen Stils war das Ornament. Einfachheit der Formen, Schlichtheit, Qualität, klare Konstruktion sind Elemente der Bauhauskunst und -architektur. Möbel, Leuchten und Tafelgeschirr aus dem Bauhaus sind bis heute unverzichtbare Accessoires in den Wohnungen der Lifestyle-Bewussten.

**AVUS**     Die zunehmende Motorisierung fand schon 1921 ihren Ausdruck in der ersten nur für Motorfahrzeuge gebauten Verkehrsstrecke AVUS (Automobil-Verkehrs- und Übungsstraße) durch den Grunewald zwischen Halensee und Nikolassee in Berlin. In den Zwanzigerjahren wurde die schnurgerade Straße als Rennstrecke genutzt. Seit Ende der Zwanzigerjahre gab es bereits erste Pläne für den Bau von Autobahnen (zum Beispiel die Hansa-Linie).

**Bubikopf**   Ein Bubikopf ist so ungefähr das genaue Gegenteil einer Struwwelpeterfrisur. Bei dieser Damenfrisur trägt man die Haare kurz und glatt – was in den Zwanzigerjahren geradezu anstößig revolutionär war. Im 19. Jahrhundert und bis in die Zeit nach dem Ersten Weltkrieg konnten Frauenhaare nämlich nicht lang genug sein. In aufwendigen Aktionen wurden sie gebürstet, geflochten, toupiert und hochgesteckt. Mit der neuen Mode wurden ganz konkret mit der Schere »alte Zöpfe« beseitigt.

**Neue Sachlichkeit**   Am 14. Juni 1925 eröffnete in Mannheim eine Ausstellung mit dem Titel »Neue Sachlichkeit«, die dieser Kunstrichtung ihren Namen gab. Die Neue Sachlichkeit betraf sowohl bildende Kunst, Architektur wie Literatur und Film. Werke der »Neuen Sachlichkeit« orientieren sich im Gegensatz zum Expressionismus an der Realität, der alltäglichen Wirklichkeit, ohne allzu viel symbolischen oder romantischen Hintersinn transportieren zu wollen. Ein Beispiel dafür ist etwa die *Dreigroschenoper* von Bertolt Brecht und Kurt Weill. In der Architektur hat die Zweckmäßigkeit des Bauens Vorrang vor der Repräsentation. Die Erfindung der »Frankfurter Küche«, also der modernen Einbauküche, fällt in diese Zeit. In der Malerei sind Otto Dix und George Grosz die bekanntesten Exponenten.

**Surrealismus**   Fast genau das Gegenteil der veristischen Sachlichkeit war der die Wirklichkeit unterlaufende Surrealismus, ein Begriff, den der »Begründer« und Programmatiker des Surrealismus André Breton für sein *Manifest des Surrealismus* 1924 wählte. Alles sollte anders sein als in der Realität: traumhaft, magisch, automatisch, unbewusst – unwirklich, »surreal« eben. Zur Gruppe der Surrealisten gehörten viele weltberühmte Künstler wie Salvador Dalí, Luis Buñuel, Giorgio de Chirico, René Magritte und Max Ernst.

**Rundfunk**   Erste Rundfunksendungen wurden in Deutschland am 22. Dezember 1920 über den Sender Königs Wusterhausen ausgestrahlt (ein Konzert) und am 29. Oktober 1923 in Berlin (ein Unterhaltungsprogramm). Radiosendungen gab es in den USA seit 1920 und in Großbritannien seit 1922. Das Wort »Rundfunk« ist eine bewusst eindeutschende Übersetzung des englischen Wortes *radio*. Der Ministerialdirektor im Reichspostministerium Hans Bredow verwendete den deutschen Begriff erstmals in einem Vortrag 1919. So fand er auch Eingang in das Reichsrundfunkgesetz von 1923. Bredow war maßgeblich an der Einführung des Rundfunks beteiligt.

**Art déco**   Der Architektur- und Design-Begriff geht auf den Namen einer Ausstellung zurück, nämlich der *Exposition Internationale des Arts Décoratifs et Industriels Modernes* 1925 in Paris. Dieser Stil hatte sich aus der gegen den akademischen Kunstbetrieb gerichteten Sezessions- und Jugendstilbewegung der Vorkriegszeit entwickelt, war aber viel »sachlicher« geworden. Das berühmteste Art-déco-Gebäude ist das Chrysler-Building in Manhattan (Bauzeit 1928–30), das berühmteste Möbelstück der Eileen-Grey-Tisch von 1927. Luxusliner dieser Zeit waren im Art-déco-Stil ausgestattet und jede bessere Treppe in einer heutigen Fernsehshow ist eine Reminiszenz an Art déco, selbst die bei Stefan Raab.

**Charleston**   Verglichen mit dem bis in die Zwanzigerjahre allein gängigen Gesellschaftstanz war der Charleston ein Ausbruch von Ekstase und extrem unkonventionell. Der Name beruht auf einer 1923 erstmals in einem Musical präsentierten Jazzmelodie und ist mit der Stadt Charleston in South Carolina im Süden der USA verknüpft. Die berühmteste Charlestontänzerin aller Zeiten war Josephine Baker.

**Transatlantikflug & Erdumrundung**   Modern wurde in den Zwanzigerjahren auch das Fliegen, das sich von der Sport-, Hobby- und Militärfliegerei zur Passagierbeförderung entwickelte. Immer neue Nonstop-Strecken wurden von den mutigen Männern und Frauen in ihren reparaturanfälligen Maschinen erschlossen. Dementsprechend wurden sie als Flugpioniere und »Helden« bewundert. Charles Lindbergh (1902–1974) wurde durch seine Atlantiküberquerung im Alleinflug in der *Spirit of St. Louis* von New York nach Paris am 20./21. Mai 1927 der gefeiertste von allen. Er wurde der erste *Man of the Year* des amerikanischen *Time Magazine* – natürlich im Jahre 1927.

Die nach ihrem Erfinder Graf Zeppelin benannten Starrluftschiffe wurden schon seit 1900 gebaut und waren daher in den Zwanzigerjahren auch im Passagierverkehr bereits weiterentwickelt. Die Kabinen waren zeitgemäß im Art-déco-Stil ausgestattet (s. o.). Die bisher einzige Erdumrundung in einem Luftschiff gelang 1929 mit der »Graf Zeppelin«.

**Oscar-Verleihung**    Die 1927 gegründete amerikanische Filmakademie (*American Academy of Motion Arts and Sciences*) vergibt seit 1929 Ehrenpreise – hauptsächlich für amerikanische Filme. Warum die Trophäe »Oscar« heißt, ist unbekannt. Als erster bester männlicher Hauptdarsteller wurde der deutsche Schauspieler Emil Jannings ausgezeichnet – allerdings nicht für seine unsterbliche Rolle als Professor Unrat in *Der blaue Engel*, sondern für seine Rolle in dem mittlerweile verschollenen Film *Der Weg allen Fleisches*.

# Die Dreißigerjahre

**Gulag**    Aufbauend auf den Verbannungsorten und Verbannungslagern des zaristischen Russland (»Sibirien«) organisierten auch die Kommunisten Internierungslager für Kriminelle, »Konterrevolutionäre« und »Klassenfeinde«. Durch ein Dekret Stalins vom 26. Juni 1929 wurden in großem Stil organisierte Arbeitslager geschaffen.

Das Wort ist ein Akronym aus **G**lawnoje Uprawlenije Isprawitelno-trudowych **Lag**erej – Hauptverwaltung der Besserungsarbeitslager.

Die Gefangenen mussten unter übelsten Bedingungen Zwangsarbeit leisten, eingesetzt wurden sie u. a. im Eisenbahnbau, Kanalbau, bei Holzfällarbeiten. Der Begriff »Gulag« wurde im Westen durch das Buch Alexander Solschenizyns mit dem Titel *Der Archipel Gulag* (1974) nachhaltig verankert. »Gulag« wurde dadurch genauso zu einem Begriff mit übertragener Bedeutung wie »Sibirien«.

**Ziviler Ungehorsam**   Mahatma Gandhi führte seit Beginn der Zwanzigerjahre eine gewaltfreie Widerstandskampagne gegen die britische Kolonialherrschaft und für die Unabhängigkeit Indiens. Einer der Höhepunkte war der sogenannte Salzmarsch. Gandhi zog 1930 mit Hunderten von Anhängern von seinem Ashram zu Fuß ans fast 400 Kilometer entfernte Meer und gewann symbolisch mithilfe des Verdunstungsprozesses ein paar Körner Salz. Damit richtete er sich gegen die britische Regierung, die ein Salzmonopol hatte: Salz durfte nur von lizenzierten Stellen gekauft werden. Die Inder brachen nun diese Vorschrift, indem sie sich wie Gandhi verhielten und ihr eigenes Salz gewannen. Die anschließenden Verhaftungsaktionen der Briten verstärkten nur den Erfolg der Aktion. Es war eine Verweigerung, ein Akt zivilen Ungehorsams.

Die Idee und den Begriff hatte bereits im 19. Jahrhundert der amerikanische Schriftsteller Henry David Thoreau durch seinen Essay mit dem Titel *Civil Disobedience* (1849, deutsch *Über die Pflicht zum Ungehorsam gegenüber dem Staat*) geprägt. Wegen der Sklaverei und des amerikanischen Krieges gegen Mexiko hatte er sich geweigert, seine Steuern zu bezahlen. Berühmt wurde Thoreau, weil er sich für ein einfaches Leben im Einklang mit der Natur in eine selbst gebaute Blockhütte am Walden-See in Massachusetts zurückzog und darüber ein Buch mit dem Titel *Walden* schrieb. Es gilt als »Bibel« der Nonkonformisten.

**Machtergreifung**   Nach dem Börsenkrach vom Herbst 1929 kam die Weltwirtschaft nicht mehr auf die Beine. In den Jahren 1931/32 gingen in Deutschland 70 000 Betriebe in Konkurs, 6 Millionen Menschen waren arbeitslos. Seit 1930 gab es keine parlamentarische Regierung mehr. Der Reichspräsident von Hindenburg regierte mit Notverordnungen. In zwei Reichstagswahlen 1932 waren die Nationalsozialisten die stärkste Fraktion. Am 30. Januar 1933 wurde Adolf Hitler durch Hindenburg zum Reichskanzler ernannt. Die Nazis bezeichneten dies als »Machtergreifung«.

Nach erneuten Wahlen trat der neue Reichstag am 21. März 1933 in einer pompös inszenierten Veranstaltung in der Garnisonskirche in der preußischen Residenzstadt Potsdam erstmals zusammen. Durch einen Handschlag zwischen Hindenburg und Hitler sollte an diesem »Tag von Potsdam« den bürgerlichen Schichten suggeriert werden, dass die Nationalsozialisten an die Tradition Preußens anknüpften – was immer das bedeuten sollte.

Einen Tag zuvor hatte Himmler die Errichtung eines Konzentrationslagers bei Dachau bekanntgegeben.

**Gleichschaltung**   Schon am 23. März 1933, zwei Tage nach dem »Tag von Potsdam«, wurde vom Reichstag mit der erforderlichen Zweidrittelmehrheit das Ermächtigungsgesetz verabschiedet. Nur die Sozialdemokraten stimmten dagegen. Die Presse- und Versammlungsfreiheit waren schon am 4. Februar durch eine Notverordnung »Zum Schutz des Deutschen Volkes« eingeschränkt worden. Ermächtigungsgesetze hatte es schon Anfang der Zwanzigerjahre gegeben. Durch sie wurde die Verfassung faktisch außer Kraft gesetzt. Unter diesem »legalen« Deckmantel konnte Hitler ungehindert seine nationalsozialistische Diktatur errichten. Durch sogenannte »Gleichschaltungsgesetze« wurden als Erstes die Länder ihrer (Verwaltungs-)Kompetenzen beraubt, große Organisationen wie der ADAC, Soldatenbünde, Studentenverbindungen und Gewerkschaften wurden in Naziorganisationen übergeführt, Presse, Rundfunk sowie alle Bereiche der Kunst wurden überwacht und gelenkt.

**Drittes Reich**   Der Begriff »Drittes Reich« taucht in der politischen Geschichte und Geistesgeschichte mehrfach auf, erstmals im Hochmittelalter bei dem kalabrischen Abt Joachim von Fiore. Dieser meinte den Heilszustand eines verwirklichten Gottesreiches im Sinne der Offenbarung des Johannes in der Bibel. Dieses Dritte Reich sollte Fiore zufolge auf das alttestamentliche »Reich des Vaters« und das gegenwärtige »Reich des Sohnes« folgen. Der Publizist Arthur

Moeller van den Bruck (1876–1925) nahm die Begriffsbildung von Fiore auf und veröffentlichte im Jahre 1923 ein Buch mit dem Titel *Das dritte Reich*.

Seinem Reichsbegriff zufolge sollte es nach dem Heiligen Römischen Reich Deutscher Nation (s. o.) und dem Kaiserreich ein neues mächtiges »Drittes Reich« geben. Diese Vorstellung diente in jener Zeit den Konservativen als polemisch-propagandistisches Instrument gegen die Republik von Weimar mit ihrer rationalen, demokratischen Staatsordnung. Moeller schwärmte auch von einer Verbindung zwischen Nationalismus und Sozialismus. Die Nazis verwendeten den Begriff »Drittes Reich« zunächst in ihrer Propaganda, nahmen ab 1939 aber wieder Abstand davon. Obwohl der Begriff nie eine offizielle (Staats-)Bezeichnung war, wird er nach wie vor wie kein anderer für die Zeit der zwölfjährigen Naziherrschaft verwendet.

**New Deal**  Auch die USA litten seit 1929 unter einer tiefgreifenden Wirtschaftskrise, die als »Große Depression« bezeichnet wird. Anfang der Dreißigerjahre waren in den USA 15 Millionen Menschen arbeitslos, ein Sozialversicherungssystem gab es nicht. Wer Arbeit hatte, bekam meist einen miserablen Lohn und vor allem in den agrarischen Staaten des Mittleren Westens und des Südens herrschte blanke Armut. Der 1933 neu in sein Amt eingeführte Präsident Franklin D. Roosevelt verkündete gleich danach am 4. März 1933 eine neue Wirtschafts- und Sozialpolitik, den »New Deal«. Er sah unter anderem Arbeitsbeschaffungsmaßnahmen durch Infrastrukturprojekte wie den Bau von Straßen, öffentlichen Gebäuden oder Staudämmen sowie die Einführung von Sozialversicherungen vor und förderte auch Kulturprojekte. Die Wirtschaftsdepression wurde allerdings erst durch den Aufschwung der Industrie im Zusammenhang mit der Rüstungsproduktion ab Anfang der Vierzigerjahre überwunden.

**Nürnberger Gesetze**  Am 15. September 1935 verabschiedete der eigens nach Nürnberg einberufene Reichstag einstimmig das sogenannte Blutschutzgesetz, durch das die rassistische, vor allem gegen die Juden gerichtete Ideologie der Nationalsozialisten sozusagen in Gesetzesform gegossen wurde. Hier und in den Verordnungen dazu finden sich solche Begriffe wie »Halbjude«, »Vierteljude« oder »Rassenschande«. Spätestens dadurch wurde die allgemeine Diskriminierung der Juden möglich. Bereits das »Gesetz zur Wiederherstellung des Berufsbeamtentums« gleich nach der Machtergreifung (s. o.) hatte nichtarische Personen durch den »Ariernachweis« vom Berufsbeamtentum ausgeschlossen.

**Schauprozess**    Seit 1936 ließ Stalin in mehreren öffentlichen Prozessen eine Vielzahl von innerparteilichen Gegnern wegen Verschwörung anklagen und meistens zum Tod oder zu Lagerhaft verurteilen. Dadurch liquidierte er praktisch die gesamte Führungsriege der Oktoberrevolution (s. o.). Die Schauprozesse waren der nach außen sichtbare Teil der stalinschen »Säuberungen«, denen bis zu 1000 Menschen pro Tag zum Opfer fielen. Wegen der Schauprozesse wandten sich viele Intellektuelle und »Linke« im Westen, die bis dahin mit dem Kommunismus sympathisiert hatten, zumindest vom Sowjetkommunismus ab. Auch in anderen Ländern kam es zu solchen Prozessen. So veranstalteten zum Beispiel die Nationalsozialisten Schauprozesse gegen politische Gegner im berüchtigten »Volksgerichtshof«, ebenso kommunistische Regime im Ostblock und in China.

**Volksfront**    Die erste Volksfrontregierung wurde 1936 unter dem französischen Ministerpräsidenten Léon Blum (1872–1950) als Zusammenschluss mehrerer Linksparteien begründet. Im Mai 1936 hatte diese Einheitsliste der linken Parteien die Parlamentswahlen unter der Bezeichnung *Front populaire* (= Volksfront) gewonnen. Dieser Begriff wurde verallgemeinert und später auch in anderen Ländern auf politische Bündnisse linker Parteien angewendet (auf Sozialdemokraten, Sozialisten, Kommunisten, manchmal auch auf linksbürgerliche Parteien). Ebenfalls 1936 wählte Spanien eine Volksfrontregierung, mit einem sehr knappen Wahlergebnis. Sowohl in Frankreich als auch in Spanien wurden zum Beispiel bezahlter Urlaub und die Vierzig-Stunden-Woche eingeführt. Léon

Blum war später einer der Anführer des französischen Widerstandes gegen die Nationalsozialisten und Gefangener im KZ Buchenwald. In Spanien wurde die Volksfrontregierung durch Terroranschläge der Falangisten (Faschisten) zermürbt.

**Fünfte Kolonne**     Der Ausdruck verbreitete sich durch den Spanischen Bürgerkrieg (ab 1936), stammt aber schon aus der Zeit des russischen Bürgerkrieges (1917/18–1920). Leo Trotzki, damals Vorsitzender des Petrograder Sowjets, hatte zu dieser Zeit eine »5. Armee« als Eliteeinheit gegründet. In einer Rundfunkrede nahm der faschistische spanische General Emilio Mola den Begriff auf und sprach davon, mit vier Armeeeinheiten auf das republikanische Madrid vorzudringen. Gleichzeitig werde »la quinta columna« (die Fünfte Kolonne, nämlich die Franco-Anhänger) in der Stadt mit der Offensive beginnen. Mit dem Ausdruck bezeichnet man seither Untergrundkämpfer im gegnerischen Gebiet. Er wurde auch im Kalten Krieg häufig verwendet.

**Anschluss**     Vom 12. bis 15. März 1938 vollzog eine Armee der deutschen Wehrmacht durch einen gewaltfreien Einmarsch in Österreich die Vereinigung des Landes mit dem Deutschen Reich. Das Wort »Anschluss« war schon kurz nach dem Ersten Weltkrieg in diesem Zusammenhang eine politische Vokabel. Bestrebungen, das durch die Kriegsverluste erheblich geschrumpfte »Restösterreich« an das Deutsche Reich der Weimarer Republik anzuschließen, wurden im Versailler Vertrag ausdrücklich verboten. Österreich hatte seit 1933 »austrofaschistische« Regierungen. In der letzten Phase unmittelbar vor dem Einmarsch gelang es Hitler noch, den österreichischen Bundeskanzler Karl Schuschnigg durch seinen Gefolgsmann Arthur Seyß-Inquart zu ersetzen. Der Anschluss wurde von der Bevölkerung überwiegend begrüßt. Seit dieser Vereinigung sprachen die Nationalsozialisten vom »Großdeutschen Reich«.

**Appeasement-Politik**     Hitler forderte neben dem »Anschluss« Österreichs (s. o.) auch den der deutschsprachigen Sudetengebiete in der Tschechoslowakei. Dieser Nachfolgestaat Österreich-Un-

garns glaubte durch Bündnisverträge mit Frankreich und England
abgesichert zu sein. An den entscheidenden Verhandlungen in München Ende September 1938 waren keine tschechischen Vertreter
beteiligt. Nach Vermittlung des italienischen Faschistenführers
Mussolini glaubten der englische und französische Premierminister
Hitler beschwichtigen zu können, indem sie im Ergebnis die Anne-
xion des Sudetenlandes gestatteten. Für diese Beschwichtigungspo-
litik wird verbreitet der gleichbedeutende englische Begriff
*Appeasement* gebraucht. Vor allem in England glaubte man, einen
drohenden Kriegsausbruch verhindert zu haben. Der britische Premierminister Neville Chamberlain verkündete nach seiner Rückkehr aus München, er habe »Peace for our time« (= Frieden für unser Zeitalter) erreicht.

Im März 1939 besetzten die Nazis völkerrechtswidrig die »Rest-
Tschechei«, womit dieser Staat bis zu seiner Wiedererrichtung 1945
unterging.

**Reichskristallnacht**   Die Nationalsozialisten organisierten Anfang November 1938 mehrtägige Pogrome gegen Juden. Schläger-
trupps plünderten jüdische Geschäfte und Wohnungen. Die dabei
zerschlagenen Schaufenster und Spiegel aus Kristallglas wurden
zum Symbolbegriff für diesen Terror. Die organisierten Ausschreitungen erreichten in der Nacht vom 9. November ihren Höhepunkt,
als überall in Deutschland die Synagogen in Brand gesteckt wurden.
Als auslösender Vorwand diente das Attentat eines jüdischen Emigranten auf den deutschen Legationssekretär Ernst vom Rath in
Paris am 3. November. Der Begriff »Reichskristallnacht«, den die
Nationalsozialisten selbst verwendeten, ist eine infame propagan-
distische Beschönigung, als ob in jener Nacht nur ein bisschen Glas
zu Bruch gegangen wäre.

# Der Zweite Weltkrieg

**Blut, Schweiß und Tränen** In seiner ersten Rede als Premierminister, drei Tage nach seiner Ernennung, sagte Winston Churchill am 13. Mai 1940 vor dem Unterhaus mit Blick auf den Krieg gegen Deutschland: »Ich habe nichts zu bieten als Blut, Mühsal, Tränen und Schweiß.«

**Blitzkrieg** Ab dem 1. September 1939 und während des Jahres 1940 besetzte die deutsche Wehrmacht in kurzen Feldzügen und ohne auf nennenswerten Widerstand zu stoßen, Polen, Dänemark und Norwegen (ab 9. April 1940), die Niederlande, Belgien, Luxemburg und Frankreich (ab 10. Mai).

**KZ – Konzentrationslager** Der Begriff wurde bereits Ende des 19. Jahrhunderts im Spanischen und Englischen verwendet. Die ersten Internierungslager errichteten die Engländer in Südafrika während des Krieges gegen die eingesessene weiße burische Bevölkerung (1899–1903). Die Buren wollten sich dem britischen Expansionsstreben nicht beugen; über hunderttausend burische Frauen und Kinder wurden im Laufe des Krieges unter miserablen Bedingungen in Lagern interniert.

Das umfangreiche Netz von über tausend Konzentrationslagern, das in Deutschland und während des Krieges in besetzten Gebieten von Polen bis in die Niederlande und Frankreich eingerichtet wurde, ist der Inbegriff von Menschenqual und systematisch betriebener Menschenvernichtung und damit der Unmenschlichkeit.

**Auschwitz** Der Name des Konzentrationslagers Auschwitz wurde zum Symbol für den Holocaust. Das sogenannte Stammlager wurde im Juni 1940 errichtet, das Vernichtungslager Auschwitz-Birkenau ab 1941. Es war eines von sieben Vernichtungslagern im KZ-System der Nationalsozialisten. Zwischen 2,5 und 3 Millionen Menschen, überwiegend Juden, fanden in den Vernichtungslagern den Tod.

**Résistance & Kollaboration**    Am 25. Juni 1940 gründete der
französische General Charles de Gaulle (1890–1970) das »Komitee
Freies Frankreich« in London und organisierte die Freien Französischen Streitkräfte. Von dort aus hatte er die Franzosen bereits am
18. Juni in einer von der BBC ausgestrahlten Rundfunkrede zum
Durchhalten angesichts der deutschen Besetzung aufgerufen. Das
Besatzungsgebiet reichte etwa bis zur Loire. Der südliche Teil
Frankreichs unterstand der von Hitler anerkannten Vichy-Regierung. De Gaulle hielt »das freie Frankreich« durch eigene Truppen,
die auf Seiten der Alliierten mitkämpften, im Spiel und unterstützte
die nicht sehr einheitliche Bewegung des Widerstands (= Résistance) innerhalb Frankreichs. Die Résistance kämpfte vor allem durch
Sabotageakte gegen die deutsche Besatzung. Die Vichy-Regierung
hingegen unterstützte die »Kollaboration« (= Zusammenarbeit) mit
den Deutschen.

**Unternehmen Barbarossa**    Unter diesem Decknamen wurde
seit Ende 1940 auf Hitlers Anweisung ein Angriffskrieg gegen die
Sowjetunion vorbereitet. Der Überfall begann am 22. Juni 1941, was
folgte, war eine langwierige militärische Auseinandersetzung un-
gekannten Ausmaßes.

**Pearl Harbor**    Die überraschende Bombardierung des amerikanischen Flottenstützpunkts Pearl Harbor auf Hawaii am 7. Dezember 1941 durch die japanische Luftwaffe ist vor allem in den USA ein
Synonym für eine Niederlage. Als Folge dieses Angriffs erklärte die
amerikanische Regierung den Kriegseintritt der USA. Bis dahin war
die amerikanische Bevölkerung mehrheitlich gegen eine Kriegs-
beteiligung gewesen.

**Wannsee-Konferenz**    In einer enteigneten Villa am Berliner
Wannsee, die vormals einem jüdischen Fabrikanten gehört hatte,
kamen am 20. Januar 1942 unter der Leitung des Chefs des Reichs-
sicherheitshauptamtes Reinhard Heydrich 15 Staatssekretäre, Mi-
nisterialdirektoren und SS-Führer zusammen, um auf Anweisung
Hermann Görings die Details der Deportationen und der massen-

weisen Tötung europäischer Juden festzulegen. Görings Anweisung enthält auch die Formulierung »Endlösung der Judenfrage«. Hier wurde der Holocaust im Detail bürokratisch durchgeplant. Protokollant der Konferenz war Adolf Eichmann, einer der Hauptverantwortlichen für die Ermordung von Millionen Juden.

**Stalingrad**    Die Schlacht in der von den Deutschen besetzten, weit östlich an der Wolga gelegenen Stadt endete am 2. Februar 1943 mit der Kapitulation der 6. deutschen Armee. Der Name der Stadt wurde wie »Waterloo« zum Inbegriff einer Niederlage und zum Symbol für die Wende im Zweiten Weltkrieg. Unter dem Druck der Roten Armee geriet die deutsche Wehrmacht von nun an in die Defensive.

**Bedingungslose Kapitulation**    Auf einer zunächst geheim gehaltenen Konferenz im marokkanischen Casablanca im Januar 1943 stimmten die Westalliierten unter Führung des britischen Premiers Churchill und des amerikanischen Präsidenten Roosevelt gemeinsam mit ihren ranghöchsten Militärs das weitere Vorgehen im Krieg ab. Stalin konnte wegen der Kämpfe in Stalingrad nicht dabei sein. Man legte sich darauf fest, den Krieg gegen die »Achsenmächte« Deutschland, Italien und Japan bis zu deren bedingungsloser Kapitulation fortzuführen.

**Totaler Krieg**    Der Reichspropagandaminister Goebbels reagierte auf die Niederlage von Stalingrad mit dieser Forderung, die in seiner agitatorischen Sportpalastrede vom 18. Februar 1943 rhetorisch in die Form einer Frage gekleidet war (»Wollt ihr den totalen Krieg?«). Goebbels hat den Begriff allerdings nicht erfunden. Er stammt von einem gleichlautenden Buchtitel des führenden Generals aus dem Ersten Weltkrieg, Erich Ludendorff. In seinem Buch widerspricht Ludendorff ausdrücklich der Auffassung des preußischen Generals und Militärtheoretikers von Clausewitz, der die Vorstellung eines »absoluten Kriegs« für realitätsfern hielt. Ludendorff glaubte dagegen daran, verlangte aber, dass die Politik sich dem Militär unterordnen müsse. Die Nationalsozialisten wiederum wollten den gesamten Staat, die Wirtschaft und das Volk für ihre politischen und militärischen Zwecke instrumentalisieren.

**Der 20. Juli**     Am 20. Juli 1944 scheiterte der bis dahin aussichtsreichste Attentatsversuch auf Hitler durch Claus Schenk Graf von Stauffenberg (1907–1944). Stauffenberg hatte im Führerhauptquartier Wolfsschanze in Ostpreußen anlässlich einer Lagebesprechung mit Hitler eine Bombe platziert. Hitler wurde bei der Explosion nur leicht verletzt. Unmittelbar auf das Attentat sollte unter der Bezeichnung »Operation Walküre« ein Staatsstreich erfolgen. Den gleichnamigen Einsatzplan, den die Nationalsozialisten als »Geheime Kommandosache« erarbeitet hatten und der für die Niederwerfung von Unruhen im Innern gedacht war, arbeiteten die Verschwörer entsprechend um. Stauffenberg und seine wichtigsten Mitverschwörer hatten Aufgaben im Stab des für »Walküre« vorgesehenen Ersatzheeres. Noch in der Nacht des Attentats wurden Stauffenberg und der engste Kreis seiner Mitverschwörer nach einem Standgericht erschossen, rund 200 Beteiligte oder Mitwisser wurden nach dem 20. Juli hingerichtet.

**Besatzungszone**     Auf der Jalta-Konferenz im Februar 1945 trafen sich die »Großen Drei«, Churchill, Roosevelt und Stalin. Sie beschlossen (unter Einbeziehung Frankreichs) die Aufteilung Deutschlands in Besatzungszonen. Außerdem wurde auf dieser Konferenz erstmals die Oder-Neiße-Linie als künftige Ostgrenze Deutschlands zu Polen gezogen. Informell wurde ferner die Aufteilung Europas in eine westliche und sowjetische Einflusszone besprochen, womit sich bereits der Ost-West-Konflikt abzeichnete. Schließlich wurden die Grundzüge der Vereinten Nationen festgelegt, einschließlich des Abstimmungsmodus im Sicherheitsrat, der den USA, Russland, Frankreich, Großbritannien und China ein Vetorecht gewährt.

**Luftkrieg**     Warschau, Coventry und Rotterdam waren im Zweiten Weltkrieg die ersten Städte, die Opfer einer systematischen Zerstörung ziviler Ziele wurden. Als erste deutsche Stadt war Mönchengladbach am 12. Mai 1940 Ziel eines englischen Bombenangriffs. Die immer großflächiger, bewusst gegen die Zivilbevölkerung geführten Bombenangriffe der Alliierten erreichten mit den Zerstörungen etwa Nürnbergs (2. Januar 1945), Dresdens (13./14. Februar 1945), Pforzheims (23. Februar 1945), Chemnitz' (5. März 1945), Dessaus (7. März 1945), Würzburgs (16. März 1945), Hildesheims (22. März 1945), Paderborns (23. März 1945) in den letzten Monaten vor Kriegsende katastrophale Ausmaße.

**Hiroshima**    Die Kapitulation Deutschlands gegenüber den Westmächten erfolgte am 7. Mai 1945 in Reims, gegenüber der Sowjetunion in Berlin-Karlshorst am 8./9. Mai 1945. Die Kapitulation Japans, die den Zweiten Weltkrieg beendete, nach dem Atombombenabwurf auf Hiroshima und Nagasaki am 6. und 9. August 1945. Als erste Stadt, die von einem Atombombenabwurf verstrahlt wurde, ist »Hiroshima« zum Begriff für einen apokalyptischen Untergang geworden. Dabei starben einschließlich der Spätfolgen weit über 200 000 Menschen.


# Die Nachkriegszeit


**Trümmerfrau**    Per Kontrollratsgesetz Nr. 32 vom 10. Juli 1946 wurden bestimmte Arbeitsschutzrechtsbestimmungen für Frauen aufgehoben. Dies schuf die Voraussetzungen für den Einsatz von Frauen zur Trümmerbeseitigung, die sich bei Baufirmen auch zu dieser Arbeit melden mussten – was nicht heißt, dass Frauen nicht schon im Jahr zuvor, seit Kriegsende, Trümmer beseitigt hätten. In Deutschland waren acht Millionen Wohnungen ganz oder teilweise zerstört, dazu zahllose öffentliche Einrichtungen (Schulen, Behörden, Verkehrsanlagen) und Industrieanlagen.

**Persilschein**    Damit bezeichnete man in der Soldatensprache ursprünglich den Gestellungsbefehl: Die Soldaten mussten zum

Dienstantritt einen leeren Karton in die Kaserne mitbringen, damit darin ihre Zivilkleidung an die Familie zurückgesandt werden konnte (oft war es ein Karton des gängigen Waschmittels). Auf andere Weise wurde der Begriff bei Entnazifizierungsverfahren nach dem Zweiten Weltkrieg verwendet, wenn Nationalsozialisten positive Leumundszeugnisse ausgestellt wurden. Dadurch erhielten sie die sprichwörtliche »weiße Weste«. Die Entnazifizierung, bei der bestimmte Personengruppen einer gerichtlichen Untersuchung unterzogen wurden, war durch die Siegermächte des Zweiten Weltkrieges im Potsdamer Abkommen vom 2. August 1945 beschlossen und ab 1946 umgesetzt worden, um in den Nachkriegsgesellschaften Deutschlands und Österreichs den Einfluss von Mittätern und Mitläufern des Nationalsozialismus einzudämmen. Die Umsetzung wurde in den einzelnen Besatzungszonen sehr unterschiedlich gehandhabt.

**Kriegsverbrecher**    Unendlich lang ist die Liste solcher Verbrechen und sie setzt sich bis in die Gegenwart fort. Als Begriff kam das Wort »Kriegsverbrecher« nach dem Zweiten Weltkrieg insbesondere im Zusammenhang mit den Nürnberger Kriegsverbrecherprozessen auf (sie fanden vom 20. November 1945 bis 1949 statt). Die unerhörten Gräuel jeder Art bis hin zu organisierten Massenmorden in Staaten, die sich selbst als zivilisiert einschätzten, erforderten eine Neubewertung und konkretere juristische Fassung im Rahmen des Völkerrechts. Ausgehend von den Grundlagen der Ersten Genfer Konvention (1864) und der Haager Landkriegsordnung (1899 und 1907) wird der Begriff permanent weiterentwickelt und ist zentraler Gegenstand der internationalen Friedenspolitik, auch wenn dies auf den ersten Blick ein wenig paradox erscheint.

**Eiserner Vorhang**    Mit Bezug auf den Ost-West-Gegensatz am Ende des Zweiten Weltkrieges verwendete Winston Churchill diesen Begriff 1946 in einer Rede an einem College in den USA: »An iron curtain has descended across the continent« (= Ein Eiserner Vorhang hat sich quer über den Kontinent gesenkt). Die Metapher stammt aus der Theatersprache und bezieht sich auf den eisernen

Vorhang, der im Falle eines Brandes auf der Bühne zwischen Bühnen- und Zuschauerraum herabgelassen wird, um den Zuschauerraum gegen Rauch und Feuer abzusperren. Zuvor hatte bereits Joseph Goebbels den Begriff auf eine ähnliche Weise verwendet. Sein Artikel über die Ergebnisse der Konferenz von Jalta in der Wochenzeitung *Das Reich* vom Februar 1945 war in der englischen *Times* nachgedruckt worden. In Jalta war die Aufteilung Europas in eine sowjetische und eine westliche Einflusszone beschlossen worden. Die Sowjetunion und die von ihr abhängigen Regime riegelten diese Grenze, wie Churchill es formulierte, »von Stettin bis Triest« durch strikte Kontrollen und Sperren ab.

**fringsen**   In dem außerordentlich kalten ersten Nachkriegswinter von 1946 war die Versorgungslage im kriegszerstörten Deutschland immer noch so katastrophal, dass viele Menschen versuchten, Kohletransporte der Eisenbahn zu plündern oder sich auf dem Schwarzmarkt Brennstoff zu organisieren. Der sehr populäre Kardinal Frings bezeichnete in dieser Notlage in seiner Silvesterpredigt am 31. Dezember 1946 Kohlenklau als Mundraub (was umgangssprachlich künftig »fringsen« hieß), indem er sagte: »Wir leben in Zeiten, da in der Not der Einzelne auch das wird nehmen dürfen, was er zur Erhaltung seines Lebens und seiner Gesundheit notwendig hat, wenn er es auf andere Weise, durch seine Arbeit oder durch Bitten nicht erlangen kann.« Regelrechten Diebstahl billigte er damit aber keineswegs. Josef Kardinal Frings (1887–1978) war von 1942–69 Erzbischof von Köln und von 1945–65 Vorsitzender der Deutschen Bischofskonferenz.

**Währungsreform**   Bis 1948 florierte in Deutschland nur der Schwarzmarkt, weil der reguläre Markt durch Preiskontrollen, Lebensmittelmarken und andere Formen staatlicher Bewirtschaftung und Bevormundung gelähmt war. Der Wert der Reichsmark wurde durch Inflation ausgehöhlt. Als »Ersatzwährung«, das heißt als (auf dem Schwarzmarkt) anerkanntes Zahlungs- und Tauschmittel dienten Zigaretten.

Mit der Einführung der neuen Währung D-Mark kam die Freigabe der Preise durch den Direktor der Wirtschaftsverwaltung Ludwig Erhard. Schlagartig pendelte sich der reguläre Markt wieder ein. Mit Wirkung vom 21. Juni 1948 löste die Deutsche Mark die Reichsmark zunächst in den drei westlichen Besatzungszonen ab, nachdem die vorherigen Verhandlungen zwischen allen vier Besatzungsmächten über eine gemeinsame Währungsreform für ganz Deutschland gescheitert waren. Das beantworteten die Sowjets in ihrer Besatzungszone umgehend mit der Einführung der DM-Ost (am 23. Juni 1948), die auch in West-Berlin gelten sollte. Das wurde dort allerdings abgelehnt.

**Rosinenbomber & Luftbrücke**    Einen Tag nach der Einführung der DM-Ost sperrte die Sowjetunion sämtliche Zufahrtswege nach West-Berlin für Gütertransporte ab, da die Westmächte nicht akzeptierten, dass die DM-Ost auch in West-Berlin, das mitten in der sowjetischen Besatzungszone lag, Gültigkeit haben sollte. Es kam zur »Berliner Blockade«. Durch sie sollten die Westalliierten letztlich gezwungen werden, die Stadt preiszugeben. Die Amerikaner und mit ihnen England und Frankreich entschieden nun, diesem Druck nicht nachzugeben und die Stadt durch Transportflüge zu versorgen. So entstand die sogenannte Luftbrücke. Die Beförderungsleistung wurde innerhalb eines Monats von 750 Tonnen auf 2000 Tonnen gesteigert. Im Verlauf der Aktion hatte einer der amerikanischen Piloten damit begonnen, beim Landeanflug auf Tempelhof Süßigkeiten (amerikanisch *candy*) und Kaugummis für die dort wartenden Kinder mit selbst gebastelten Fallschirmen aus Taschentüchern abzuwerfen. Das wurde vielfach nachgeahmt und der Begriff *candy bombers* als »Rosinenbomber« ins Deutsche übersetzt. Insgesamt flogen die Alliierten fast 280 000 Einsätze. Der Höhepunkt war im April 1949 mit fast 1400 Flügen innerhalb von 24 Stunden erreicht. Die Sowjetunion beendete die Blockade am 12. Mai 1949.

**Völker der Welt, schaut auf diese Stadt!**    Während der Blockade hielt der damalige Berliner Bürgermeister Ernst Reuter am 9. September 1948 vor dem zerstörten Reichstagsgebäude, also nahe an der Sektorengrenze, eine Durchhalterede, die folgenden leidenschaftlichen Appell enthielt: »Dieses Volk von Berlin ruft heute die ganze Welt. Ihr Völker der Welt, ihr Völker in Amerika, in England, in Frankreich, in Italien! Schaut auf diese Stadt und erkennt, dass ihr diese Stadt und dieses Volk nicht preisgeben dürft, nicht preisgeben könnt.« Die demokratischen Regierungen der Westmächte benötigten auch ein gewisses Maß an Zustimmung seitens ihrer Völker für die außerordentlich aufwendige Luftbrücke.

**Grundgesetz**    Grundgesetze, die die grundlegenden Beziehungen von Staatsorganen regeln, gab es in der deutschen Geschichte seit dem Wormser Konkordat (1122). Auch die Goldene Bulle, der Augsburger Religionsfrieden und der Westfälische Frieden waren Reichsgrundgesetze. Im 19. Jahrhundert wurden verschiedene Länderverfassungen so bezeichnet (zum Beispiel das »Landesgrundgesetz für Sachsen-Coburg-Gotha«).

Der Parlamentarische Rat, der 1949 unter Vorsitz von Konrad Adenauer das Grundgesetz für die Bundesrepublik Deutschland ausarbeitete, entschied sich bewusst für diesen »bescheidenen« Begriff und nicht etwa für die Bezeichnung »Verfassung«, da man damals in absehbarer Zeit noch mit dem Ende des Besatzungsstatus, einer Wiedervereinigung und daran anschließend mit einer »Verfassung« für ganz Deutschland rechnete. Hauptautor des Entwurfs war der Politiker und Staatsrechtler Carlo Schmid. Das Grundgesetz trat am 23. Mai 1949 in Kraft. Die DDR konstituierte sich am 7. Oktober 1949 mit einer »Verfassung der DDR«. Im Zuge des Wiedervereinigungsprozesses traten die neuen Länder nach dem Ende der DDR am 3. Oktober 1990 dem Geltungsbereich des Grundgesetzes bei.

**Auferstanden aus Ruinen**    lautet die erste Zeile der DDR-Nationalhymne, die am 7. November 1949 erstmals gespielt wurde. Sie war als »Friedenshymne« konzipiert und bewusst viel weniger martialisch als die (klassen)kämpferische Internationale. Ihr Text stammt von dem Dichter und Politiker Johannes R. Becher (1891–1958), die Musik von dem Komponisten Hanns Eisler. Becher hatte die Zeit des Nationalsozialismus in der Sowjetunion verbracht, war nach dem Krieg Mitglied des Zentralkomitees der SED, Volkskammerabgeordneter und einer der führenden Kulturpolitiker der DDR in den 1950er-Jahren.

## *Bücher, die Geschichte machten*

**Kalter Krieg**    Walter Lippmann: *The Cold War. A Study in US Foreign Policy* (1947).

Wegen der Allianz gegen den gemeinsamen Kriegsfeind Deutschland war während des Zweiten Weltkrieges der bereits vorher bestehende Systemkonflikt zwischen dem »Westen« und dem »Osten« (Sowjetunion samt der Kommunistischen Internationalen, einem internationalen Zusammenschluss kommunistischer Parteien) überdeckt worden. Nach Kriegsende hatte die Sowjetunion ihren direkten Machtbereich vor allem in Osteuropa ausweiten können, teilweise mit gewaltsamen Mitteln. Dies verschärfte den bestehenden Konflikt deutlich.

Am 12. März 1947 verkündete der amerikanische Präsident Harry S. Truman in einer Rede vor dem Kongress die nach ihm benannte »Truman-Doktrin«. Darin versprach er, dass die USA freiheitsbedrohten Völkern und Staaten beistehen würden. Dies definierte die amerikanische Außenpolitik als nicht-isolationistisch und bestimmte das amerikanische Handeln während des Kalten Krieges.

Der in den USA hoch angesehene Journalist Walter Lippmann (1889–1974) nahm den Begriff *Cold War*, der kurz zuvor von dem Finanzier und Präsidentenberater Bernard Baruch verwendet worden war, als Buchtitel: *The Cold War. A Study in US Foreign Policy*. Vor allem dadurch wurden die beiden eigentlich unscheinbaren Wörter zu einem Schlüsselbegriff, der die gesamte Epoche bis 1991 charakterisierte. Die Feindseligkeiten waren so groß, dass die beiden Machtblöcke und vor allem die amerikanische und die sowjetische Regierung oftmals nahe an der militärischen Auseinandersetzung (Kubakrise, Berlinkrisen) standen. Um sich keine militärische Blöße zu geben, kam es zur gegenseitigen Abschreckung und zum Wettrüsten.

**Soziale Marktwirtschaft**    Alfred Müller-Armack: *Wirtschafts-
lenkung und Marktwirtschaft* (1947)

Geprägt wurde der Begriff »Soziale Marktwirtschaft« von dem Wirt-
schaftswissenschaftler und CDU-Politiker Alfred Müller-Armack
(1901–1978). Müller-Armack war durch seine Ausbildung in Frei-
burg beeinflusst von der dortigen sogenannten ordoliberalen
Schule sowie durch die katholische Soziallehre. Die Ordoliberalen
wollten eine einigermaßen kontrollierte Marktwirtschaft, da eine
reine, sich selbst überlassene freie Marktwirtschaft ihrer Meinung
nach zu einer wirtschaftlichen Machtzusammenballung führt. Daher ist es dieser Schule zufolge im Zusammenhang mit der Wirtschaft Aufgabe des Staates, solche Ungleichgewichte zu verhindern und auf die Einhaltung der Spielregeln zu achten. Eine
Lenkung der Wirtschaft soll er nicht vornehmen. Die Kriegswirt-
schaft in Deutschland war eine solche Lenkungswirtschaft gewesen
ebenso wie die Planwirtschaft in kommunistischen Ländern. Einen
Weg zwischen Lenkung und Planung einerseits und völlig freiem
Marktliberalismus andererseits anzubieten war das Konzept der sozialen Marktwirtschaft. Danach soll das staatliche Regelwerk für die
prinzipiell freie Wirtschaft auch Aspekte des sozialen Ausgleichs
berücksichtigen.

**Big Brother**    George Orwell: *1984* (1949)

Unter dem Eindruck der totalitären Regime vor allem in Deutschland unter Hitler und in der Sowjetunion unter Stalin beschreibt der
englische Autor George Orwell (1903–1950) in seinem letzten Roman die negative Utopie einer Welt, die in drei große Machtblöcke
aufgeteilt ist und von Parteidiktaturen beherrscht wird. Die Bevölkerung wird manipuliert und entmenschlicht. Überall gibt es riesige
Plakatwände mit dem Bild des »Großen Bruders«, des angeblichen
Parteiführers, dessen Blick die Menschen stets verfolgt. Tatsächlich
werden sie von Tele-Augen ständig überwacht. Diese Überwachung
bis in die Privatsphäre und die Gedanken hinein ist Ausdruck der
absoluten Unfreiheit und damit der völligen Entwürdigung der Menschen. Unkorrekte und unangepasste Gedanken zu haben ist ein
Verbrechen und wird von der Gedankenpolizei verfolgt. Die Gefah-

ren durch permanente Überwachung und Beobachtung sind durch die ständig zunehmenden Datenflüsse und die modernen technischen Möglichkeiten größer denn je. »Big Brother Telekom« ist das jüngste Beispiel dafür.

Bereits in *Animal Farm* (1945) hatte Orwell die manipulativen Mechanismen der Machtübernahme durch Parteidiktaturen in Form einer Tierparabel beschrieben, die vor allem auf den Stalinismus gemünzt war. Aus *Animal Farm* stammt der berühmte Satz: »Alle Tiere sind gleich, aber manche sind gleicher als die anderen.«

## *Entdeckungen, Erfindungen & Neuerungen der ersten Hälfte des 20. Jahrhunderts*

**Vitamin C** Eine Mischung von Substanzen aus Zitronensaft nannte der Chemiker Sylvester Zilva 1921 »Vitamin C« (chemisch: Ascorbinsäure). Das Kunstwort »Vitamin« (von lateinisch *vita* = Leben und *amin* = stickstoffhaltig) stammt von dem Chemiker Casimir Funk, der es 1911 prägte.

**Penizillin** Die für die Menschheit segensreichste wissenschaftliche Entdeckung jener Zeit dürfte das Penizillin sein. Die Wirkungsweise als Keimtöter kennt heute jeder. Es war eher ein Zufallsfund seines Entdeckers, des Briten Alexander Fleming (1881–1955), der 1928 erkannte, dass bestimmte Schimmelpilzkulturen, die er über Nacht in seinem Labor hatte stehen lassen, das Bakterienwachstum hemmten, und die Wirksamkeit dieses Effekts genauer untersuchte. 1945 erhielt er dafür (zusammen mit Howard Florey und Ernst B. Chain) den Nobelpreis für Medizin. Auf die Idee, diesen Bakterienkiller zur Heilung am Menschen einzusetzen, kamen die Wissenschaftler allerdings erst rund zehn Jahre nach der Entdeckung.

**Micky Maus** Micky Maus, amerikanisch *Mickey Mouse*, ist der Inbegriff einer Comicfigur, geschaffen von Walt Disney (1901–1966) und dem Trickfilmzeichner Ub Iwerks (1901–1971). Sie wurde 1928 im ersten erfolgreich vertonten Zeichentrickfilm der Welt »geboren«. Disney sprach darin selbst die Stimme von Micky. Ursprünglich sollte die Figur »Mortimer Mouse« heißen.

**Empire State Building**     Das Empire State Building in New York wurde am 1. Mai 1931 eröffnet und war mit seinen 443 Metern (einschließlich der Antenne) bis zum Bau des World Trade Centers 1972 das höchste Gebäude der Welt. »Empire State« ist der Beiname des Bundesstaates New York. Heute ist der Sears Tower in Chicago mit 527 Metern das höchste Gebäude in den USA. Mittlerweile wird er von dem derzeit noch im Bau befindlichen Burj Dubai in den Vereinigten Arabischen Emiraten übertroffen, der bei seiner Fertigstellung über 800 Meter hoch sein soll.

**Neutron**     Die Suche nach den kleinsten Bausteinen der Materie und nach dem richtigen »Atommodell« war eine der spannendsten Fragen der Physik in der Zeit vor und nach dem Ersten Weltkrieg. Die Vorstellung vom Atomkern, um den die Elektronen wie Planeten kreisen, stammt von dem Japaner Hantaro Nagaoka aus dem Jahr 1904. Sie ist nach wie vor die populärste, aber falsch. Auch die »Rosinenbrötchentheorie«, wonach das Atom eine kompakte Masse und die Elektronen die Rosinen sein sollten, stimmt nicht. Der Däne Niels Bohr (1885–1962) postulierte, dass die Elektronen sich auf fixen Umlaufbahnen bewegen (Nobelpreis für Physik 1922). Schließlich meinte der Engländer Ernest Rutherford (1871–1937), es müsste neben den positiv geladenen Teilen und den negativ geladenen Elektronen noch neutrale Teile geben. Nach elf Jahren hartnäckiger Forschungsarbeit konnte sein Mitarbeiter James Chadwick (1891–1974) diese Bausteine der Atomkerne nachweisen und nannte sie Neutronen (Nobelpreis für Physik 1935). Nur mithilfe der Neutronen, mit denen man Atomkerne »beschießt«, war es möglich, Atomkerne zu spalten – die Voraussetzung für Atombomben und Kernkraftwerke.

**Kernspaltung**     Ende 1938 entdeckte Otto Hahn (1879–1968) gemeinsam mit seinen Assistenten Fritz Straßmann und Lise Meitner

die Spaltung von Urankernen durch Neutronenbestrahlung. Hahn
erhielt dafür 1945 den Nobelpreis für Chemie des Jahres 1944.

**Computer**    Der Ingenieur und Unternehmer Konrad Zuse (1910–
1995) konstruierte 1941 in einer kleinen Wohnung in der Methfes-
selstraße in Berlin-Kreuzberg den ersten programmgesteuerten
Rechner in Relaistechnik (im Gegensatz zur Röhrentechnik). Dies
war der sogenannte Z3 (= Zuse 3). Beim Vorgängermodell Z1 erfolgte die Eingabe noch über Lochstreifen. Niemand anderer als Zuse
baute also den ersten programmgesteuerten Rechner, ein Gerät, das
nach dem Zweiten Weltkrieg unter der Bezeichnung »Computer«
seinen unvergleichlichen Siegeszug antrat. Das Wort »Computer«
stammt allerdings von der ersten amerikanischen Großrechenma-
schine ENIAC (= Electronical Numerical Integrator and Computer)
von 1946. Die Bedeutung von Zuses Erfindung wurde aufgrund der
Zeitumstände nicht erkannt und die Technik in Deutschland nicht
weiterentwickelt. Das gelang in erster Linie Amerikanern.

# Die Fünfzigerjahre

**Heimatfilm**    *Schwarzwaldmädel* war der Titel des ersten deutschen Farbfilms nach Kriegsende, der 1950 herauskam (mit Paul
Hörbiger, Sonja Ziemann und Rudolf Prack). Er markiert den Beginn des deutschen Heimatfilms, der in den 1950er-Jahren sehr erfolgreich war und meist eine heile Welt zeigte. Der Heimatfilm ist
das einzige Filmgenre, das in Deutschland und Österreich entstanden ist und auch nur in deutschsprachigen Ländern gezeigt wird. Es
wurden bis in die 1960er-Jahre hinein annähernd 300 Filme gedreht,
die dieser Filmgattung zuzurechnen sind.

**Rock'n'Roll**    ist ein verschleiernder Begriff der amerikanischen
Umgangssprache für »Beischlaf« und wurde von dem amerikanischen Radio-DJ Alan Freed 1952 in seiner Sendung *Moondogs* erst-

mals für eine damals überwiegend noch als »Rhythm and Blues« bezeichnete Musikrichtung verwendet. Vor allem das zweideutige Wort *rock*, das nicht nur »schaukeln« bedeutet, taucht bereits in den 1930er-Jahren in Musiktiteln und -texten auf. Der Hit »Rock around the Clock« von Bill Haley (1954) wurde der musikalische Inbegriff dieser Musikrichtung. Rock'n'Roll ist auch der Kristallisationspunkt der ersten globalen Jugendkultur bis weit in die 1970er-Jahre hinein.

**Dritte Welt**    Am 14. August 1952 erschien unter dem Titel »Drei Welten, ein Planet« ein Artikel in der französischen Zeitschrift *L'Observateur* aus der Feder des französischen Wirtschaftshistorikers und Demographen Alfred Sauvy (1898–1990). Sauvy stand der Politik als Berater von Charles de Gaulle und des Ministerpräsidenten Mendès-France nahe, übernahm aber nie ein Regierungsamt. Die Zählung verläuft so: Mit der Ersten Welt waren die kapitalistischen Länder mit freier Marktwirtschaft unter Führung der Vereinigten Staaten von Amerika gemeint, zur Zweiten Welt gehörten die sozialistischen Länder unter der Führung der Sowjetunion. Alle Länder, die sich nicht einem dieser Blöcke zuordnen ließen, wurden als Länder der Dritten Welt bezeichnet. Sauvy orientierte sich bei seiner Wortwahl bewusst an dem Begriff der »Dritte Stand«, mit dem Abbé Sieyès, einer der Vordenker der Französischen Revolution, die bürgerliche Volksmehrheit bezeichnete, deren Vertreter sich 1789 zur Nationalversammlung erklärt hatten. Heute ist die Bezeichnung »Dritte Welt« ein Sammelbegriff für Entwicklungsländer.

**BILD**    Die erstmals am 24. Juni 1952 erschienene Zeitung heißt deshalb so, weil sie in ihrer Anfangszeit auf der Vorder- und Rückseite nur Fotos mit etwas längeren Bildunterschriften zeigte. Erst im darauffolgenden Jahr trat in Form der Schlagzeile mehr Text auf die Vorderseite.

**Der 17. Juni**    Angesichts der großen wirtschaftlichen Schwierigkeiten beschloss die Führung der DDR Anfang Juni 1953 eine zehnprozentige Erhöhung der Arbeitsnormen ohne gleichzeitige Lohnerhöhung. Dagegen protestierten am 16. Juni vor allem Berliner Bauarbeiter mit Arbeitsniederlegungen und einem Demonstrationszug in die Innenstadt. Buchstäblich über Nacht politisierte sich diese Bewegung zum Protest gegen das SED-Regime und griff auf die gesamte DDR über. Belegschaften großer Betriebe streikten am Morgen des 17. Juni. In allen größeren Städten kam es zu Demonstrationen. Einige Verwaltungs- und Polizeidienststellen wurden besetzt. Die DDR-Führung nahm die Normerhöhung zwar wieder zurück, bezeichnete den Volksaufstand aber als »konterrevolutionären Putschversuch«. Am Mittag des gleichen Tages verkündete der sowjetische Militärkommandant in Berlin den Ausnahmezustand. Panzer rollten in die Innenstädte. Angesichts dieser Bedrohung brach der unorganisierte Aufstand schnell zusammen. Das Datum des Arbeiteraufstands wurde zum Synonym für diese Massenerhebung. In Westdeutschland wurden Straßen und Plätze nach diesem Datum benannt.

**Tauwetter**    Nach dem Tod Stalins (1953) wurde in der Sowjetunion Kritik an dessen Personenkult laut. Innenpolitisch war diese Tauwetter-Periode durch eine Lockerung der Zensur in der Kulturpolitik geprägt. In der Außenpolitik kam es zur Rückkehr der letzten deutschen Kriegsgefangenen und zum Österreichischen Staatsvertrag, der von den vier Besatzungsmächten (UdSSR, USA, Großbritannien, Frankreich) und Österreich unterzeichnet wurde. Damit war die volle Souveränität Österreichs 1955 wiederhergestellt. Die Bezeichnung »Tauwetter« geht auf den Titel eines politischen Romans des russischen Schriftstellers Ilja Ehrenburg zurück.

Maßgeblich verantwortlich für diese Politik war der neue Generalsekretär der KPdSU (der Kommunistischen Partei der Sowjetunion) Nikita Chruschtschow, der später auch Ministerpräsident war.

Das bekannteste literarische Werk der Tauwetter-Periode ist *Ein Tag im Leben des Iwan Denissowitsch* von Alexander Solschenizyn, in dem er das Lagerleben im Gulag beschreibt. Das Buch erschien 1962.

Innenpolitisch ging die Tauwetter-Periode spätestens mit der

Ablösung Chruschtschows 1964 durch Leonid Breschnew zu Ende. Außenpolitisch wurden viele Hoffnungen auf eine weitergehende Öffnung durch die militärische Niederschlagung des Ungarn-Aufstandes 1956 durch die Sowjetunion zunichte gemacht.

**Wir sind wieder wer!**    Der überraschende Sieg der deutschen Nationalmannschaft bei der Fußballweltmeisterschaft 1954 nach einem dramatischen Spiel gegen Ungarn am 4. Juli gilt als das bedeutendste Sportereignis in der Nachkriegsgeschichte der BRD. Es wird auch als das »Wunder von Bern« bezeichnet und gab den Deutschen ein neues Selbstverständnis. Die Formulierung »Wir sind wieder wer« stammte von Norbert Seitz, einem Redakteur der angesehenen Kulturzeitschrift *Frankfurter Hefte*. In der Rückschau charakterisiert er ironisch das nach der Niederlage im Krieg durch das Wirtschaftswunder neu entstandene Selbstbewusstsein der Westdeutschen, das nicht zuletzt durch das »Wunder von Bern« beflügelt wurde.

**Wirtschaftswunder**    Seit 1955 kamen Gastarbeiter nach Westdeutschland. Im gleichen Jahr wurde erstmals ein Weihnachtsgeld im Öffentlichen Dienst gezahlt und die Rentenreform 1957 verbesserte die Renten spürbar. Diese Maßnahmen charakterisierten bereits den Höhepunkt des wirtschaftlichen Aufschwungs in der BRD seit der Währungsreform. Man sprach von einem »Wunder«, weil die Ausgangsbedingungen durch die kriegsbedingten Zerstörungen von Städten und Industrieanlagen und die Aufnahme von Millionen von Flüchtlingen denkbar schlecht erschienen.

**Vergangenheitsbewältigung**    Dieser Begriff für die juristische, historische und ethische Aufarbeitung der nationalsozialistischen Ära und insbesondere des Holocaust wurde erstmals auf einer Tagung der Evangelischen Akademie Berlin-West im Sommer 1955 genannt. Gemeint ist konkret die Bestrafung von Tätern, die Entschädigung von Opfern, eine wissenschaftliche Untersuchung und Deutung der Fakten und die Aufrechterhaltung der Erinnerung an diese Zeit. Die nationalsozialistische Vergangenheit nicht bewältigt, sondern verdrängt zu haben war in der politischen Debatte vor allem der 1960er-Jahre ein Vorwurf, den die junge (Studenten-)Generation ihren Eltern machte.

**Disneyland**   Der in vieler Hinsicht bahnbrechende Comic- und Trickfilm-Pionier Walt Disney (1901–1966) konzipierte den ersten Disneyland-Themenpark Mitte der 1950er-Jahre, »um Träume wahr werden zu lassen«. Die erste Geschäftseröffnung im kalifornischen Anaheim war am 17. Juli 1955. »Disneyland« wurde zum Inbegriff für eine verkitschte Scheinwelt.

**Sputnik-Schock**   Am 4. Oktober 1957 sendete ein von der Sowjetunion ins All geschossener Satellit erstmals Piepssignale, die in der ganzen Welt empfangen werden konnten. Die annähernd 90 Kilogramm schwere Metallkugel namens »Sputnik« (= russisch für »Begleiter«) war das erste von Menschen geschaffene Objekt im Weltraum und der Beginn der Raumfahrt. Vor allem in den USA wurde dieses Ereignis schockhaft wahrgenommen, da sich hier im Wettlauf der Supermächte ein technologischer Vorsprung der Sowjetunion zu offenbaren schien. Die politische Diskussion machte dafür unter anderem das angeblich »rückwärtsgewandte« amerikanische Bildungssystem verantwortlich. Infolge des Sputnik-Schocks kam es zu verstärkten Anstrengungen der USA, ihr Raketenprogramm zu beschleunigen und sich beim Wettlauf ins All einen Vorsprung zu verschaffen. Unter anderem führte der Sputnik-Schock auch zur Gründung der NASA.

**Republikflucht**   Ein Straftatbestand wurde der (offiziell so genannte) »unerlaubte Grenzübertritt« am 11. Dezember 1957 durch das »Gesetz zur Änderung des Passgesetzes« der DDR. Als Tatbestand im wirklichen Leben gab es die »Republikflucht« schon seit der Abriegelung der sowjetisch besetzten Zone nach dem Zweiten Weltkrieg. Insgesamt haben von 1949–89 ca. drei Millionen Menschen die DDR verlassen.

**Trabi**   1958 wurden die ersten bei VEB Sachsenring Automobil-
werke Zwickau produzierten »Trabant«-Modelle verkauft. Der
Name wurde in einem Wettbewerb gefunden und bedeutet – analog
zu »Sputnik« (= russisch für »Begleiter«) und »Satellit« (von lateinisch *satelles* = Leibwächter, Gefolgsmann eines Fürsten) – »Begleiter«. Als Mangelware war das Auto während der gesamten Zeit der
DDR eine sichere Geldanlage mit hohem Wiederverkaufswert. Aufgrund der fehlenden technischen Weiterentwicklung wurde das
populäre Automobil zum Symbol der Stagnation in der DDR. Weil es,
ähnlich wie der »Käfer« und der »Golf« im Westen, das am weitesten
verbreitete Auto in der DDR war, waren viele der motorisierten ost-
deutschen Erstbesucher im Westen unmittelbar nach dem Mauerfall
Trabi-Fahrer, was den Mythos letztmalig verstärkte.

**Überflussgesellschaft**   Bereits 1958 arbeitete der amerikanische Ökonom John Kenneth Galbraith (1908–2006) in seinem Buch
*Gesellschaft im Überfluss* den Kontrast zwischen der hemmungs-
losen Güterproduktion des Kapitalismus und dem mangelnden An-
gebot an öffentlicher Infrastruktur und Dienstleistungen heraus:
Privater Reichtum und öffentliche Armut. Der Berater der amerikanischen Präsidenten Kennedy und Johnson setzte sich für einen
Ausbau des Sozialstaates ein. Allerdings ist der öffentliche Sektor
in den USA im Vergleich zu den ausgebauten Sozialsystemen der
westeuropäischen Staaten bis auf den heutigen Tag im Sinne des
Wortes »arm dran«.

**Barbie**   Seit den Anfängen der deutschen Bild-Zeitung (erstmals
erschienen 1952) gab es darin einen Comic von Reinhard Beuthin ·
mit der Hauptfigur »Lilli«. Nach diesem Vorbild wurden seit 1955
etwa 30 Zentimeter hohe Puppen produziert, die als Werbemittel
und Maskottchen dienten. Man konnte für diese »Lilli« auch bereits
Kleidung und Zubehör kaufen. Auf einer Urlaubsreise entdeckte die
Amerikanerin Ruth Handler in Luzern die Puppe, kaufte ein paar
Exemplare und ließ nach diesem Muster in den USA die Barbiepuppe entwickeln. Ruth Handler betrieb mit ihrem Mann und einem
Kompagnon die kleine Spielzeugfirma Mattel. Sie setzte die Produk-

tion dieser Mannequinpuppe in der Firma durch und gilt seitdem als »Mutter der Barbie«. Diese wurde auf einer Messe im März 1959 erstmals der Öffentlichkeit präsentiert. Barbies männliches Pendant »Ken« ist nach dem Sohn der Handlers, Kenneth, benannt. Mattel ist heute der größte Spielzeughersteller der Welt.

**Happening** ist eine Aktionskunst, die aus improvisierten Handlungen besteht und nicht dauerhaft ist, sondern mit deren Ende auch wieder aufhört zu existieren. Das erste Happening wurde 1959 in der Reuben Gallery in New York durchgeführt. Damit wurde der Kunstbegriff bewusst von der Bindung an jegliches »Material« gelöst und dadurch, bisher letztmalig, radikal erweitert. Auch das alltägliche Leben sollte so mit »Kunst« verbunden werden. So gesehen ist in der Tat das ganze Leben ein einziges »Happening«.

# Das Jahrhundert der »Generationen«

Das 20. Jahrhundert, stets auf Verjüngung bedacht, gefiel sich darin, alle paar Jahre eine neue Generation auszurufen. Neben einigen diffus wirkenden Begriffen wie etwa Vorkriegs-, Nachkriegs-, 68er-Generation oder der Bezeichnung die »weißen« Jahrgänge, gibt es auch einige »Generationen«, die sich begrifflich konkreter fassen lassen.

**Lost Generation – Die verlorene Generation** Die Kunstsammlerin und Schriftstellerin Gertrude Stein (1874–1946), eine Amerikanerin in Paris, war mit ihrem Salon der Mittelpunkt eines großen Kreises führender Intellektueller ihrer Zeit. So lernten sich zum Beispiel Pablo Picasso und Henri Matisse in ihrer Wohnung in der Rue de Fleurus kennen. Hinzu kamen nach dem Krieg von diesem Erlebnis erschütterte junge amerikanische Schriftsteller, wie etwa Ernest Hemingway, der eines ihrer Romanmanuskripte abtippte und Korrektur las. Ihm gegenüber prägte Stein den Satz: »You are all a lost generation« (= Ihr seid alle eine verlorene Generation) und

beschrieb damit die Desillusionierung zahlreicher Kriegsteilneh-
mer. Die amerikanischen Autoren empfanden außerdem die kulturelle Situation in ihrem wirtschaftlich boomenden Land als völlig
banal. Die Stimmung war teilweise verzweifelt. So schrieb F. Scott
Fitzgerald, seine Generation habe festgestellt, dass »alle Götter tot,
alle Kriege gekämpft, jeder Glaube zerstört« sei. Und der französische Autor Jean-Paul Sartre empfand eine tödliche Langweile und
Gleichgültigkeit (*Ennui*). Gleichzeitig war dieses geistige Umfeld
eine der Geburtsstätten der Moderne, wo Kunst und Literatur zu
völlig neuen Ausdrucksmitteln fanden. So entwickelten sich etwa im
Kubismus und der abstrakten Malerei völlig neue Formen der
Kunst, man »erneuerte« die Musik und probierte bewusst analoge
Formen in der Literatur aus. Wie auch immer das Ergebnis konkret
aussah, viele dieser Bemühungen waren darauf gerichtet, komplexe
Lebenssachverhalte oder einfach nur menschliches Leben oder
menschliche Geschichten auf einfache Elemente und Grundkon-
stellationen zu reduzieren und daraus etwas zu gestalten. Die Hoffnung war wohl darauf gerichtet, wenigstens dadurch einige wenige
gültige Antworten angesichts der allgemeinen geistigen Sinn- und
Bedeutungsentleerung gewinnen zu können.

**Beat Generation**   ist eine Wortschöpfung des amerikanischen
Autors Jack Kerouac (1922–1969) bereits aus dem Jahr 1948. Der
Ausdruck kommt vom amerikanischen Begriff *beaten* = erschlagen,
müde, heruntergekommen. Damit meinte Kerouac ein düsteres so-
ziales Randmilieu, unterfütterte das Wort *beat* aber gleichzeitig mit
der positiveren Bedeutung einer »euphorischen« (*upbeat*), »getrie-
benen« Generation – nicht zuletzt durch Sex und Drogen. In Kerou-
acs bekanntestem Werk *On The Road* (1957; deutsch: *Unterwegs*)
kommt deren Mentalität zum Ausdruck.

**Babyboomer**   So bezeichnet man die in den Zeiten wirtschaftlicher Prosperität nach dem Zweiten Weltkrieg geborene Generation – in den USA von Mitte der 1940er- bis Mitte der 1960er-Jahre
und in Deutschland von Mitte der 1950er- bis Mitte der 1960er-Jah-
re. Nur während dieser Zeit stieg die Geburtenrate innerhalb des

20. Jahrhunderts einmal an. Der Babyboom wurde durch den »Pillenknick« (s. u.) beendet.

**Generation X**   Das 1991 erschienene Buch des Kanadiers Douglas Coupland (*1961) *Generation X* beschreibt vor allem aus nordamerikanischer Sicht die jungen Leute, die in den 1960er- und 70er-Jahren geboren wurden, in gesättigtem Wohlstand aufwuchsen, aber vom Konsumismus abgestoßen waren. Sie verweigerten den Konsum und suchten nach alternativen Lebensformen und neuen Werten. Coupland wählte die Bezeichnung »X«, um die Weigerung dieser Generation zum Ausdruck zu bringen, sich durch die Werbeindustrie etikettieren zu lassen.

**Generation Golf**   ist der Titel eines Bestsellers des deutschen Autors Florian Illies (*1971) aus dem Jahr 2000. Die »Golfer« sind die Kinder der ersten Babyboomer und die Nachfolger der Generation X (s. o.). Die »Golfer« sind laut Illies im Gegensatz zur Generation X konsumorientiert, modebewusst, hedonistisch und unpolitisch. Als Symbol ihres gehobenen Markenbewusstseins stellte Illies den VW Golf in den Buchtitel, das automobile Statussymbol für die Mehrheit der Abiturienten seiner Jahrgänge.

# Die Sechzigerjahre

**Pillenknick**   Sichtbar wird der Pillenknick zunächst nur als scharf abwärts verlaufende Linie auf demografischen Tabellen, die die Geburtenrate in einem Koordinatensystem darstellen. Hier sinkt die Zahl der Geburten Anfang der 1960er-Jahre deutlich. Am 18. August 1960 kam in den USA die erste Antibabypille auf den Markt, in Deutschland ein Jahr später. Das Konzept der hormonellen Kontrazeption war schon 1921 von dem Innsbrucker Physiologen Ludwig Haberlandt entdeckt worden. Der österreichisch-amerikanische Chemiker Carl Djerassi entwickelte es weiter, meldete es 1951 zum

Patent an und brachte es zusammen mit zwei amerikanischen Pharmakologen bis zur Marktreife. Durch die »Pille« waren Frauen gegen ungewollte Schwangerschaften weitgehend gefeit und sie ermöglichte ihnen ein freieres Sexualleben auf Augenhöhe mit den Männern. Die Pille beförderte auch entscheidend die Frauenemanzipation. Der demografische Wandel durch den Pillenknick führt in naher Zukunft voraussichtlich zu einer Krise der Rentensysteme.

**Bildungskatastrophe** »Die deutsche Bildungskatastrophe« lautete die Überschrift einer Artikelserie des Pädagogen Georg Picht, die Anfang 1964 in der Zeitschrift *Christ und Welt* erschien. Georg Picht (1913–1982) war von 1946–1956 Leiter der Birklehof-Schule in Hinterzarten und in den 1950er-Jahren Mitglied des Deutschen Ausschusses für das Erziehungs- und Bildungswesen. Auch das Wort »Bildungsnotstand« stammt von ihm. Picht wies vor allem auf den sich Mitte der 60er-Jahre abzeichnenden Mangel an Lehrern und Klassenräumen hin und zeigte, dass die Kultusministerien der Länder noch nicht auf die absehbare Zunahme von Schülern aus den geburtenstarken Jahrgängen der Nachkriegszeit reagiert hatten. Auch damals rangierte die BRD am unteren Ende der europäischen Vergleichsstatistiken im Bildungssektor. Die Hochschulen waren bis weit in die 1980er-Jahre hinein nicht auf die wachsende Zahl von Studenten vorbereitet, wie die Numerus-clausus-Regelungen für viele Studienfächer zeigten. Die Numerus-clausus-Regelung beeinträchtigt das grundgesetzlich garantierte Recht auf freien Hochschulzugang und die Freiheit der Berufswahl.

**Berliner Mauer** Durch die Errichtung einer gemauerten Absperrung entlang der Grenze der Westsektoren zum sowjetischen Sektor in Berlin seit dem 13. August 1961 wurde aus dem Allgemeinwort »Mauer« ein Geschichtsbegriff. Als Bauwerk und Begriff wurde »die Mauer« damit auch zum Symbol im Zusammenhang mit dem »Kalten Krieg« und dem »Eisernen Vorhang«. Die DDR-Führung wollte mit der Errichtung der Mauer die »Republikflucht« der DDR-Bürger verhindern. Aufgrund des besonderen Status der Stadt konnten sich DDR-Bürger anfangs noch in Ostberlin in die S-Bahn

setzen und nach Westberlin fahren. In den ersten beiden August-
wochen 1961 gelang dies 41 433 Personen. Im DDR-Jargon nannte
man die Mauer »antifaschistischer Schutzwall« bzw. »befestigte
Staatsgrenze«.

**Ich bin ein Berliner**      Der amerikanische Präsident John F. Ken-
nedy (1917–1963) sprach diesen Satz am Ende seiner Rede vor dem
Schöneberger Rathaus am 26. Juni 1963 auf Deutsch. Aufgrund des
besonderen Status von Berlin war der Westteil der Stadt wie eine
Insel des »freien Westens« innerhalb der sozialistischen DDR. Zwei
Jahre nach dem Mauerbau und ein Jahr nach der Kubakrise war der
Kalte Krieg kaum deeskaliert. West-Berlin war ein Stachel im
Fleisch des kommunistischen Ostens. Die Provokation einer Berlin-
Krise lag im Bereich des Denkbaren. Gegenüber dem eindeutig hin-
ter der Ost-Berliner Regierung stehenden Moskau waren nur die
USA machtpolitisch in der Lage, die Freiheit und Sicherheit West-
Berlins notfalls auch militärisch zu garantieren. Diese Garantie gab
Kennedy mit dem berühmten Satz gegenüber den Berlinern und
auch an die Adresse Moskaus gerichtet ab.

**Vietnam**      Das Wort »Vietnam« entwickelte sich ähnlich wie »Waterloo«, »Stalingrad« oder »Pearl Harbor« zu einem Niederlagen-Be-
griff und zum Inbegriff eines amerikanischen Traumas. Das Trauma
resultierte vor allem daraus, dass die hochgerüstete Supermacht das
kleine und arme Dritte-Welt-Land trotz Einsatz massivster Mittel
militärisch nicht bezwingen konnte. 1965 griffen die USA erstmals
mit eigenen Truppen ein. Die letzten Amerikaner mussten 1975
schmachvoll aus Saigon abziehen. Die strategisch führenden Köpfe
auf vietnamesischer Seite waren Ho Chi Minh und General Giap. Sie
hatten bereits im ersten Vietnamkrieg, dem sogenannten Indochi-
nakrieg (1946–1954), die Franzosen besiegt und damit deren Kolonialherrschaft beendet. Danach war das Land geteilt. Der Norden war
kommunistisch und wurde von den beiden kommunistischen Großmächten Russland und China logistisch unterstützt, der Süden unter
dem Diktator Diem stand unter der Schutzherrschaft der Amerikaner, die in Südostasien um keinen Preis ihr Gesicht verlieren woll-

ten und deshalb immer tiefer in den Krieg hineingezogen wurden. Angesichts der militärischen Schwierigkeiten der Amerikaner skandierten antiamerikanisch gesinnte Studenten in den späten 1960er-Jahren sogar voller Häme: »Schafft zwei, drei, viele Vietnam!«

**Prager Frühling**    Der Reformgeist hatte auch die westlichen Ostblockländer Polen und die Tschechoslowakei erfasst. In der Tschechoslowakei löste im Januar 1968 Alexander Dubček den Stalinisten Antonín Novotný als Ersten Sekretär der Kommunistischen Partei ab und führte ein Liberalisierungsprogramm durch, zum Beispiel durch die Aufhebung der Pressezensur. Dieser Reformkurs wurde als »Prager Frühling« bezeichnet. Die Sowjetunion unter Leonid Breschnew fürchtete, dass derartige Liberalisierungsbestrebungen übergreifen und die eigene Macht gefährden könnten. Durch einen Einmarsch der Warschauer-Pakt-Truppen am 21. August 1968 wurde der Prager Frühling beendet.

**Ein kleiner Schritt für einen Menschen, ein riesiger Sprung für die Menschheit**    Zur besten amerikanischen TV-Sendezeit erreichten die beiden Astronauten Neil Armstrong und Edwin Aldrin den Mond und betraten am 21. Juli 1969 als erste Menschen den Erdtrabanten. Neil Armstrong stieg als Erster aus der Mondfähre und sprach den berühmten Satz: »Dies ist ein kleiner Schritt für einen Menschen, ein riesiger Sprung für die Menschheit.« Dieser Flug von Apollo 11, aber auch schon die erste Mondumkreisung durch Apollo 8 mit William Anders, James Lovell und Frank Borman im Dezember 1968 veränderten nachhaltig das Bild der Erde. Erst vom All aus sah man den »Blauen Planeten« wirklich als winzige Insel des Lebens in der Weite des Weltraums schweben.

## Die schwarze Bürgerrechtsbewegung

**I have a dream**    Diesen Satz wiederholte der Bürgerrechtler Martin Luther King (1929–1968) wie eine Beschwörungsformel mehrmals in seiner meisterhaften Ansprache beim »Marsch auf Wa-

shington für Arbeit und Freiheit« am 28. August 1963. Diese Groß-
demonstration war der Höhepunkt einer Demonstrationsbewegung
für die Bürgerrechte der Schwarzen, die im Sommer 1963 in zahlreichen amerikanischen Städten monatelang durchgeführt wurde.
An diesem Marsch nahmen eine Viertelmillion Menschen teil, darunter 60 000 Weiße. Schwarze wurden zu dieser Zeit immer noch
offiziell diskriminiert und waren überwiegend arm. Begonnen hatte
die schwarze Bürgerrechtsbewegung 1955, als sich Rosa Parks am
1. Dezember weigerte, für einen Weißen ihren Platz in einem Bus zu
räumen. Sie wurde deswegen zu 14 Dollar Geldstrafe verurteilt. Seit
diesem Vorfall war King als Bürgerrechtler aktiv. Seinen Grundsatz
des gewaltlosen Widerstands hatte er von Mahatma Gandhi übernommen. Gesetzlich aufgehoben wurde die Rassentrennung 1964.
King wurde 1968 ermordet.

**Black is beautiful**    »Black is beautiful« und »Black Power« sind
die wichtigsten Schlagwörter der militanten Schwarzenbewegung,
die der Bürgerrechtler Stokley Carmichael (1941–1998) geprägt hat.
*Black Power* lautete auch der Titel eines Buches, das er 1967 zusammen mit Charles V. Hamilton verfasste. Darin zeigten sie verschiedene Arten der trotz des Gleichstellungsgesetzes nach wie vor
bestehenden Diskriminierung gegen Schwarze auf (u. a. mangelnde
Vertretung in der Politik, schlecht bezahlte Arbeit). Dazu zählten sie
auch »weiße« Schönheitsideale. So war die Barbiepuppe natürlich
nicht dunkelhäutig und hatte keine krausen Haare. Dagegen postulierte Carmichael: »Black is beautiful!« Spätestens nach dem gewaltsamen Tod von Martin Luther King hielten viele Schwarze das Konzept der Gewaltlosigkeit für überholt und radikalisierten sich.
Bereits in der Verwendung des Begriffs »Power« (= Macht, Durchset-
zungskraft) sahen viele einen Aufruf zur Gewalt.

**Ich bin der Größte**    Die Legenden und Sprüche um den vom
Internationalen Olympischen Komitee zum »Sportler des Jahrhun-
derts« gewählten Olympiasieger Muhammad Ali, ehemals Cassius
Clay (*1942) sind berühmt: Beim Kampf gegen den ehemaligen
Weltmeister Sonny Liston, der nach 105 Sekunden k. o. war, wurde

der entscheidende Treffer Alis als »Phantom-Schlag« bezeichnet, da kaum jemand ihn gesehen hatte. Der Kampf gegen George Foreman in Kinshasa im Kongo stand unter dem Motto »Rumble in the jungle« (= Der Kampf im Dschungel), und zu einem wahren Krimi, einem »Thrilla in Manila«, kam es beim Kampf gegen Joe Frazier auf den Philippinen. 1964, als Clay beim ersten Kampf gegen Liston den Weltmeistertitel gewann, schrie er wiederholt: »I shook the world! I am the greatest!« (= Ich habe die Welt erschüttert! Ich bin der Größte!) Im selben Jahr verkündete er seine Mitgliedschaft bei der islamischen Schwarzenorganisation »Nation of Islam« des Malcolm X und änderte seinen Namen.

## Die Jugend- und Studentenbewegung

**Flower-Power** ist der von dem amerikanischen »Beat«-Schriftsteller Allen Ginsberg 1965 geprägte Überbegriff für die Hippie-Bewegung, die als Jugendgegenkultur die 1960er-Jahre prägte. Hier flossen viele Strömungen zusammen wie Konsumkritik und Lebensreform, was sich in der Suche nach alternativen Lebensstilen zeigte, etwa in Kommunen, oftmals naturnah auf dem Land. Spirituelle Alternativen glaubten viele Hippies in Esoterik oder fernöstlichen Religionen zu finden. Die pazifistische Losung »Make love, not war« richtete sich in erster Linie gegen den Vietnamkrieg. Die »Blumenkinder« kreierten mit ihrem unverkennbaren farbenfrohen Kleidungsstil eine echte Alternative zur klassischen Schneiderkunst und pflegten einen ebenfalls bunten Einrichtungsstil. Das wichtigste Medium war die Musik. Als deren Inbegriff und damit als Inbegriff der Flower-Power-Kultur gilt das Beatles-Album *Sgt. Pepper's Loneley Hearts Club Band*, das neben dem Titelsong sprichwörtlich gewordene Stücke wie *With a Little Help from My Friends* und *Lucy in the Sky with Diamonds* enthält.

**Jubelperser** Wegen seiner Unterdrückung der politischen Opposition im eigenen Land war der Staatsbesuch des persischen Schahs Reza Pahlewi in der Bundesrepublik im Jahr 1967 sehr um-

stritten, vor allem bei den Studenten. Mitglieder des persischen Ge-
heimdienstes sollten als Applaudierer (»Jubelperser«) und Gegen-
demonstranten für eine positivere Stimmung sorgen. Am 2. Juni kam
es in Berlin zwischen ihnen und den demonstrierenden Studenten
zu Ausschreitungen, in deren Verlauf der Student Benno Ohnesorg
von einem Polizisten erschossen wurde. Das war in Deutschland der
Auslöser der Studentenunruhen. Wegen des ungeheuren Polizeiauf-
gebots während der gesamten Schah-Reise gab der Schweizer Do-
kumentarfilmer Roman Brodmann seinem Bericht darüber den Titel
*Der Polizeistaatsbesuch.*

**Unter den Talaren – Muff von 1000 Jahren** Anlässlich der
Rektoratsübergabe am 9. November 1967 entrollten Hamburger
Studenten ein Transparent mit dieser Aufschrift. Mit dieser Aktion
wurden zwar »nur« die Studentenproteste gegen das Bildungssystem artikuliert, aber spätestens seit dem Tod des Studenten Benno
Ohnesorg während der Demonstrationen gegen den Schah-Besuch
in Berlin hatte sich auch in Deutschland die Protestbewegung poli-
tisiert und radikalisiert. Der Protest wendete sich zudem gegen die
heftig umstrittenen Notstandsgesetze und gegen »Vietnam« und
damit gegen die USA, die »kapitalistische« und »imperialistische«
Supermacht. Gegen die Notstandsgesetze protestierten auch die Gewerkschaften, viele Bürgergruppen und innerhalb des Parlaments
die FDP. Die Notstandsgesetze wurden am 30. Mai 1968 verabschiedet, und die Proteste dagegen erreichten im Mai '68 in Deutschland
ihren Höhepunkt. Zusammen mit den gleichzeitigen heftigen Studentenunruhen in Frankreich wurde der Mai '68 so zum Inbegriff
der Protestzeit.

**Mai '68** Die Gegenkultur der Jugend und die Studentenproteste
hatten, von den USA und insbesondere von der kalifornischen Universität Berkeley ausgehend, die gesamte westliche Welt erfasst und
reichten sogar bis in die Ostblockstaaten hinein (s. u. »Prager Frühling«). Ihren Höhepunkt erreichte die Studentenrevolte im Mai 1968
in Paris, wodurch dieses Monatsdatum zum Begriff wurde. Am 3. Mai
räumte die Polizei gewaltsam eine studentische Protestversamm-

lung in der Universität Sorbonne, die von der Universitätsleitung verboten worden war. Danach kam es zu weiteren Demonstrationen und Straßenschlachten und ab dem 6. Mai zur Errichtung von Barrikaden im Studentenviertel Quartier Latin – in gut französischer revolutionärer Tradition. Nach dem Versuch der Polizei, in der Nacht vom 10. Mai die Barrikaden zu räumen (»Nacht der Barrikaden«), solidarisierten sich die Gewerkschaften mit den Studenten in einem Generalstreik, der das ganze Land erfasste. Die Regierung geriet in eine Krise, Staatspräsident De Gaulle trat im April 1969 zurück. Dies war letztlich eine Folge des Mai '68.

**Establishment**   Wie auch immer die Umstände und Aktionen der Studentenrevolte aussahen, generell richteten sie sich gegen das »Establishment«; dies war eines der gängigsten Schlagwörter jener Zeit. Das Wort stammt ursprünglich aus dem englischen Staatsrecht. Dort bezeichnete es das Vorrecht der anglikanischen Kirche, den englischen König auf dem Thron zu »etablieren«, das heißt zu krönen. Hier wirkten also die erztraditionellen »Spitzen der Gesellschaft« institutionell zusammen. Von da aus war der Begriff in den allgemeinen Sprachgebrauch als Synonym für die jeweils herrschende Schicht übergegangen. In den Augen der jungen (Studenten-) Generation war dieses Establishment spießig und sexuell verklemmt. Ein in Deutschland berühmt gewordener Studentenspruch jener Zeit brachte diese Einstellung auf die ironische Formel: »Wer zweimal mit derselben pennt, gehört schon zum Establishment.«

**Give peace a chance**   »Give peace a chance« war der Titel eines Liedes, das der Beatle John Lennon (1940–1980) und seine Frau Yoko Ono am 1. Juni 1969 in einem Hotelzimmer im kanadischen Montreal aufnahmen. Die beiden hatten kurz zuvor geheiratet, waren anschließend als Polit- und Protestclowns (»Bed-in«, »Bag-in«) unter reichlicher Medienbeobachtung durch Europa getingelt und hatten damit auf ihre Weise der damals überall anzutreffenden Proteststimmung Ausdruck verliehen. »Gebt dem Frieden eine Chance« war die unverbindlich und nett gemeinte Aussage dieser Art von politischem Engagement.

**Woodstock**    Das Musikfestival vom 15. bis 18. August 1969 im Bundesstaat New York gilt als legendärer Höhepunkt der Hippie- und Flower-Power-Bewegung (s. o.). Es fand allerdings nicht in der Gemeinde Woodstock statt, sondern in einem Ort namens Bethel. Ursprünglich war als Veranstaltungsort Wallkill geplant, wo die Veranstalter aber keine Genehmigung erhielten. Woodstock war der Firmensitz der Veranstalter. Das Festival erreichte bis dahin unvorstellbare Besucherzahlen (ca. 400 000) und wurde zum Symbol für die Hoffnung auf eine konfliktlose und kommunikative Gesellschaft.

## Worte von Mao Tse-tung

Aus verschiedenen Phasen der chinesischen Revolution sind etliche Begriffe auch ins Deutsche eingegangen. Mao Tse-tung (1893–1976), der Führer der kommunistischen chinesischen Revolution seit den 1930er Jahren und langjähriger Vorsitzender der kommunistischen Partei, hat sie zwar nicht alle persönlich so ausgesprochen, aber diese überragende Gestalt der modernen chinesischen Geschichte war an allen Ereignissen, auf die diese Begriffe zurückzuführen sind, prägend beteiligt.

**Die Worte des Vorsitzenden Mao Tse-tung**    *Die Worte des Vorsitzenden Mao Tse-tung* ist der Titel eines kleinformatigen Büchleins, einer Sammlung von 427 Mao-Zitaten, das in China als »Das kleine Rote Buch«, im Westen als »Mao-Bibel« Berühmtheit erlangte. In China erschien es natürlich in Milliardenauflage. Das berühmteste Zitat daraus lautet: »Alle Macht kommt aus den Gewehrläufen.«

**Papiertiger**    Ebenfalls direkt von Mao stammt der Begriff »Papiertiger« zur Kennzeichnung pompöser Machtdemonstration ohne wirkliche Machtmittel. Mittlerweile bezeichnet der Ausdruck auch eine aufgeblasene Bürokratie. In der »Mao-Bibel« findet sich dazu der Satz: »Der Imperialismus und alle Reaktionäre sind Papiertiger.«

**Der Lange Marsch**    Mao Tse-tung hatte neben etlichen anderen Revolutionären und Ideologen vorwiegend kommunistischer Couleur (Marx, Lenin, Che Guevara) eine gewisse Idolfunktion für die Studentenrevolte '68. Da diese Studentenrevolution nicht schlagartig auf der Straße gelang, wollten viele Studenten mit großer Geduld und mit Durchhaltewillen den »Langen Marsch durch die Institutionen« antreten, bis möglichst viele Gleichgesinnte in Staat und Gesellschaft an den Schalthebeln der Macht saßen. Symbolfigur dafür ist in Deutschland vor allem Joschka Fischer. Aber auch viele seiner linken Generationsgenossen in Universitäten, Schulen, Justiz, Verwaltung (vor allem Ministerien) und anderen öffentlichen Einrichtungen vertraten damals diesen Ansatz. Der Begriff »Langer Marsch durch die Institutionen« bezieht sich auf den entbehrungsreichen Rückzug der chinesischen Kommunisten unter Mao Tse-tung angesichts der drohenden Niederlage durch die Truppen Tschiang Kai-scheks 1935. Nach diesem »Langen Marsch« konnte sich Mao behaupten und in Shanxi eine neue Machtposition aufbauen. Der Lange Marsch ist daher ein sprichwörtliches Symbol für einen starken Durchhaltewillen.

**Lasst hundert Blumen blühen**    »Lasst hundert Blumen blühen, lasst hundert Schulen miteinander wetteifern«, forderte Mao Tse-tung in einer Rede im Mai 1956, um die Erstarrung innerhalb der Kommunistischen Partei Chinas zu lösen. Es war sein erster Versuch einer Kulturrevolution (s. u.) und sollte durchaus als Aufforderung zur Kritik verstanden werden. Mit den »Schulen« meinte Mao verschiedene philosophische Denkschulen. So sollte das Volk frei seine Meinung äußern, um Partei und Staat durch konstruktive Kritik insgesamt voranzubringen. Da die Kritik, die daraufhin vom Volk kam, aber wesentlich massiver ausfiel als gedacht (beanstandet wurden Korruption innerhalb der Partei, zu niedrige Löhne, der Umgang mit ethnischen Minderheiten, Zensur sowie viele andere Probleme), wurde die Kampagne im darauffolgenden Jahr auf Druck der Hardliner der kommunistischen Partei wieder abgeblasen.

**Kulturrevolution** Nach jahrzehntelanger Herrschaft als Führer der Kommunistischen Partei in China hatte Mao Tse-tung natürlich auch innerparteiliche Feinde. Mao proklamierte, die Funktionäre hätten sich als neue herrschende Klasse gegenüber dem Volk etabliert, und forderte von der jüngeren Generation einen permanenten revolutionären Prozess, die »permanente Revolution«, die er selbst »Große Proletarische Kulturrevolution« nannte. Sie begann 1966 und endete endgültig mit Maos Tod 1976. In diesem Zusammenhang entstanden die berüchtigten »Roten Garden«, überwiegend Schüler und Studenten. Mao verbündete sich mit diesen leicht lenkbaren jungen Menschen und setzte sie als regelrechte Streitmacht gegen die etablierte Funktionärsschicht ein. Millionen von Menschen, Eltern, Lehrer, Betriebsleiter, Kulturschaffende wurden zur »Selbstkritik« gezwungen und gedemütigt, Hunderttausende ermordet, zahllose Kulturdenkmäler zerstört, selbst Teile der Chinesischen Mauer. Mao selbst ließ die Gewaltexzesse 1969 durch die Armee beenden, was nochmals zu bürgerkriegsähnlichen Kämpfen führte. Die alte Funktionärsschicht um Deng Xiaoping konnte erst nach Maos Tod 1976 die Führung übernehmen.

## *Bücher, die Geschichte machten*

**Globales Dorf** Marshall McLuhan: *War and Peace in the Global Village* (1968)
Bereits 1962, in seinem ersten bekannten Buch *Die Gutenberg-Galaxis*, prägte der kanadische Medienwissenschaftler Marshall McLuhan (1911–1980) den Begriff des »globalen Dorfes«. Er taucht noch in zwei weiteren Büchern McLuhans auf: in *Krieg und Frieden im globalen Dorf* und in *The Global Village* (1989). McLuhan sah bereits in der Erfindung der Schrift und im Buchdruck eine Medienrevolution, aber auch in der Telegrafie. Anhand dieses Beispiels prophezeite er eine allseitige Vernetzung, die er als »Ausweitung des menschlichen Körpers« sah. Vom Internet und seinen heutigen Dimensionen konnte McLuhan noch nichts ahnen. Neben dem Schlagwort vom »Globalen Dorf« lautet sein berühmtester Satz: »The media

is the message« (= Das Medium selbst ist die Botschaft). Das bedeutet: »Neue Medien« verändern die Wahrnehmung tiefgreifend. Es ist
ein Riesenunterschied, ob man sich ein Bild von New York nur aus
Erzählungen oder aus Fotografien oder aus eigener Anschauung
machen kann. Wenn Menschen heutzutage mit dem billig gewordenen Flugzeug massenweise nach New York fliegen, dann verändert
sich ihre Wahrnehmung von New York. So wird selbst das Flugzeug
ein Mittel der Kommunikation. Fernsehen, Flugzeug, Internet sind
neue Medien. Ihre Botschaft lautet: Man kann gleichzeitig oder in
sehr kurzer Zeit überall »live« dabei sein – im Globalen Dorf.

### Die Grenzen des Wachstums    Dennis L. Meadows u. a.: *Limits to Growth* (1972)

Der amerikanische Chemiker, Ökonom und Wissenschaftsmanager
Dennis L. Meadows (*1942) untersuchte zusammen mit anderen
Kollegen in einer umfassenden Studie im Auftrag des Club of Rome
Wechselwirkungen zwischen Bevölkerungswachstum, Umweltzer-
störung, Energie, Kapital, Landnutzung sowie weiteren Faktoren
und prognostizierte vor allem die Erschöpfung fossiler Brennstoffe,
kurz: *Die Grenzen des Wachstums*. Das Buch wurde weltweit über 30
Millionen Mal verkauft. Dem Club of Rome, einer nichtkommerziel-
len Organisation, gehören unabhängige Persönlichkeiten aus aller
Welt an. Die Institution dient als eine Art Akademie dem Gedanken-
austausch.

### Machtwechsel    Arnulf Baring: *Machtwechsel* (1982)

Der Titel des Buches von Baring (* 1932) bezog sich auf die Wahl von
Gustav Heinemann zum Bundespräsidenten 1969, bei der erstmals
die FDP zusammen mit der SPD stimmte. Dies leitete den Wechsel
von der Großen Koalition unter Bundeskanzler Kiesinger zur SPD/
FDP-Koalition unter Brandt/Scheel ein.

Der Gewählte selbst verwendete den Begriff am Tag seiner dramatischen Wahl, die erst im dritten Durchgang am 5. März 1969 die
Mehrheit für ihn brachte: »Es hat sich ein Stück Machtwechsel vollzogen.« Die Wahl Willy Brandts zum Bundeskanzler erfolgte nach
dem SPD-Sieg in der Bundestagswahl vom 28. September 1969.

# Die Siebzigerjahre

**Mehr Demokratie wagen**   »Wir wollen mehr Demokratie wagen« war der am häufigsten zitierte Satz der ersten Regierungserklärung Willy Brandts (1913–1992) nach seiner Wahl zum Bundeskanzler im Hinblick auf seine innenpolitischen Ambitionen: Er wollte die obrigkeitlichen Strukturen abbauen. Diese Aussage war auch als Antwort auf den in den Sechzigerjahren eingetretenen Wertewandel gedacht. Unter dem Druck des RAF-Terrors musste Brandt aber zum Beispiel am 28. Januar 1972 den »Radikalenerlass« mittragen. Darin wurde von Anwärtern auf eine Anstellung im öffentlichen Dienst ein Bekenntnis zur »freiheitlich-demokratischen Grundordnung« verlangt, um »Extremisten« vom Staatsdienst fernzuhalten. Kritiker sahen darin eine Einschränkung der Berufsfreiheit.

**Wandel durch Annäherung**   Die griffige Formel für die neue Ostpolitik der Regierung Brandt in den Jahren 1970–72 stammte von deren Vordenker und Verhandlungsführer Egon Bahr (*1922). Die auf Entspannung des Ost-West-Konflikts gerichtete Politik gipfelte zunächst in den Warschauer und Moskauer Verträgen. Darin wurde vor allem die Oder-Neiße-Grenze von der BRD anerkannt – gegen den erbitterten Widerstand der CDU/CSU-Opposition. Am Tag der Unterzeichnung des Warschauer Vertrags am 7. Dezember 1970 kniete Willy Brandt vor dem Mahnmal im jüdischen Ghetto nieder. Durch den Grundlagenvertrag mit der DDR (1973) erkannte die Regierung Brandt die DDR in gewissem Umfang an. Nun wurden Ständige Vertretungen eingerichtet. Dafür kam es seitens der DDR zu Reiseerleichterungen auf den Transitwegen. Das Wort »Ostpolitik« ist als Lehnwort in viele andere Sprachen eingegangen. Die Entspannungspolitik zwischen Ost und West erreichte mit der »Schlussakte von Helsinki« (1. August 1975) ihren Höhepunkt. Darin wurde die Anerkennung aller bestehenden Grenzen in Europa und ein umfassender Gewaltverzicht vereinbart.

**Schwarzer September**   Als Folge des Sechs-Tage-Krieges 1967, bei dem die Israelis den Sinai, die Golan-Höhen, die Westbank und Gaza eroberten, lebten über 800 000 Palästinenser und die PLO-Führung unter Yassir Arafat im Nachbarland Jordanien in Flüchtlingslagern und bildeten dort eine Art Staat im Staat. Nach einem PLO-Attentat auf König Hussein am 2. September 1970 ging dieser mit seiner Armee gegen die Palästinenser vor; Arafat floh nach Kairo. Die Kämpfe endeten im Juli 1971 mit dem Sieg der Anhänger von König Hussein. Eine nach dem »Schwarzen September« benannte palästinensische Terrororganisation verübte 1972 den Anschlag auf die israelische Mannschaft während der Olympischen Spiele in München.

**The games must go on**   Mit diesen Worten verkündete der Präsident des Internationalen Olympischen Komitees Avery Brundage bei der Trauerfeier am 6. September 1972 die Entscheidung des IOC, die Spiele von München nach dem Massaker an den israelischen Sportlern fortzuführen.

**Watergate**   Im amerikanischen Wahlkampf von 1972 brachen am 17. Juni Mitglieder von Richard Nixons republikanischem Wiederwahlkomitee bereits zum zweiten Mal in Räume der gegnerischen Demokraten im Watergate-Gebäude in Washington ein. Sie installierten dort Abhörgeräte und fotografierten Dokumente. Die Hintergründe dieses Einbruchs wurden von Bob Woodward und Carl Bernstein, zwei Journalisten der angesehenen Tageszeitung *Washington Post,* aufgedeckt. Die Nixon-Administration versuchte lange Zeit, alles zu leugnen und zu vertuschen. Im Laufe der darauffolgenden Monate kamen weitere Fälle von Amtsmissbrauch ans Tageslicht. Die Regierung Nixon verlor angesichts eindeutiger Beweise völlig an Glaubwürdigkeit und Präsident Nixon trat 1974 nach der Androhung eines Amtsenthebungsverfahrens zurück.

Sowohl die Ungeheuerlichkeit der Vorfälle im Watergate-Gebäude wie die Dreistigkeit, die Tatsachen vehement zu leugnen, ließen den Namen des riesigen Gebäudekomplexes am Potomac River (englisch *watergate* = Schleuse) zum Inbegriff der massiven Staatslügen-

und Vertuschungsaffäre werden. Im Englischen kann man mittlerweile durch das Anhängen der charakteristischen Silbe »-gate« fast jedes beliebige Wort im Zusammenhang mit Skandalen brandmarken: Irangate: Illegale Waffengeschäfte mit Iran; Nannygate (*nanny* = Kindermädchen): Illegale Beschäftigung einer Kinderfrau, ohne Steuern und Sozialabgaben zu bezahlen, durch hohe Staatsbeamte.

**Ölschock**    Israel wurde am 6. Oktober 1973, dem Jom-Kippur-Tag, einem hohen jüdischen Feiertag, von ägyptischen und syrischen Streitkräften angegriffen und stark bedrängt, konnte sich aber unter der Führung seines Verteidigungsministers Moshe Dayan behaupten. Die Kampfhandlungen endeten am 25. Oktober. Im Zusammenhang mit diesem Krieg drosselten praktisch alle arabischen OPEC-Länder (OPEC = Organisation der Erdöl exportierenden Länder) als Boykottmaßnahme gegenüber dem Westen die Erdölförderung, wodurch der Preis drastisch anstieg. Innerhalb des Oktobers erhöhte er sich um 70 Prozent von drei auf fünf Dollar pro Barrel. In der BRD verordnete die Regierung im November und Dezember vier Mal einen autofreien Sonntag sowie Geschwindigkeitsbegrenzungen, um Benzin zu sparen. In Österreich gab es einen autofreien Tag pro Woche (das heißt, jedem Fahrzeug wurde mit einem Aufkleber ein Tag zugeordnet, an dem es nicht benutzt werden durfte). Darüber hinaus wurden als »Energieferien« bezeichnete Zusatzferien im Februar eingeführt.

1974 stieg der Ölpreis auf zwölf Dollar. Für Ölimporte mussten in der BRD 17 Millionen DM mehr bezahlt werden als im Jahr zuvor. 2008 stieg der Ölpreis auf über 150 Dollar.

**Freiheit statt Sozialismus**    war ein im Bundestagswahlkampf 1976 vom stellvertretenden Vorsitzenden der CDU/CSU-Bundestagsfraktion Alfred Dregger geprägter Slogan, der sich immer noch gegen die Ostpolitik richtete. Der baden-württembergische Ministerpräsident Hans Filbinger benutzte ihn dann während des Landtagswahlkampfs im selben Jahr. Filbinger gewann eine absolute Mehrheit, die CDU im Bund erzielte einen deutlichen Stimmenzuwachs und kam auf annähernd 50 Prozent. Im Bund regierte aber

Helmut Schmidt weiter mit der FDP. Die Suggestion des Slogans war klar: Das demokratische System der BRD stand für die Freiheit und das politische System der DDR für den Sozialismus und damit für die Unfreiheit. Da die CDU/CSU nach eigenem Bekunden konsequent die Freiheit verteidigte und sich gegen die praktizierte Ostpolitik richtete, stellte sie die anders denkenden Parteien mit diesem Slogan als Freiheitsfeinde dar. Diese Aussage war ein echter Aufreger, auch wieder vier Jahre später, als sie vom bayerischen Ministerpräsidenten Franz-Josef Strauß nochmals bei seiner Kanzlerkandidatur im Bundestagswahlkampf 1980 aufgenommen wurde.

**Elefantenrunde**  Seit 1967 übertragen ARD und ZDF an Wahlabenden eine gemeinsame Sendung, in der die Vorsitzenden der Parteien die Wahlergebnisse kommentieren und diskutieren. Spätestens seit der Bundestagswahl 1976 bezeichnet man diese als auch andere gewichtige Versammlungen von Parteichefs als »Elefantenrunden«. An der Runde von 1976 nahmen der CDU-Vorsitzende Helmut Kohl (der erstmals als Kanzlerkandidat aufgestellt war, aber knapp verloren hatte), der CSU-Vorsitzende Franz-Josef Strauß, der FDP-Vorsitzende Hans-Dietrich Genscher und der SPD-Vorsitzende Helmut Schmidt teil.

**Deutscher Herbst**  *Deutschland im Herbst* war der Titel eines Dokumentarfilms bzw. einer Dokumentarfilmcollage junger deutscher Regisseure von 1978 über den Terrorismus der linksextremistischen Rote-Armee-Fraktion und der Reaktion von Polizei und Staat. Der Begriff »Deutscher Herbst« steht für die Ereignisse und die politische Stimmung in der BRD im Herbst 1977: Am 7. April 1977 wurde der Generalbundesanwalt Siegfried Buback von der RAF ermordet, am 30. Juli der Dresdner-Bank-Chef Jürgen Ponto. Im Herbst 1977 eskalierte der Terror der RAF in der Entführung Hanns Martin Schleyers am 5. September 1977, der Entführung des Lufthansa-Flugzeugs »Landshut« am 13. Oktober nach Mogadischu, dem kollektiven Selbstmord von Andreas Baader, Gudrun Ensslin und Jan-Carl Raspe am 17./18. Oktober und der Ermordung Schleyers vor dem 18. Oktober.

**Lauschangriff**    In seiner Ausgabe vom 28. Februar 1977 deckte
*Der Spiegel* auf, dass der Atomwissenschaftler und Kraftwerkmana-
ger Klaus Traube vom Bundesamt für Verfassungsschutz abgehört
worden war. Man hatte in seiner Wohnung Abhörwanzen installiert.
Der Verdacht des Verfassungsschutzes, Traube stehe in irgendeiner
Beziehung zu RAF-Terroristen und die RAF plane womöglich
Anschläge auf Kernkraftwerke, erwies sich als vollkommen haltlos.
Obwohl Traube völlig unschuldig war, verlor er seinen Job bei der
Kraftwerk Union; als Folge dieser Affäre musste der zuständige In-
nenminister Werner Maihofer zurücktreten. Durch den *Spiegel*-Titel
»Verfassungsschutz bricht Verfassung – Lauschangriff auf Bürger
T.« wurde das geheimdienstliche »Fachwort« zum Allgemeinbegriff.

## *Entdeckungen, Erfindungen und Neuerungen der zweiten Hälfte des 20. Jahrhunderts*

**DNS**    In einem spannenden Forschungswettlauf amerikanischer
und englischer Labore kamen der englische Physiker und Biochemiker Francis Crick und der amerikanische Biochemiker James D.
Watson in Cambridge als Erste darauf, dass die menschliche Erb-
substanz DNS (Desoxyribonukleinsäure) in einer Doppelspirale
(»Doppelhelix«) angeordnet ist. Dafür erhielten sie 1962 zusammen
mit Maurice Wilkins den Nobelpreis für Medizin.

Die DNS wurde schon 1869 von dem Schweizer Arzt Friedrich
Miescher entdeckt, ohne dass man damals wusste, worum es sich
handelte. Er nannte diese Zellkernsubstanz »Nuklein« (lat. *nucleus* =
Kern). Deren Bestandteile analysierte 1929 der aus Litauen stam-
mende jüdische Arzt und Biochemiker Phoebus Levene in New
York.

**Organverpflanzung**    Die erste erfolgreiche Nierentransplanta-
tion gelang am 23. Dezember 1954 dem amerikanischen Chirurgen
Joseph E. Murray in Boston, die erste Herztransplantation führte am
3. Dezember 1967 der südafrikanische Herzchirurg Christiaan Bar-
nard am Groote-Schuur-Krankenhaus in Kapstadt durch. Diese

neuen chirurgischen Verfahren eröffneten der Medizin neue thera-
peutische Möglichkeiten. Im Mittelpunkt der Diskussion in diesem
Zusammenhang steht heute der Mangel an Spenderorganen.

**Lucy**    Die Knochen des sensationellen Frühmenschen-Fundes
wurden am 30. November 1974 in Hadar in Äthiopien entdeckt. Ihr
Entdecker, der amerikanische Paläoanthropologe Donald Johanson
(*1943), benannte diesen weiblichen *Australopithecus afarensis*
nach dem Beatles-Song »Lucy in the sky with diamonds«, da zufällig
während der Katalogisierung des Fundes eine Kassette mit Musik
von den Beatles und ebendiesem Song lief. Lucy hat vor mehr als
drei Millionen Jahren gelebt. Der Fund ist so bedeutend, weil es sich
um ein relativ komplettes Frühmenschen-Skelett handelt.

**Retortenbaby**    Umgangssprachlicher Ausdruck für durch In-vi-
tro-Fertilisation (künstliche Befruchtung) erzeugte Kinder. Das erste wurde in England am 25. Juli 1978 geboren. In Deutschland kam
das erste Retortenbaby am 16. April 1982 in der Frauenklinik der
Universität Erlangen-Nürnberg zur Welt.

**Postmoderne**    war ursprünglich ein Begriff der Architekturtheo-
rie und wurde Mitte der 1970er-Jahre von dem Architekturtheo-
retiker Charles Jencks (*1939) in die Fachdiskussion eingeführt. Er
kennzeichnet die Abwendung von der strengen schmucklosen
Ästhetik der klassischen Moderne. Er wurde sehr schnell zum Allgemeinbegriff für alle möglichen Kunst-, Literatur- und Musikstile
und ist mittlerweile sehr ubiquitär und schwammig geworden.

# Schlüsselbegriffe aus der Umweltdebatte

**Altlast**    »Lasten« ist ein Verwaltungsbegriff des frühen 19. Jahrhunderts für alle Arten von geldlichen Verbindlichkeiten (Schulden,
Steuern etc.). Vor allem durch das Abfallbeseitigungsgesetz von

1972 versteht man unter Altlasten »Altanlagen«, deren Zustand nicht mehr den aktuellen umweltrechtlichen Anforderungen entspricht. Das bezieht sich in erster Linie auf vergiftete Bodenflächen von Industrieanlagen, Deponien, Militäranlagen etc.

**Entsorgung**     »Entsorger« ist seit 1984 ein staatlich anerkannter Ausbildungsberuf im Rahmen der kommunalen Versorgungswirtschaft, aber nichts Neues. In der sogenannten Hamburger »Gassendeputation« aus dem 17. Jahrhundert, die für die Reinhaltung der Gassen sorgen sollte, nannte man ihn »Dreckführer« (»Führer« bedeutet hier »Fahrer«).

**Ökologie**     Diesen Begriff bildete der bedeutende deutsche Arzt und Biologe Ernst Haeckel (1834–1919) bereits im Jahr 1866. Die »Ökologie« – aus griechisch *oikos* (= das Haus, auch: das Ganze) und *logos* (= Lehre) – ist die Wissenschaft, die die Beziehungen der Organismen zu der sie umgebenden Umwelt untersucht. Seit Anfang der 1970er-Jahre ist das Wort auch ein allgemeiner und politischer Begriff, der den Einfluss des Menschen auf seine Umwelt beschreibt. Die Vorsilbe »Öko-« hat sich mittlerweile vollkommen verselbstständigt: Ökoprodukt, Ökobrot, Ökohaus, Ökosozialist, Ökobank etc.

**Ökosystem**     Dieser Begriff wurde bereits 1935 als *ecosystem* von dem englischen Geobotaniker Arthur G. Tansley geprägt.

**Recycling**     »Recycling« ist in England schon seit den 1920er-Jahren ein technischer Fachbegriff für die »Wiederverwertung« vor allem in chemisch-technischen Anlagen. Seit seiner Adaption in die deutsche Sprache findet er sich auch in anderen Spezialbereichen (zum Beispiel in der Finanzwirtschaft als »Geldmengen-Recycling«) und im Alltag.

**Super-GAU**     GAU = Größter anzunehmender Unfall. Während ein GAU ein sogenannter Auslegestörfall ist (für den die Anlage noch ausgelegt ist), werden bei einem Super-GAU große Mengen radioaktiver Strahlung in die Umgebung freigesetzt.

**Tschernobyl**    Der Name des ukrainischen Ortes, an dem sich am 26. April 1986 einer der schwersten Unfälle in einem Kernkraftwerk ereignete, wurde zum Synonym für einen Super-GAU.

**Restrisiko**    Ein »Risiko« unterscheidet sich von einer »Gefahr« durch eine gewisse Berechenbarkeit. Der Begriff »Risiko« bezog sich ursprünglich auf Schiffsunglücke und stammt aus der Kaufmannssprache der Renaissance. Er ist in der Versicherungswirtschaft ein zentraler Begriff. Im Zusammenhang mit den Sicherheitsvorkehrungen bei großtechnischen Anlagen soll das »Restrisiko« kleine Gefahren beschreiben, die die Gesamtanlage nicht gefährden.

**Störfall**    Diese moderne Begriffsbildung stammt aus dem technischen Sprachgebrauch der Chemie- und Atomtechnik und meint eine »Betriebsstörung« in Abgrenzung zum »Unfall«. Beide Begriffe sind in der Strahlenschutzverordnung juristisch definiert. Hier sind auch Störfälle wegen ihrer potenziellen Gefahr meldepflichtig.

# Die Achtzigerjahre

**Die Grünen**    Grün ist das Gras und Grün ist die moderne Symbolfarbe für Natur. Entsprechend ihren stark ökologischen und urdemokratischen Prinzipien sind die Grünen sozusagen die Graswurzelpartei, gegründet am 13. Januar 1980 in Karlsruhe. Diese Versammlung deckte ein breites Spektrum ab – von dem gerade aus der CDU ausgetretenen Herbert Gruhl (*Ein Planet wird geplündert*) über den kurz zuvor aus dem Zuchthaus Bautzen entlassenen DDR-Systemkritiker Rudolf Bahro, Anti-Atom- und Anti-Nato-Initiativen, bürgerliche Anthroposophen, Feministinnen, bis hin zu ehemaligen Gewerkschaftern und Mitgliedern diverser K-Gruppen (kommunistischen Organisationen). Während der Gründungsversammlung gedachte man des kurz zuvor am Weihnachtsabend 1979 verstorbenen Studentenführers Rudi Dutschke. Dabei waren unter anderen der

Künstler Joseph Beuys, Joseph (Joschka) Fischer, Petra Kelly, Jutta Ditfurth, Otto Schily, Daniel Cohn-Bendit.

**Exzellenz** *Auf der Suche nach Spitzenleistungen* (amerikanischer Originaltitel: *In Search of Excellence*, 1982) von Tom Peters und Robert H. Waterman war der erste echte Management-Bestseller mit einer Auflage von über einer Million. Er propagierte beherztes Mitarbeiter- und Managerhandeln, Kundennähe sowie die Konzentration auf das eigene Können (all das verstanden die Autoren unter »Exzellenz«). Mit diesen neuen Qualitätskriterien wendete sich das Buch das Berufsleben betreffend explizit gegen das militärische Prinzip von Befehl, Gehorsam und Kontrolle. Vor allem durch die Mitwirkung von Beraterfirmen wurde dieser Qualitätsgedanke umgestaltet in einen quantitativen Ansatz und eine Vielzahl von Instrumenten wie Benchmarking, Scorecards, Credit-Points, Rankings. Diese aus dem Sport stammenden Messungen von eigentlich nicht exakt messbaren Kriterien pervertierten allerdings den ursprünglichen Qualitätsgedanken der »Exzellenz«.

**Der Wurm muss dem Fisch schmecken** »Der Wurm muss dem Fisch schmecken, nicht dem Angler« und »Im seichten Wasser kann man nicht ertrinken« lauten die bekanntesten Sprüche des ersten RTL(= Radio Télé Luxembourg)-Geschäftsführers Helmut Thoma (*1939). RTL ging am 2. Januar 1984 erstmals auf Sendung, einen Tag nach der Ludwigshafener Programmgesellschaft für Kabel- und Satellitenrundfunk (PKS), aus der später der Sender Sat. 1 wurde.

**Waldsterben** Der erste »Waldzustandsbericht« des Bundeslandwirtschaftsministeriums erschien im Oktober 1984. Die Medien hatten die Begriffe »Waldsterben« und »saurer Regen« schon 1981 kreiert und erschreckende Bilder entnadelter Fichten und Tannen auf den Höhen von Schwarzwald, Schweizer Jura und Böhmerwald gezeigt. Als Hauptverursacher des Waldsterbens galt der »saure Regen«, der unter anderem durch Abgase aus Heizungen, Autos und Industrieanlagen verursacht wird. Durch Gesetze und Verordnungen (zum Beispiel die Einführung von Katalysatoren in Autos) versucht man, den Schaden einzudämmen.

**Glasnost & Perestroika**    Gleich bei seinem Amtsantritt 1985 nannte der neue sowjetische Parteichef (der Generalsekretär des Zentralkomitees der KPdSU) Michail Gorbatschow mehr »Glasnost« (Rede-, Meinungs- und Pressefreiheit) als eines seiner politischen Ziele. Mit »Glas« und »Transparenz« hat das Wort nichts zu tun, sondern etwas mit »Stimme« und »Sprechen« (slawisch *glas* = Stimme). Gorbatschow wünschte sich eine offenere Diskussion über die wirtschaftlichen und politischen Probleme, die die östliche Supermacht zweifellos hatte. Durch die langjährige Herrschaft Leonid Breschnews bis 1982 war das Land erstarrt. Um die Verkrustungen aufzubrechen, verkündete Gorbatschow knapp zwei Jahre später ein Reformprogramm: die »Perestroika«. Der Begriff bedeutet »Umstrukturierung«, »Umbau«. Konkret hieß das für die Wirtschaft zum Beispiel, dass den Leitern der Staatsunternehmen eigenständige Befugnisse eingeräumt wurden. Dahinter stand der Strukturgedanke: weg von der extrem zentralisierten Planwirtschaft und hin zu dezentralen Entscheidungen nach dem Vorbild der Marktwirtschaft. Darüber hinaus gab es zahlreiche andere organisatorische Maßnahmen innerhalb des komplexen Apparates.

**Love Parade**    Die erste »Love Parade« am 1. Juli 1989 hatte 150 Teilnehmer. Sie fand auf dem Kurfürstendamm in Berlin statt und war als »Demonstration für Friede, Freude, Eierkuchen« ordnungsgemäß angemeldet. Die Senatsverwaltung empfand sie – und die nachfolgenden Liebesparaden – in erster Linie als Störung der öffentlichen Ordnung und grämte sich über die außerplanmäßigen Aufräumarbeiten nach Abschluss der Veranstaltung. Später erkannte der Senat aber den Imageeffekt und den ökonomischen Nutzen, vor allem für das Hotel- und Gaststättengewerbe. Die von dem Berliner Discjockey Matthias Roeingh (*1960; Künstlername: Dr. Motte) erfundene, jährlich veranstaltete Riesen-Technoparty zog bis zu anderthalb Millionen Teilnehmer an (1999). Dr. Motte ist inzwischen

nicht mehr der Organisator der Love Parade. Sie findet seit 2007
auch nicht mehr in Berlin, sondern an wechselnden Orten im Ruhr-
gebiet statt.

**Wir sind das Volk**    Im Anschluss an das montägliche Friedens-
gebet um 17 Uhr in der Leipziger Nikolaikirche fanden seit dem
4. September 1989 regelmäßig die berühmten »Montagsdemonstra-
tionen« statt, anfangs nur in unmittelbarer Umgebung der Kirche.
Im August hatte es beim sogenannten Paneuropäischen Picknick,
einer Friedensdemonstration, eine kurzzeitige Grenzöffnung zwischen Österreich und Ungarn gegeben. Seit September war diese
Grenze dauerhaft offen und über diesen Weg flohen viele DDR-Bürger in den Westen. Die dramatische Ausreise der DDR-Bewohner, die
in Prag über den westdeutschen Botschaftszaun geklettert waren,
geschah Anfang Oktober. Es waren diese Ereignisse, die den Frei-
heitswillen der DDR-Bürger nährten und die Leipziger Demonstrationen zu Großveranstaltungen werden ließen. Pfarrer Christian
Führer gelang es, den Ablauf gewaltfrei zu halten. Die vollkommen
friedlichen Demonstrationen boten den Sicherheitskräften keinen
Anlass zum Eingreifen. Die Ausstrahlung der Bilder in den westdeutschen Fernsehnachrichten sozusagen »live« und zur besten
Sendezeit machte die Ereignisse medial höchst präsent. Die Parolen
»Keine Gewalt!« und »Wir sind das Volk!« waren die am häufigsten
skandierten. Der Ausspruch »Wir sind das Volk!« richtete sich direkt
gegen den Alleinvertretungs- und Herrschaftsanspruch des SED-
Regimes, das dem Volk demokratische Rechte vorenthielt.

**Wer zu spät kommt, den bestraft das Leben**    Als es noch die
Sowjetunion und die DDR gab, hielt der damalige Generalsekretär
der KPdSU Michail Gorbatschow am 7. Oktober 1989 in Berlin eine
Rede zum 40. Jahrestag der Gründung der DDR. Anwesend war auch
Erich Honecker. In seiner Rede wies Gorbatschow darauf hin, dass
eine Zeit der Götterdämmerung für die verknöcherten kommunistischen Regime angebrochen war. Am 18. Oktober trat Honecker auf
Druck des eigenen Politbüros zurück. Den Satz »Wer zu spät kommt,
den bestraft das Leben« hat Gorbatschow allerdings so nie gesagt.

Seine Aussage lautete wörtlich: »Schwierigkeiten lauern auf den, der nicht auf das Leben reagiert.«

**Mauerfall**   Angesichts von Tausenden über Ungarn und die seit Anfang November ebenfalls offene Grenze in der Tschechoslowakei in den Westen strömenden DDR-Bürgern musste das SED-Regime reagieren und wenigstens Reisefreiheit gewähren. Ein Gesetzentwurf dafür war seit Anfang November in den Ministerien und im Politbüro in Umlauf. Über den Stand der Gesetzesvorbereitungen informierte am Abend des 9. November 1989 der unzureichend vorbereitete, neu installierte ZK-Pressesprecher Günter Schabowski die internationalen Journalisten auf einer Pressekonferenz. Schabowski las aus einer Presseerklärung ab, die erst am nächsten Tag bekannt gegeben werden sollte: »Privatreisen nach dem Ausland können ohne Vorliegen von Voraussetzungen (Reiseanlässe und Verwandtschaftsverhältnisse) beantragt werden. Die Genehmigungen werden kurzfristig erteilt ... Ständige Ausreisen können über alle Grenzübergangsstellen der DDR zur BRD bzw. zu Berlin (West) erfolgen«, und auf Nachfrage eines Journalisten fügte er hinzu: »Das tritt nach meiner Kenntnis ... ist das sofort, unverzüglich.«

Diese kurz vor 19 Uhr im Fernsehen direkt aus dem Presseamt übertragenen Sätze wurden sofort als »Die Mauer ist offen« interpretiert. Der gerade in Bonn versammelte Bundestag unterbrach kurz seine Sitzung. Die Nachricht wurde »begrüßt« und die Abgeordneten sangen das Deutschlandlied. In Ost-Berlin drängten die Menschen zu den Grenzübergängen und sahen sich völlig unvorbereiteten Grenzpolizisten gegenüber und verlangten Durchlass. Um 23.30 Uhr ging der erste Schlagbaum an der Bornholmer Straße hoch. Die Mauer war gefallen.

# Die Neunzigerjahre

**Wir sind ein Volk**   Nach dem Mauerfall wurden die Demonstrationen in der DDR fortgesetzt. Der Mauerfall hatte den DDR-Bürgern zwar die Reisefreiheit gebracht, aber das SED-Regime herrschte vorläufig weiter und vor allem sah man nicht, wie es schnell und nachhaltig die wirtschaftliche Lage und die kurz vor dem Kollaps stehende Infrastruktur verbessern könnte. Eine Änderung mit friedlichen Mitteln, ohne revolutionären Umsturz, erhoffte man sich daher von einem Anschluss an Westdeutschland. Die nunmehr leicht veränderte Losung »Wir sind ein Volk« zielte daher klar auf die Wiedervereinigung. Der Satz lehnt sich an eine Zeile aus Schillers *Wilhelm Tell* an: »Wir sind ein Volk und einig woll'n wir handeln.«

**Blühende Landschaften**   In einer Fernsehansprache zur Einführung der Wirtschafts-, Währungs- und Sozialunion zwischen BRD und DDR sagte Bundeskanzler Helmut Kohl am 1. Juli 1990: »Durch eine gemeinsame Anstrengung wird es uns gelingen, Mecklenburg-Vorpommern und Sachsen-Anhalt, Brandenburg, Sachsen und Thüringen schon bald wieder in blühende Landschaften zu verwandeln, in denen es sich zu leben und zu arbeiten lohnt.« Kohl verwendete dieses Bild noch öfter. Da sich dieses Versprechen allerdings nicht in der gewünschten Weise und vor allem nicht schnell erfüllte, hat es sich besonders eingeprägt und wird meist mit einem ironischen Unterton zitiert.

**Wiedervereinigung**   Der Einigungsvertrag zwischen der DDR und der BRD, in dem die neuen Länder (Beitrittsländer) auf dem Gebiet der nunmehr ehemaligen DDR zum Geltungsbereich des Grundgesetzes erklärt wurden, trat am 3. Oktober 1990 in Kraft. Dieses erweiterte Staatsgebilde erlangte erst durch den parallel dazu ausgehandelten »Zwei-plus-Vier-Vertrag« mit den ehemaligen Besatzungsmächten seine volle Souveränität. Die Zustimmung der damals noch bestehenden Sowjetunion erlangten Bundeskanzler Kohl und Außenminister Genscher von Generalsekretär Gorbatschow und Außenminister Eduard Schewardnadse bei den Verhandlungen im Kaukasus im Sommer des Jahres.

**Wende**     »Mit der heutigen Tagung werden wir eine Wende einleiten, werden wir vor allem die politische und ideologische Offensive wiedererlangen«, sprach der Vorsitzende Egon Krenz bei seiner Antrittsrede als Generalsekretär des ZK der SED am 18. Oktober 1989 und nahm damit den zwei Tage alten *Spiegel*-Titel »DDR – Die Wende« auf. Mittlerweile meint der Begriff den friedlichen Entschlafensprozess der DDR nach dem Mauerfall bis zur Wiedervereinigung. Staatspolitisch vollzog sich dies innerhalb eines guten halben Jahres in drei Schritten: Erste freie Volkskammerwahl am 18. März 1990, Einführung der D-Mark in der DDR am 1. Juli 1990, Wiedervereinigung am 3. Oktober 1990.

**Besserwessi**     »Wort des Jahres« 1991. Beamte und Manager aus dem Westen Deutschlands waren im Zuge der Wiedervereinigung in die neuen Länder gekommen, wo man mit westdeutscher Verwaltungspraktik und Betriebsorganisation nicht vertraut war. Die Wortneuschöpfung mit der Bedeutung »Besserwisser aus dem Westen« beleuchtet schlagwortartig das Gefühl und die Erfahrung vieler Ostdeutscher, von den Westdeutschen bevormundet zu werden.

**Politikverdrossenheit**     Der Begriff war das »Wort des Jahres« 1992. Es beschreibt die Stimmung in Deutschland in Bezug auf die Politik, die sich durch sinkende Mitgliederzahlen der Parteien, eine sinkende Wahlbeteiligung und ein mangelndes politisches Interesse bei der Jugend bemerkbar machte.

**Schnäppchenführer**     Als hilfreich für die seit den 1980er-Jahren sehr beliebte Schnäppchenjagd nach immer preiswerteren Sonderangeboten und Billigeinkäufen erwiesen sich die Schnäppchenführer mit Adressen zu den oftmals an entlegenen Orten angesiedelten Lagerverkaufsstätten, später »Factory-Outlets« genannt. Der erste Schnäppchenführer aus der Feder des SDR-Verbraucherinformations-Journalisten Heinz Waldmüller erschien im März 1992. Geradezu legendär war damals der Fabrikverkauf bei der prestigeträchtigen Modefirma Hugo Boss in Metzingen auf der Schwäbischen Alb. Aber auch Salamander und WMF lagen im Einzugsbereich des Autors. Der erste einschlägige Führer war denn auch der *Schnäppchenführer Baden-Württemberg* für die sparsamen Schwaben. Viele Hersteller und Einzelhändler waren darüber zuerst überhaupt nicht glücklich, aber die Bücher entwickelten sich zum Renner mit Millionenauflagen. Mittlerweile deckt das Verlagsprogramm ganz Deutschland und Norditalien ab.

**Spaßgesellschaft**   Dieser Ausdruck wurde am 23. Januar 1993 erstmals von dem *taz*-Redakteur Josef-Otto Freudenreich zu Papier gebracht, und zwar in einem Porträt über einen Fußballtrainer.

**Kollektiver Freizeitpark**   »Eine erfolgreiche Industrienation, das heißt eine Nation mit Zukunft, lässt sich nicht als kollektiver Freizeitpark organisieren.« Worte des Bundeskanzlers Helmut Kohl in einer Regierungserklärung im März 1993 über Arbeits- und Urlaubszeiten.

**Clash of Civilizations**   Wie kaum ein anderer Beitrag in der (damals) über 70-jährigen Geschichte des Bestehens der amerikanischen Fachzeitschrift *Foreign Affairs* löste der Artikel mit dem Titel »The Clash of Civilizations« 1993 ein großes öffentliches Echo aus. Der Autor Samuel P. Huntington (*1927) erweiterte diesen Aufsatz unter demselben Titel (deutsch: *Kampf der Kulturen*) zum Buch, das 1996 ein internationaler Bestseller war. Der amerikanische Politikwissenschaftler sieht nach dem Ende des Ost-West-Konflikts auch das Ende der zweipoligen Grundstruktur der internationalen Politik. Künftig werde es mehrere globale Schwerpunkte mit eigener kultureller Identität geben, etwa auch Indien, China und die islamische Welt. Die größte Herausforderung sieht Huntington in dem Zusammenprall der islamischen und westlichen Kultur.

**Ruck** »Durch Deutschland muss ein Ruck gehen. Wir müssen Abschied nehmen von liebgewordenen Besitzständen.« Die Ansprache des damaligen Bundespräsidenten Roman Herzog im Berliner Hotel Adlon am 26. April 1997 erhielt nach diesem einen signifikanten Wort den Titel »Ruck-Rede«.

**Euro & Teuro** Der Euro wurde ab dem 1. Januar 1999 in den damals elf Teilnehmerstaaten der Europäischen Währungsunion eingeführt. Am 1. Januar 2002 begann der Umtausch der auf nationale Währung lautenden Banknoten und Münzen in Euro. Die Entscheidung über den Namen der europäischen Gemeinschaftswährung war am 16. Dezember 1995 beim Treffen des Europäischen Rats in Madrid gefallen. Der damalige deutsche Finanzminister Theo Waigel gilt als Namensgeber. In vielen Bereichen der Alltagsökonomie kam Anfang 2002 der Eindruck auf, die Umrechnung von D-Mark in Euro sei in Wirklichkeit nicht in einem Verhältnis von 1:1,95 583 erfolgt, sondern liege, gemessen an der realen Preisentwicklung, bei einem Verhältnis von 1:1. Damit hätten sich manche Waren und Dienstleistungen im Preis praktisch verdoppelt. Der Eindruck war so nachhaltig, dass »Teuro« zum »Wort des Jahres« 2002 wurde.

**Laptop und Lederhosen** »In Bayern [sind] Laptop und Lederhose eine Symbiose eingegangen«, sagte Bundespräsident Roman Herzog am 17. März 1999 bei der Eröffnung der Cebit-Messe in Hannover. Damit unterstrich er, dass Traditionen und die Globalisierung nicht in einem Widerspruch stehen, sondern sich vielmehr gegenseitig befruchten können.

**Kollateralschaden** Dieser als »Unwort des Jahres« 1999 gebrandmarkte militärische Begriff wurde in beschönigender Weise vom NATO-Pressesprecher Jamie Shea im Zusammenhang mit den NATO-Einsätzen im Kosovo-Krieg (März–Juni 1999) gebraucht. Hier, wie in anderen Kriegen, kam es durch die Kriegshandlungen, vor allem durch Bombardements und Beschießungen aus der Luft, zu eigentlich unbeabsichtigten Schäden, Verletzungen und Tötungen. Wegen der vermeintlichen Herleitung des Wortes von lateinisch *collateralis* = seitlich, benachbart, bezeichnete man mit »Kollateral-schaden« die in der Umgebung eines Ziels entstandenen Schäden im Sinne von »Nebenschäden« oder »Begleitschäden«. Da aber auch Menschen zu Schaden kamen, galt diese verharmlosende Wortwahl zu Recht als besonders empörend.

Diese Deutung des Begriffs beruht allerdings teilweise auf einem Missverständnis. *Collateral* ist im Englischen ein sehr alter spezifisch juristischer Fachausdruck für »Sache« bzw. »Pfand«. Im Mittelalter war nämlich die »Wertsache«, die sich zur Pfandhinterlegung eignete, nur das »Zusammengetriebene« (*collateral*), nämlich das Vieh. Daraus wurde im Juristenenglisch ein allgemeiner Ausdruck für »Pfandsache« oder »Sache«. Deswegen lautet die eigentliche »Übersetzung« von Kollateralschaden »Sachschaden« und nicht »Begleitschaden«. Doch auch vor diesem Hintergrund ist die Wortwahl *collateral damage* verschleiernd und extrem verharmlosend.

**Schurkenstaat**   Der vom amerikanischen Präsidenten Bush gern als Schlagwort gebrauchte Begriff stammt von dem angesehenen Harvard-Professor John Rawls (1921–2002). In seinem Buch *Das Recht der Völker* (*The Law of Peoples*, 1999) teilt er Völker und Staaten allgemein ein in »vernünftige, liberale Völker«, »achtbare Völker«, »durch Unglück belastete Staaten« sowie »wohlwollend absolutistische Staaten«. Ganz am Ende der Skala stehen die »Schurkenstaaten«. Welche der 191 Länder der Erde konkret zu welcher Kategorie gehören, sagt der kluge Professor allerdings nicht. Das überlässt er den Politikern. Und im Übrigen können sich die Verhältnisse ja durchaus ändern. Der eine oder andere »Schurke« könnte sich ja »bessern« – oder umgekehrt.

## *Ortsnamen im europäischen Haus*

**Römische Verträge**   Belgien, die Bundesrepublik Deutschland, Frankreich, Italien, Luxemburg und die Niederlande begründeten am 25. März 1957 die Europäische Wirtschaftsgemeinschaft EWG und die Europäische Atomgemeinschaft EURATOM. Die Verträge wurden im Kapitolspalast in Rom unterzeichnet. Dieses »Europa der Sechs« umfasste in etwa das ehemalige Gebiet des karolingischen Reiches.

**Maastricht-Kriterien**    Der in der niederländischen Stadt Maastricht geschlossene Vertrag vom 7. Februar 1992 machte aus der Europäischen Gemeinschaft (EG) die Europäische Union (EU). Er schuf vor allem die Wirtschafts- und Währungsunion, durch die 1999 der Euro eingeführt wurde. Die Zugehörigkeit zum Euro-Raum ist an bestimmte finanzpolitische Kriterien gebunden, die dieser Vertrag ebenfalls festlegt. Dazu gehören: Inflationsrate, Zins, Neuverschuldung, Wechselkurs. Das sind die sogenannten Konvergenz-Kriterien oder Maastricht-Kriterien. Durch den Maastricht-Vertrag wurde auch die Europäische Zentralbank mit Sitz in Frankfurt am Main geschaffen.

**Schengen-Staaten**    Das Winzerdorf Schengen liegt im südlichen Zipfel von Luxemburg in einem Dreiländereck zwischen Frankreich, Deutschland und dem Großherzogtum. Sein Name wurde durch das 1985 dort unterzeichnete Abkommen zum Synonym für das »Europa ohne Grenzen«. Zunächst fünf EU-Staaten verständigten sich 1985 auf die Beseitigung der Grenzen und Grenzkontrollen, die am 26. März 1995 in Kraft trat. Der Kreis der Schengen-Staaten wird stetig erweitert. Zu den Schengen-Staaten zählen auch die Nicht-EU-Mitglieder Island und Norwegen, sowie, seit November 2008, die Schweiz.

Neben der gemeinsamen Währung ist die Abschaffung der Grenzkontrollen der für die Bürger spürbarste Vereinigungsfortschritt im EU-Alltag.

Außerdem finden in Europa noch eine Reihe von »Prozessen« statt:
**Barcelona-Prozess**    für eine engere Partnerschaft der EU mit den Ländern auf beiden Seiten sowie südlich des Mittelmeers (seit 1995).
**Bologna-Prozess**    zur Harmonisierung im europäischen Hochschulwesen (seit 1999).

**Lissabon-Prozess**   zur Förderung des technischen und wissenschaftlichen Wettbewerbs für Wachstum und Beschäftigung der EU
(Innovation – seit 2000).

# Nach der Jahrtausendwende

**New Economy**   Am 13. März 2000 erreichten die Aktienindizes
in Deutschland und anderen Ländern im Zusammenhang mit einer Hausse einen nie zuvor gekannten Höchststand. Seit Mitte der
1990er-Jahre hatten sich durch die massenweise Verbreitung von
Computern, Mobiltelefonen, dem Internet und aufgrund der hoff-
nungsvollen Entwicklung in anderen Bereichen wie der Biochemie
und Mikrotechnik Wirtschaftszweige mit einem großen Wachstums-
potenzial gebildet. Man sah diese »saubere« und sehr technologisch
geprägte *New Economy* (sinngemäß: neue Wirtschaftszweige) geradezu polemisch als Gegensatz zur alten, »schmutzigen« *Old Economy*
(Chemie, Kohleabbau, Stahlindustrie, Fließbandproduktion). Da an
der Börse nicht nur harte Fakten und Zahlen gehandelt werden,
sondern vor allem psychische Tatbestände wie die Hoffnung eine
große Rolle spielen, wurde in (nach dem Internetkürzel »Dot.com«
benannte) Unternehmen der New Economy viel Geld investiert. Sie
galten mit teilweise sehr niedrigen Anfangskursen als günstig und
zukunftsträchtig. Mit dem zunehmenden Anlageinteresse stiegen
die Preise und Kurse für Unternehmen oder Fonds, die in die New
Economy investierten. Im Sinne eines sich selbst verstärkenden
Trends überstiegen die Investitionen realistische Werte. Als man
erkannte, dass die Überbewertungen von den Sachwerten und wirklichen Gewinnen nicht gedeckt waren, zogen viele Anleger ihr Kapital wieder ab. Die Spekulationsblase platzte, die Kurse sanken
rapide und viele Anleger, die nicht schnell genug reagierten, verloren sehr viel Geld. Bei manchem Anleger ging damals die gesamte
private Altersvorsorge verloren.

**Der 11. September**    Am Morgen des 11. September 2001 wurden vier Passagierflugzeuge durch islamische Terroristen entführt und zwei davon kurz hintereinander in die Türme des World Trade Centers in New York City gelenkt. Es wurde dadurch völlig zerstört. Ein drittes Flugzeug wurde auf das Pentagon-Gebäude des amerikanischen Verteidigungsministeriums gerichtet und zerstörte es teilweise. Ein viertes Flugzeug stürzte über unbewohntem Gebiet ab.

Die Terroranschläge waren von bis dahin unvorstellbarer Art und Brutalität und forderten Tausende von Opfern. Als Drahtzieher gilt der Taliban-Führer Osama bin Laden. Die Regierung der USA verstand den Angriff auf ihrem eigenen Territorium als Kriegserklärung des internationalen Terrorismus, verstärkte einschneidend die Sicherheitsvorkehrungen im eigenen Land und im internationalen Flugverkehr und intervenierte außenpolitisch gemeinsam mit Verbündeten 2001 in Afghanistan und 2003 im Irak.

**Deutschlands Sicherheit wird am Hindukusch verteidigt**
Mit dieser Formel brachte der damalige Bundesverteidigungsminister Peter Struck (*1943) zum Ausdruck, dass Deutschland sich an militärischen Einsätzen in Afghanistan beteiligen müsse, wo islamistische Terroristen ihr Hauptrückzugsgebiet haben. Gemeint ist, das Übel an der Wurzel zu packen und die Terroristen dort zu bekämpfen, wo sie ihren Ursprung haben. Der Satz war Teil einer Regierungserklärung vom 11. März 2004 und lautet vollständig: »Unsere Sicherheit wird nicht nur, aber auch am Hindukusch verteidigt.« Der Hindukusch ist ein Gebirge im Norden Afghanistans. Der Gebirgsname steht hier stellvertretend für das ganze Land.

**Achse des Bösen**    In seiner Rede zur Lage der Nation am 29. Januar 2002 zählte der amerikanische Präsident George W. Bush die aus seiner Sicht zur »Achse des Bösen« gehörenden Feindstaaten auf – Nordkorea, Iran und Irak. Diese Staaten sowie die mit ihnen verbündeten Terroristen bildeten ihm zufolge »eine Achse des Bösen«, die sich darauf vorbereite, »den Frieden der Welt zu bedrohen«. Begrifflich lehnte sich Bush damit an die mit dem nationalsozialistischen Deutschland verbündeten »Achsenmächte« des Zweiten Weltkriegs an. Erfinder dieser Formel war allerdings nicht Bush selbst, sondern sein Redenschreiber David Frum (*1960).

**Koalition der Willigen**   Die »Koalition der Willigen« war eine Begriffsprägung aus dem Pressestab des Weißen Hauses und sozusagen als Gegenbegriff zur »Achse des Bösen« gedacht. Unter dieser Kategorie wurden diejenigen Staaten regelrecht aufgelistet, die den Angriff der USA auf den Irak im Frühjahr 2003 offen oder verdeckt unterstützten. Nicht nur Staaten, die direkte militärische Hilfe leisteten, sondern auch solche, die logistische, humanitäre oder bloß politische Unterstützung gewährten, hatten die »Ehre«, auf dieser Liste zu erscheinen. Das war allerdings nicht allen recht. Nicht jeder Golfanrainer wollte in diesem heiklen arabischen Konflikt als Unterstützer der USA dastehen.

**Altes Europa – neues Europa**   Um sich die Gewogenheit der USA zu sichern und ihre Aufnahme in die NATO zu befördern, schlossen sich viele osteuropäische und die baltischen Länder der »Koalition der Willigen« an und demonstrierten somit den engen Schulterschluss mit ihrem neuen Schutzherrn. Andere wichtige europäische Staaten wie Deutschland, Österreich, Frankreich oder Schweden hielten sich aus dem Golfkrieg möglichst raus. Der amerikanische Verteidigungsminister Donald Rumsfeld (*1932) teilte daraufhin Europa polemisch in das »neue Europa« (= seine Golfkriegsverbündeten) und das »alte Europa« (= Nichtteilnehmer am Golfkrieg und Kritiker) ein. Auf einer Pressekonferenz am 22. Januar 2003 tadelte er besonders Deutschland und Frankreich wegen ihrer ablehnenden Haltung zum Golfkrieg: »Nun, Sie denken bei Europa an Deutschland und Frankreich. Ich nicht. Ich denke, das ist das alte Europa.«

**Heuschrecken**   »Wir müssen denjenigen Unternehmern, die die Zukunftsfähigkeit ihrer Unternehmen und die Interessen ihrer Arbeitnehmer im Blick haben, helfen gegen die verantwortungslosen Heuschreckenschwärme, die im Vierteljahrestakt Erfolg messen, Substanz absaugen und Unternehmen kaputtgehen lassen, wenn sie

sie abgefressen haben.« Das anschauliche sprachliche Bild von Heuschreckenschwärmen, die in unüberschaubarer Zahl in ein zivilisiertes Land einfallen, die Ernten abfressen und weiterziehen, kommt schon in der Bibel vor. Es gewann durch die Äußerungen des damaligen SPD-Vorsitzenden Franz Müntefering vom 22. November 2004 neue Aktualität. Die Kritik richtet sich gegen Finanzinvestoren (Anbieter von Hedge-Fonds, Private-Equity-Gesellschaften), die ihre Tätigkeit vorwiegend in der Geldanlage und der damit verbundenen Rendite sehen und nicht im »echten« unternehmerischen Engagement. Die positive oder negative Bewertung der Tätigkeit solcher Investoren ist ebenso umstritten wie die Frage, ob es angemessen ist, derartige Tiervergleiche in herabwürdigender Weise zu gebrauchen.

**Ich-AG**     war eine nicht offizielle Bezeichnung für Ein-Mann/Frau-Existenzgründungen von Arbeitslosen, die einen Existenzgründungszuschuss vom Arbeitsamt erhielten. Die Regelung war Teil der »Hartz-II-Reform« und galt von 2003 bis 2006. Die nach dem Vorsitzenden Peter Hartz benannte Kommission erarbeitete Vorschläge für gesetzliche Maßnahmen, um den Arbeitsmarkt und die staatliche Arbeitsvermittlung zu reformieren. Der Name des Kommissionsvorsitzenden Peter Hartz (*1941), damals Personalvorstand der Volkswagen AG, wurde in diesem Zusammenhang selbst zum Begriff (»Hartz IV«). Zu der halboffiziellen Bedeutung von »Ich-AG« im Zusammenhang mit der Arbeitsmarktreform kam in der Alltagssprache später noch die Bedeutung im Sinne von »Egozentriker«.

**Wir sind Papst**     So lautete die Schlagzeile des Politikchefs Georg Streiter in der Bild-Zeitung vom 20. April 2005, einen Tag nach der Wahl von Joseph Kardinal Ratzinger zum Papst Benedikt XVI.

**Public Viewing**     auf der »Fanmeile« gab es erstmals anlässlich der Fußballweltmeisterschaft 2006, die in Deutschland ausgetragen wurde, und dann wieder in größerem Umfang bei der Fußball-Europameisterschaft 2008. Beide Begriffe wurden auch zu »Wörtern des Jahres« 2006 gekürt. Public Viewings auf der Fanmeile waren als

Ersatz für diejenigen gedacht, die keine Eintrittskarten bekommen hatten. Vor den Großbildschirmen unter freiem Himmel erlebten die Fans die Übertragung gemeinschaftlich und kostenlos. Public Viewing gab es aber dann praktisch in jeder Eckkneipe mit einem Fernseher. *Public Viewing* bezeichnet im Englischen übrigens nicht dieses gemeinsame Fernseherlebnis, sondern die öffentliche Aufbahrung einer Leiche.

**Klimawandel**   Durch eine Erklärung der UNO wurde 2007 der Klimawandel sozusagen offiziell anerkannt. Darunter versteht man gegenwärtig eine Klimaerwärmung durch menschengemachte Treibhausgase – und nicht etwa eine neue Eiszeit. Der ehemalige amerikanische Vizepräsident Al Gore erhielt zusammen mit dem Weltklimarat IPCC ebenfalls 2007 den Friedensnobelpreis. Damit wurden ihre Bemühungen anerkannt, dieses globale Phänomen und seine Gefahren ins Bewusstsein der Weltöffentlichkeit zu rücken.

# Lügen, die Geschichte machten

**Niemand hat die Absicht, eine Mauer zu errichten**   antwortete Walter Ulbricht, Erster Sekretär des ZK der SED, am 15. Juni 1961 auf einer Pressekonferenz in Ostberlin. Zwei Monate später wurde mit dem Bau der Mauer begonnen.

**I didn't inhale**   (»Ich habe nicht inhaliert.«) In einem Interview mit der *New York Times* vom 29. März 1992 gab der damalige Präsidentschaftskandidat Bill Clinton zwar zu, in seiner Jugend bei einem England-Aufenthalt »mit Marihuana experimentiert« zu haben, behauptete aber, es nicht wirklich geraucht zu haben.

**I did not have sexual relations with that woman**   äußerte der amerikanische Präsident Bill Clinton am 26. Januar 1998 bei einer Pressekonferenz im Weißen Haus, auf der er bestreiten wollte, sexuelle Beziehungen zu Monica Lewinsky gehabt zu haben. Indem er die Formulierung »sexual relation« statt »sex« benützte, glaubte er, sich aus der Affäre ziehen zu können.

**Ich gebe Ihnen mein Ehrenwort**   Unmittelbar vor der Landtagswahl am 13. September 1987 in Schleswig-Holstein wurde ruchbar, der CDU-Ministerpräsident Uwe Barschel habe mit Hilfe des Medienreferenten Pfeiffer eine Verleumdungskampagne gegen den SPD-Kandidaten Engholm initiiert. Am 18. September erklärte Barschel in einer Pressekonferenz unter anderem: »Ich gebe Ihnen mein Ehrenwort, dass die gegen mich erhobenen Vorwürfe haltlos sind.« Am 2. Oktober trat Barschel als Ministerpräsident zurück. Am 11. Oktober wurde er tot in der Badewanne eines Hotelzimmers in Genf aufgefunden. Weder wurden die Todesumstände geklärt, noch konnten zwei Landtagsuntersuchungsausschüsse die Hintergründe der sogenannten Waterkantgate-Affäre aufdecken.

**Alles, was ich sage, ist von Quellen gedeckt**   »Alles, was ich heute sage, ist von Quellen gedeckt, soliden Quellen. Keine Behauptungen. Was wir vortragen, das sind Fakten und Schlüsse, die auf belastbaren Informationen beruhen«, beteuerte der amerikanische Außenminister Colin Powell am 5. Februar 2003 in einer Rede vor dem Sicherheitsrat der Vereinten Nationen, um einen neuen Irakkrieg zu rechtfertigen. Vor allem die Behauptung, Saddam Hussein verfüge über biologische und chemische Massenvernichtungswaffen erwies sich als völlig haltlos und als von der CIA fabrizierte Propagandalüge.

# Stichwortverzeichnis